사랑스런 나의 아이들 조던, 재클린, 케빈, 블레이즈

그리고 튀르키예의 그리스도인 형제자매들에게 이 책을 드립니다.

지난날 옥중에서 나 자신과 가족을 위해 다음과 같이 기도했습니다.

이제 여러분을 위해서도 이 기도를 드립니다.

"하나님 아버지,

당신의 아들과 딸들에게 용기와 힘, 확신과 인내,

예수 그리스도의 성실을 부어 주심으로

믿음의 경주를 잘 마치고 신실한 순종의 불로 정결해져서

영광의 왕이신 주님께 합당한 자로 검증되고 드러나게 하소서."

GOD'S HOSTAGE
하나님의 인질

앤드류 브런슨 지음 | 김주성 옮김

목 차

6_ 감사의 글

1부
01 집에 갈 때다 _10 | 02 체포 _19 | 03 갇히다 _31 | 04 이별 _43

2부
05 홀로 _56 | 06 버티기 _64 | 07 그저 숨만 쉬기 _76 | 08 늑대 _87

3부
09 첫 밤 _102 | 10 악몽 같은 현실 _109 | 11 잔인한 속삭임 _122 | 12 지옥 입구 _133

4부
13 위기 _146 | 14 두려움의 용광로 _158 | 15 마른 뼈들의 골짜기 _168

5부

16 중경비 교도소 _176 | **17** 방향 전환 _185 | **18** 마음의 노래 _200

6부

19 다시 나락으로 _214 | **20** 재판 _223 | **21** 거짓 증인들 _235 | **22** 인질 _241

7부

23 협상 결렬 _254 | **24** 브런슨 위기 _264 | **25** 39시간 _273

287_ 후기

감
사
의
글

  아내 노린과 나는 감사드리고 싶은 분을 여기에 다 언급하지 못했다. 그뿐만 아니라 우리가 미처 알지도 못하는 중에 도움을 주신 분들도 많다. 이런 과정을 통해 우리는 정부 고위층에 하나님의 백성이 많고, 그런 사람들을 아는 신앙인들이 많다는 것을 알게 되었다.
  백악관과 국무부의 많은 분들이 우리를 위해 수고해 주었다. 꾸준히 면회해 주고 잡지도 가져다준 튀르키예(터키) 영사관 직원들에게 감사드린다. 노만 플란즈와 아루샤 라나, 특히 마틴 토멘에게 감사의 인사를 전하고 싶다.
  앙카라의 대리대사 필 코스넷과 그의 직원들이 나를 위해 극진히 애써 주었고, 그의 부인 앨리슨은 노린을 많이 도와주었다. 필이 튀르키예 부총리를 만난 후 노린이 바로 석방되었다. 제프리 하브니어는 대리대사로 임명된 순간부터 우리를 성심성의껏 도와주었다.

국무부 차관보 웨스 미첼은 우리를 위해 열심히 싸워 주었고, 샘 브라운백 대사는 재판에서 나를 변호해 주었다.

국무장관 마이크 폼페이오는 우리에게 꾸준히 관심을 기울이며 헌신적으로 나서 주었고, 마이크 펜스 부통령은 초기부터 이 일에 관심을 가지고 지속적으로 신경 써 주었다. 두 분에게 깊이 감사드린다.

도널드 트럼프 대통령은 나를 석방시키기 위해 전례 없이 나서서 문제가 해결될 때까지 힘써 주었다. 참으로 감사한 일이 아닐 수 없다.

특별히 상하 양원 의원들께 감사드린다. 그들은 늘 내 상황에 관심을 기울이며 나의 석방 탄원서에 서명하여 튀르키예 정부에 제출해 주었다. 정치적 대립이 심한 중에도 당을 초월하여 애써 주신 것에 감사드린다.

내 사건을 맡아 면회도 오고 재판에도 참석하여 미국으로 호송까지 해 준 미국 국제종교자유위원회에 감사드린다. 그리고 세계은행의 에릭 베델과 ACLJ(미국 법과 정의센터)의 제이 시컬로, 미국 변호사 씨씨 헤일에게도 감사의 마음을 전한다.

또한 헝가리와 이스라엘, 캐나다, 모나코, 모리타니, 수단 등 여러 나라에서 도움을 주었다. 유럽 의회의 21개국 98명의 의원들도 에르도안 대통령에게 나를 석방해 달라는 탄원서를 보내 주었다.

MEC(Middle East Concern)는 우리를 위한 기도 운동을 일으켰고, 이 외에도 여러 단체와 개인들이 도움을 주었다. 이름을 밝히지 말아 달라고 부탁한 사람들도 많은데, 그분들에게도 감사드린다.

전 세계 믿음의 가족들에게 어떻게 다 감사의 마음을 전할지 모르겠다. 모든 대륙에 있는 개신교와 가톨릭, 정교회의 신자들이 나를 위해 기도하고 금식하고 편지를 써 주었다. 그중에는 박해를 당하고 있는 분들도 있었다. 그분들의 기도를 통해 모든 것이 합력하여 결국 나의 석방이 이루어졌다. 아이들과 청소년들이 식사와 간식, 오락을 금하며 기도로 함께해 준 것에 감사드린다!

이 시련 가운데 동행해 준 가족 모두에게 감사드린다. 튀르키예의 형제자매가 우리 곁에 있어 준 것은 특별히 의미가 깊었다. 우리는 혼자가 아니었다.

1부

01
집에 갈 때다

이 모든 일은 아침에 면도를 하고 있을 때 시작되었다. 나는 욕실 안 김 서린 거울 앞에 서 있었다. 밖에서 들려오는 부산한 자동차 소리에 별 신경을 쓰지 않고 평범한 하루를 준비하고 있는데, 갑자기 이런 생각이 들었다. '집에 갈 때다.'

나는 깜짝 놀라 동작을 멈췄다. 이게 무슨 생각이지? 말이 되지 않았다. 나는 미국인이지만, 미국을 돌아가야 할 집으로 생각하지는 않았다. 튀르키예(터키)가 나의 집이었다. 2년 전에 이 집을 샀을 때, 지금은 엘리베이터 없이 4층까지 올라갈 수 있지만 20년 후에도 그럴 수 있을지 걱정할 정도로 평생 튀르키예에서 살 생각이었다.

그런데 갑자기 '집에 갈 때다'라는 생각이 들자 가슴이 뛰기 시작했다. 그 말의 의미를 생각하기가 두려웠다. 이 말에 함축된 의미를 생각하고 싶지 않았다. 나는 이미 집에 있다고 생각했기 때문이다. 그러나 믿음의 차원에서 보면, 나에게는 결국 가야 할 다른 집이 있었다. 그렇다면 내가 죽을 때가 되었고, 천국의 집에 갈 때가 되었다고 말씀하시는 걸까?

나는 그 생각을 꾸짖었다. '이건 하나님의 생각일 리 없어. 아직 할 일이 너무 많이 남았어. 내가 죽을 때일 리 없어.'

우리가 있어야 할 곳

노린과 나는 튀르키예에서 23년간 살았다. 우리는 휘튼 대학 도서관에서 만났다. 당시 나는 선교에 뜻이 있는 사람과 결혼하겠다고 작정한 상태였다. 어릴 때부터 선교사의 부르심을 강하게 느꼈고, 위대한 중국 선교사 허드슨 테일러처럼 되고 싶었다.

노년의 테일러에게 한 여인이 어린 두 아들을 데리고 와서 아이들을 선교사로 바치겠으니 기도해 달라고 했고, 후에 그들은 실제로 선교사가 되었다. 그중 한 명인 노년의 스탠리 솔토에게 나의 어머니가 나와 누이를 데려갔다. 어머니는 허드슨 테일러처럼 우리에게도 기도해 달라고 요청했고, 그는 순순히 그렇게 해 주었다. 내가 세 살 때였는데, 그날 장난치다가 엉덩이를 맞은 날이라 선명하게 기억한다. 그날부터 하나님이 내 삶 가운데 역사하셔서 결국 나는 노린과 함께 튀르키예에서 사역하게 되었다.

1993년, 우리는 이스탄불에 도착하여 이즈미르에 정착했다. 튀르키예에 교회를 세워 컨퍼런스를 열고 기도의 집을 세웠으며, 다른 나라의 성도들을 초청해서 단 한 번도 그리스도인을 만나 보지 못한 튀르키예인들에게 함께 복음을 전하기도 했다. 그러다가 상당히 큰 전도팀을 결성하여 몇 달 전에 새로 온 선교사들과 함께 1년간 훈련을 하게 되었다.

우리가 살고 있는 이즈미르는 고대에 서머나 불리던 곳으로, 에게해 연안에 있다. 그곳에서 우리는 시리아와 이라크에서 온 수백 명의 난민에게 사역했다. 그들은 시리아의 아사드 대통령과 ISIS를 피해 이곳으로 왔다. 종종 배를 타고 유럽으로 건너가는 길에 잠깐 머물다 가는 이들도 있었다. 어떤 사람들은 그곳에 머물렀고, 고국으로 돌아가는 이들도 있었다. 우리는 그들 모두에게 담요와 난방기, 음식, 아기들을 위한 분유를 비롯해서 여러 교회들이 기증한 물품들을 나눠 주었다.

이처럼 우리는 성경의 수많은 사건과 이야기의 배경이 되는 튀르키예에 삶을 바쳤다. 이 나라의 인구 8천만 중에 무슬림이었다가 그리스도인이 된 사람은 6천여 명에 불과하다. 1만 6천 명 중 단 한 명이 그리스도인이 되는 이 척박한 곳에서 어떻게 교회를 세울 수 있을까? 종종 낙심될 때도 있다.

1993년에 처음 이곳에 왔을 때 스무 명이 함께 언어를 배우기 시작했는데, 4년 후에는 다섯 명만 튀르키예에 남아 있었다. 그리고 결국 끝까지 남은 사람은 노린과 나뿐이었다.

튀르키예에서 보낸 세월은 결코 쉽지 않았다. 우리가 아는 그리스도인들 중에는 사역하다가 순교한 이들도 몇 명 있었고, 우리도 살해 위협을 받았다. 처음에 몇 번 살해 위협을 받고는 한동안 운동화만 신었고, 운동화 끈도 단단히 조여 묶었다(평소에는 운동화 끈을 느슨히 매는 편이다). 노린이 그걸 보고, 왜 더운 여름에 샌들을 신지 않느냐고 물었다. 나는 핵심만 아주 간단하게 대답했다. "도망쳐야 할지도 모르니까."

어린 자녀를 둔 부모로서 사실 많이 두려웠지만, 정면으로 맞서야 했다. 첫 위협에 도망가야 할까? 그러면 그들은 우리를 얼마나 쉽게 제거해 버리는 것인가? 우리는 하나님이 분명히 떠나라고 하실 때까지 머물기로 결정했다.

최근에는 시리아 국경에 있는 난민들을 섬겼는데, 그곳은 쿠르드족과 ISIS가 대치하고 있는 곳 인근이어서 총성과 폭격 소리가 자주 들렸다. 내심 이슬람 극단주의자들이 우리를 인질로 납치하는 건 아닐지 걱정됐다. 노린은 시리아 국경에 갔다가 이즈미르로 돌아올 때마다 안도하곤 했다.

우리는 어떤 위험이 있는지 알았고, 어떤 대가를 치를 수도 있음을 염두에 두고 있었다. 그래도 튀르키예는 우리가 있어야 할 곳이었다. 그래서 "집에 갈 때"일 리 없다고 생각했다.

마음을 준비시켜 주소서

면도를 마친 후 옷을 입고 가까운 거리에 있는 교회로 걸어갔다.

오랜 세월 사역하며 깨달은 것 중 하나는, 영적인 것을 추구하는 사람은 그리스도인들이 모이는 곳으로 찾아오기 마련이라는 것이다. 그래서 교회 밖 잘 보이는 곳에 십자가를 세워 두었다. 우리는 결코 법을 어기지도 않았고, 우리가 하는 일을 숨기지도 않았다. 오히려 최대한 눈에 잘 띄려고 했다.

처음 교회를 개척할 때는 이 작은 건물을 임대하기가 주저되었다. 그곳은 이 지역에서 우리가 가진 돈으로 얻을 수 있는 유일한 곳이었지만, 여장남자들이 많은 홍등가였다. 누가 이런 곳에 있는 교회에 오겠는가? 그러나 곧 그곳이 좋은 곳이라는 것을 알게 되었다. 수천 명이 매일 바다나 가게와 식당들로 번화한 도로로 가기 위해 그곳을 지나갔기 때문이다.

우리는 창틀에 기독교 서적을 쌓아 두고, 원하면 가져가라고 써 놓았다. 그러자 사람들이 그렇게 했다. 곧 우리는 신약 성경을 매달 천 권씩 나눠 주게 되었다.

튀르키예에서는 단 하루도 지루한 날이 없었다. 주일마다 (좋든, 나쁘든) 무슨 일이 일어날 수 있었다. 병자를 위해 기도했는데 낫기도 하고, 예배 중 누군가 소리를 지르는 일도 있었다. 난생처음 교회라는 곳을 보기 위해 문을 열고 들어오는 사람들도 있었다. 궁금해서 질문하는 사람들도 많았고, 기도해 주겠다고 하면 모두 거부감 없이 받아들였다. 그러나 그리스도인이 된 튀르키예인들은 가족이나 친구의 압력으로 몇 주 혹은 몇 달 만에 떨어져 나가는 경우가 많았다.

또 다른 도전은 온갖 종류의 사람들이 온다는 것이었다. 진실한

구도자가 있는가 하면, 이득을 얻기 위해 오거나 문제를 일으키고 싶어서 오는 사람도 있었다. 시간이 지나면 사람들의 동기가 분명히 드러난다. 한번은 비밀경찰이 드나든 적도 있다. 그들을 조심하라고 조언하는 사람들도 있었지만, 우리는 아무것도 감추지 않았다. 이 모든 상황에도 불구하고 놀랍게도 교회는 계속 성장했다.

노린과 나는 내성적이어서 사교적인 튀르키예 문화가 잘 맞지 않았다. 하지만 하나님은 우리의 마음을 튀르키예 사람들에게로 향하게 하셨다. 또 우리는 하나님이 우리와 우리 교회에 주신 특별한 임무가 있다고 확신했다. 그것은 영적인 추수를 준비하는 것이었다.

그날은 준비할 수업이 있어서 나는 그 일에 집중하기 위해 아침의 그 일은 생각하지 않으려고 했다. 그런데 다시 생각이 났다. 세미한 음성이 끈질기게 들렸다. "집에 갈 때다."

이내 그 생각을 떨쳐 버렸지만, 하나님을 만날 준비, 즉 죽음을 준비하라고 말씀하신다는 생각이 계속 맴돌았다. 사실 이 교회에서 삶이 끝날지도 모른다고 생각한 것은 이번이 처음은 아니다.

5년 반 전 4월 1일 만우절에 나는 기도회 도중 교회 밖으로 나갔다. 늘 그렇듯 거리는 분주했고, 나는 한 교인과 대화하고 있었다. 건물 위층에서는 여느 때처럼 여장남자 몇 명이 창 밖으로 상체를 내밀고 지나가는 사람들에게 미소 지으며 손을 흔들고 있었다.

그때 갑자기 얼룩덜룩한 군복 무늬 재킷을 입은 남자가 우리 눈에 들어왔다. 그가 눈에 띈 이유는 간단했다. 4미터 거리에서 나에게 권총을 겨누고 있었기 때문이다. 그는 아무 말도 하지 않았지만 단호해 보였고, 눈이 분노로 이글거리고 있었다. 순간 나는 얼어붙었다. 내 신경은 온통 그가 떨리는 손으로 붙들고 있는 권총에 쏠려 있었다.

그는 연달아 여섯 발을 쐈다. 그러고 나서는 권총을 팽개치고 땅바닥에 있는 가방에서 장총을 꺼냈다. 순간적으로 머리가 빠르게 돌아가면서 그가 장총을 쏘면 피할 길이 없다는 것을 직감했다. 그가 나를 쏜 후 교회로 들어간다면, 대량학살이 일어날 것이다. 나는 그에게 덤벼들어 뒤에서 총을 움켜잡았다. 그가 나보다 체격이 더 크고, 힘도 셌기에 필사적으로 그를 붙잡았다.

그럼에도 그가 방아쇠를 당겨 장총이 발사되었다. 그는 이렇게 소리쳤다. "네가 교회를 시작했지만, 우리는 허락하지 않을 거야! 우리는 너를 죽일 거야." 순간 당황하고 말문이 막혔다. 내가 아는 건, 나와 교회 식구들의 생명이 이 사람의 손에 달려 있다는 것뿐이었다. 나는 필사적으로 그를 저지했다.

결국 경찰이 와서 그를 땅바닥에 쓰러뜨렸다. 경찰이 그를 연행해 간 후 나는 교회로 들어갔다. 사력을 다해 그를 붙잡고 있다가 자리에 앉자 충격이 몰려 왔다. 몸이 떨리기 시작하더니 멈출 줄 몰랐다. 그런데 그런 긴장된 순간에도 전혀 두렵지 않았다는 사실이 놀라웠다.

하나님은 내 미래에 대해 매우 자주 말씀하셨다. 그분이 내가 계속 튀르키예에 있도록 계획하셨고, 그것을 마칠 때까지 나를 살려 두실 것이라 확신했다. 그래서 튀르키예 당국에서 경찰 두 명을 경호원으로 붙여 주었지만, 2주 만에 돌려보냈다. 나는 그들이 필요하지 않다고 확신했다.

그 일 후 몇 주 동안 사람들은 우리에게 튀르키예에 계속 있을 것인지 물었다. 노린과 나는 뭐라고 대답해야 할지 알았다. 우리는 전에도 그런 일을 겪었다. 하나님이 떠나라고 하실 때까지 우리는 튀르키예에 있을 것이다.

그러나 그날 아침 교회에 혼자 서 있는데, 더는 튀르키예에 머물 것이라는 확신이 없었다. 그동안 하나님이 내 미래에 대해 많은 말씀을 하셨는데, 나에 대한 계획들을 끝내시려는 것일까?

나는 침착하게 기도했다. "하나님, 제가 기대했던 게 너무나 많습니다. 저는 튀르키예의 가족들을 떠나고 싶지 않습니다. 아직 준비되지 않았습니다. 그러나 저는 하나님께 속한 자이니, 원하시는 대로 하소서. 만일 제가 천국의 하나님께로 가기를 바라신다면, 제 마음을 준비시켜 주소서."

경찰의 호출

다음 날 노린을 만나러 기도의 집으로 갔다. 그녀는 거기서 홀로 기도하고 있었다. 우리는 부모님이 여러 해 전에 사 두신 바닷가의 여름 별장으로 차를 몰고 갔다. 그 무렵 너무 바빠서 별장에 갈 여유가 없었는데, 오랜만에 여유롭게 시원하고 깨끗한 에게해에서 수영할 생각이었다.

우리는 행복했다. 소망하는 바가 있었고, 삶이 즐거웠다. 그런 상황에서 아내에게 "집에 갈 때다"라는 음성을 들었다는 이야기를 꺼내고 싶지 않았다. 그날 여러 차례 그 생각이 났지만, 노린을 놀라게 하고 싶지 않았다.

다음 날, 여유롭게 아침을 먹는데 전화가 왔다. 교회에서 온 전화였다.

"앤드류? 경찰이 당신을 찾으러 왔어요. 당신의 행선지를 알고 싶어 해요."

"저는 내일 이즈미르로 돌아갈 거예요."

노린과 나는 마주보고 미소 지었다. 노린은 좋은 소식일 거라고 말했고, 나도 그 말에 동의했다. 우리는 몇 달 전에 영주권을 신청한 상태였다. 만약 영주권이 나오면, 우리는 2099년까지, 즉 평생 튀르키예에서 살 수 있을 것이다. 공들여 서류를 작성하고 경찰서에서 인터뷰까지 하고 오랜 시간 기다렸기에, 비자가 준비되었을 것이고, 경찰이 찾는 것도 영주권 때문이라고 생각했다.

우리는 바닷가에 이틀 더 머물 계획이었지만, 좋은 소식이 기다리는 것이라 생각하여 일정을 바꿨다. 서둘러 별장을 정리하고, 남은 음식과 짐을 차에 싣고 이즈미르로 돌아갔다.

이미 어두워진 후 집에 도착하여 서둘러 아파트로 올라갔다. 그런데 현관문에는 달갑지 않은 메모가 붙어 있었다. 보는 즉시 동네 경찰서에 보고하라는 경찰의 통지문이었다. 나는 미소 지으며 속으로 이렇게 말했다. "집에 갈 때라고? 분명 아직은 아니야."

02
체포

    다음 날 아침, 일과를 시작하기 전에 경찰서에 전화했다. 집은 엉망이었다. 전날 밤 너무 늦게 도착해서 별장에서 가져온 짐들을 정리할 틈이 없었다. 그러나 먼저 경찰서 일을 처리한 후 집을 청소하고 손님 맞을 준비를 할 생각이었다. 경찰관은 지루한 듯한 목소리로 전화를 받았다.

    "안녕하세요? 제 이름은 앤드류 브런슨입니다. 저희 부부가 경찰서에 출석해야 한다는 통지를 받았습니다. 한두 시간 후에 들러도 될까요?"

    "예."

    "좋아요. 저희가 뭘 가져가야 하죠? 여권이요?"

    "그러시죠."

운동을 하고 돌아온 후 우리는 발코니에서 아침을 먹었다. 노린은 평소대로 과일과 견과류를 섞어 먹었고, 나는 달걀과 콩을 먹었다.

그날은 10월 7일로, 장남인 조던이 스물한 살이 되는 뜻깊은 날이었다. 조던은 튀르키예에서 고등학교를 졸업한 후 미국으로 돌아가서 코넬 대학에 입학했고, 이제 3학년이었다.

둘째 딸 재클린은 노스캐롤라이나 대학에 다니고 있었다. 재클린에게는 미군 헬리콥터 조종사인 남자친구 케빈이 있었다. 그는 두 달 전에 재클린과 결혼하고 싶다고 우리에게 약혼반지 사진을 보냈는데, 아직 재클린에게는 말하지 않은 상태였다.

막내 블레이즈는 노스캐롤라이나에서 나의 부모님과 함께 살며 고등학교에 다니면서 새로운 환경에 적응하고 있었다. 가족의 생일이면 우리는 아이들과 멀리 떨어져 있다는 것을 실감했다. 그것은 튀르키예에서 사역하기 위해 치러야 하는 대가였다.

추방 명령

우리는 경찰서까지 익숙한 거리를 10분 정도 걸어서 갔다. 2층으로 올라가라고 해서 올라갔더니, 한 경찰관이 우리의 여권을 받았다. 그는 아무 말 없이 마치 컴퓨터 화면이 망가지기라도 한 것처럼 뚫어지게 쳐다봤다. 그때 노린이 생각에 잠겨 말했다. "21년이 정말 빨리 지나갔지? 몇 시간 후에 조던에게 전화해야겠어. 미국 시각으로는 아직 너무 일러."

마침내 경찰관이 몸을 돌려 우리를 보았다. 그는 화면을 가리키며 말했다. "여기서 당신들을 추방하라는 명령이 떨어졌어요. 나를 따라오세요."

"뭐라고요? 무슨 근거로요?" 우리는 경찰관을 따라가며 물었다. 2층에서 좁은 계단으로 내려가 프런트 데스크로 갔다. "뭔가 착오가 있는 게 분명해요!"

경찰관은 아무 말도 하지 않았다. 그런데 경찰서장이 앉아서 전화하다가 우리를 보고 말했다. "당신들에게 추방 명령이 내려졌어요. 앉으세요. 이 방에서 나가지 마세요. 당신들은 여기 좀 있어야 돼요."

우리는 앉으라고 한 곳에 앉아서 기다렸다. 경찰관은 사람들로 북적거리는 곳에서 어딘가로 전화했는데, 입을 가리고 있어서 무슨 말을 하는지 들리지 않았다. 말없이 기다리는 동안 충격의 파장은 점점 더 커졌다. '이럴 리 없어. 튀르키예에서 보낸 23년이 이렇게 끝나지는 않을 거야.'

우리는 교회를 사랑했고, 이제 막 새로운 훈련이 시작되었으며, 난민 사역은 나날이 성장하고 있었다. 물론 이런 일은 이 나라에서 얼마든지 일어날 수 있다는 것을 아주 잘 알고 있었다. 하지만 타이밍이 정말 생각지도 못한 때였다. 더구나 그날은 평생 튀르키예에서 살아도 된다고 허가를 받으리라 기대하던 날이었다. 그런데 이런 상황이 벌어지다니, 우리는 큰 충격을 받았다.

경찰서장은 우리를 불러 이렇게 말했다. "G-82 명령입니다. 당신들이 국가 안보를 위협한다는 것입니다." 전에 G-82에 대해 들은 적이 있다. 그 포괄적 법 조항으로 몇몇 선교사들이 추방되었다.

노린의 얼굴에서는 웃음기가 사라진 지 한참이었고, 나 또한 얼굴이 창백해졌다. 나는 노린 쪽으로 몸을 기울이며 낮은 목소리로 물었다. "에윱이 이렇게 한 걸까?"

그는 골치덩어리였다. 몇 달 전에 문제를 일으켜 교회에서 떠나라고 하자, 그는 우리가 쿠르드 테러 집단인 PKK(쿠르드 노동자당)를 지원한다고 고소하겠다며 위협했다. 물론 그의 고소에는 아무 근거도 없었다. 과연 그가 이 사태를 일으킨 것일까?

"몰라. 일단 전화를 좀 해야겠어."

우리가 처음 연락한 곳은 앙카라에 있는 미 대사관이었다. 우리의 상황을 설명하자 즉시 영사와 연결되었다.

선교사들이 튀르키예에서 추방되는 방식은 다양하다. 한 달 전, 한 친구는 튀르키예에서 잠시 출국했다가 돌아오는 비행기를 탔는데, 이스탄불 공항에서 비자가 취소되었다는 말을 듣고 입국을 거부당했다. 갑자기 경찰서에 불려가 15일 안에 출국하라는 통보를 받은 사람도 있었다. 종종 국외 추방 센터로 끌려가 공항으로 호송된 사람들도 있는데, 주로 난민들의 경우였다.

나는 출국하기까지 15일 정도라도 확보하고 싶었다. 그러면 그동안 이의 제기를 할 수 있을 것이고, 최소한 우리의 사역을 정리할 수 있으리라 생각했기 때문이다. 또한 우리에게는 변호사가 필요했다. 그렇게 해도 별 소용이 없을 것 같았지만, 일단 기도해 봐야 했다.

긴급 체포

우리는 한 시간 동안 연락처를 살펴보며 여기저기 전화하고, 그 결과를 서로 나눴다. 중보를 부탁하는 일은 변호사를 찾는 것만큼 중요했다. 아니, 사실 더 중요했다. 우리의 곤경이 기독교 공동체에 알려지자, 몇몇 친구들이 경찰서에 왔다. 그들은 더 구체적인 정보를 얻기 위해 여기저기 알아본 뒤 우리와 함께 기다렸다.

경찰서에 앉아 있는 동안 불현듯 기억난 것이 있었다. 바로 며칠 전에 들은 "집에 갈 때다"라는 음성이었다. 순간 튀르키예에서 추방되고 사역을 잃게 되는 충격에 대비하도록 하나님이 미리 알려 주셨던 것인가 하는 생각이 들었다. 이 사태가 하나님께는 갑작스러운 일이 아니라는 것과 오히려 이 상황 가운데 그분이 계심을 확신시켜 주셨다. 행복하거나 평화롭지는 않았지만, 감정이 요동치고 혼란스럽고 뜻대로 되지 않는 상황 중에도 하나님이 개입하고 계시다는 사실이 위로가 되었다.

수많은 경찰관이 우리 주변에서 분주하게 움직이고 있었다. 전화벨이 계속 울려댔고, 통화하는 목소리도 커졌다. 우리와 관련된 일들이 신속하게 진행되고 있는 것 같았다. 경찰서장도 우리처럼 계속 통화하고 있었다. 그가 통화를 마치자, 노린이 그에게 가서 우리가 15일 후에 떠나도 되는지 물었다. 그는 어깨를 으쓱하며 말했다.

"당신들이 여기서 어떤 법도 어기지 않았으니 그럴 수도 있겠죠. 그러나 그건 우리가 결정하는 게 아니에요. 우리는 결정이 내려지길 기다리고 있을 뿐입니다."

그때 그의 전화벨이 울렸고, 그는 몸을 돌려 전화를 받았다. 노린은 다시 내 옆자리로 돌아왔다. 우리는 침묵 속에 앉아 있었다. 잠시 후 통화가 끝나고, 수화기를 내려놓기도 전에 그가 말했다. "명령이 내려왔어요. 당신들을 체포하겠소."

튀르키예에는 두 가지 종류의 체포가 있다. 행정적 체포는 다른 부서로 가기 전까지 붙들어 두는 것이고, 사법적 체포는 범죄를 저질렀다고 의심받는 경우에 가해지는 것이다. 경찰서장은 우리가 행정적 체포를 받는 것이라고 했는데, 추방을 담당하는 이민 관리국에 인계될 때까지 체포한다고 했다.

우리를 추방하려고 체포한다는 말이 일리가 있기도 했지만, 사실 그럴 필요가 없었다. 우리는 악당이 아니었고, 그들이 떠나라고 하면 떠날 것이었다. 경찰서장의 말을 들은 후 우리를 대하는 경찰관의 태도가 달라진 것을 보니 불안했다. 방금 통화한 후 뭔가 달라졌다. 그는 정자세로 앉아 우리를 주시하고 있었다.

그 후로 상황은 급박하게 돌아갔다. 경찰관 두 명이 우리를 사무실에서 데리고 나와 경찰차에 태워 대테러 센터로 이송했다. 거기서 우리는 사진을 찍고 지문 날인 등의 절차를 밟았다. 대테러 경찰이 우리를 다루고 있다는 사실이 심적으로 불안했다.

경찰서에서 기다리며 분위기를 살펴본 결과, 튀르키예에 15일 정도 머물다가 떠날 수 없다는 것이 분명해졌다. 그들의 대화에 따르면, 우리의 추방은 훨씬 더 신속하게 이뤄질 것 같았다. 친구들이 최대한 애를 쓰고 있었지만, 우리에게는 아직 변호사가 없었다.

"여기서 우리의 변호사 역할을 할 공증인이라도 좀 둘 수 있을까요? 우리는 튀르키예에서 살았기 때문에 승합차와 아파트, 은행 계좌가 있어요. 누군가 우리 대신 그런 것들을 좀 처리하게 할 수 있을까요?"

"그건 가능할 거예요. 하지만 먼저 알아볼게요." 서장은 이렇게 대답하고는 몇 분 후에 안 된다고 통고했다. 그의 어조를 보니 반론을 제기할 여지가 없어 보였다.

잠시 후 내 전화기가 울렸다. 변호사를 찾았다는 친구의 전화였다. 인권 변호사인 타네르 킬릭은 국제 앰네스티 튀르키예 대표인데, 우리에게 온다고 했다. 우리는 타네르에게 문자를 보내 서둘러서 와달라고 부탁했다.

곧 그가 도착했지만, 우리가 국가 안보를 위협한다는 죄목으로 체포되었다는 말을 듣더니, 바로 그만두겠다며 불과 몇 분 만에 가려고 했다. 나는 유일하게 법적으로 도움을 줄 수 있는 그를 붙잡으려고 애썼다. 그는 나에게 한 가지 조언을 했다. "그냥 추방당하고 난 뒤 미국에서 이의 제기를 하세요. 만일 지금 이의 제기를 하면, 2주 동안 당신을 가둘 거예요."

그리고 그는 가버렸다. 아이러니하게도 그로부터 8개월 후 타네르 킬릭도 부당하게 체포되었다. 나중에 알게 된 사실인데, 튀르키예 정부는 생전 처음 보는 이 변호사와 잠깐 만난 것을 가지고 나를 테러 집단과 연관 짓는 빌미로 삼았다.

잠시 후 서장이 와서 말했다. "갑시다. 우리는 당신을 이민 관리국에 넘길 것입니다. 거기서 당신의 추방에 대해 더 많은 정보를 알려 줄 것입니다."

밖으로 나가려는데, 미국 영사에게서 전화가 왔다. 나는 방금 일어난 일들을 설명했다.

"당신을 어느 센터로 데려간다고 하던가요?"

"모르겠습니다. 왜요?"

"만일 추방할 거라면, 미국인을 붙들어 두는 일은 드물어요. 센터 중 이쉬켄트는 다른 곳보다 훨씬 좋지 않은 곳이에요. 이즈미르 주지사에게 전화해서 도와줄 수 있는지 물어볼게요."

순간 목이 탔다. 경찰관 두 명이 우리를 경찰차로 호송했다. 우리는 수갑을 차지 않은 상태로 뒷자리에 함께 앉았고, 아직 핸드폰도 손에 있었다. 그러나 차로 이동할 때 경찰관들이 밀착 동행하고 문을 꼭 닫는 것을 보니, 우리가 체포된 것이 분명했다. 차가 움직이자마자 내가 물었다.

"경찰관님, 실례지만, 저희를 어디로 데려가시는지 알 수 있을까요?"

"이쉬켄트요."

나는 노린의 손을 붙잡았다. 차는 몇 분 동안 침묵 속에 달렸다. 그러다 분주한 도로의 갓길에 멈춰 섰다. 조수석에 앉은 경찰관이 전화를 받더니 이렇게 물었다. "집 주소가 어떻게 되죠? 주지사가 당신들을 이민 관리국으로 데려가기 전에 집으로 가서 짐을 싸게 하라고 했어요."

집에 들른다는 말에 그나마 기분이 나아졌다. 최소한의 옷과 중요한 서류들, 노트북을 가져올 수 있을 것이다. 그러면 미국에 도착했을 때 훨씬 편할 것이다.

차가 다시 달리기 시작해서 집으로 향했다. 그러나 나아졌던 기분은 그 경찰관의 전화가 두 번째 울렸을 때 차갑게 식어 버렸다. 그것은 주지사의 요청을 무시하라는 누군가의 목소리였다. "그들을 바로 데려와."

철조망 너머의 세계로

이쉬켄트는 도시 중심에서 몇 킬로미터 떨어진 곳이었다. 금요일 밤이라 교통량이 많았지만, 차는 빨리 달렸다. 나는 배낭에서 배터리를 꺼내 핸드폰에 사용하는 방법을 노린에게 알려 주었다. 우리가 떨어지게 된다면 서로 연락하고, 집에도 연락할 수 있어야 했기 때문이다.

곧 차가 속도를 늦추더니, 공업 지역으로 들어섰다. 도로는 텅 비어 있었다. 센터를 둘러싼 5미터 높이의 울타리 뒤에서만 빛이 비치고 있었고, 울타리 꼭대기에는 철조망이 설치되어 있었다.

센터로 진입하여 정문이 닫히자마자, 우리는 분리되었다. 어떤 여자가 노린을 데려갔고, 나는 한 남자를 따라 작은 방으로 들어갔다.

이어서 그가 명령했다. "주머니에 있는 걸 다 꺼내요. 펜, 신발끈, 허리띠, 핸드폰."

핸드폰? 나는 놀랐다. 왜냐하면 그날 하루종일 핸드폰 소지가 허락되었기 때문이다. 만일 지금 뺏길 것을 알았다면, 아이들에게 먼저 연락했을 것이다. 나는 그가 말한 것을 모두 제출했다. 신발끈과 허리띠까지 꺼내라는 말이 의아해 항의하고 싶었지만, 미처 말하기도 전에 그가 내 몸과 배낭을 뒤졌다.

몇 분 후 그 방에서 나와 어떤 사무실로 이끌려 갔다. 노린은 이미 먼저 와서 책상 앞에 서 있었다. 씁쓸한 미소를 짓는 것을 보니, 그녀도 나처럼 복잡한 감정을 느끼고 있음을 알 수 있었다. 다시 함께 있게 되어 안도하면서도, 지금 벌어지고 있는 상황에 대한 충격이 컸다. 우리 뒤에는 경비들이 서 있었다.

책상에는 머리색이 짙은 30대 남자 멜리가 앉아 있었다. 금요일 밤에 야근하는 것이 싫었는지, 그는 우리를 보며 그런 감정을 굳이 숨기지 않았다. 나는 그에게 조심스럽게 물었다.

"선생님, 저희 아이들에게 전화 좀 할 수 있을까요? 아이들이 미국에 있는데 아직 이야기하지 못했어요."

"안 돼요."

"무슨 일이 일어났는지 아이들에게 알려야 돼요."

우리는 절박했다. 내가 거절당하자 노린이 다시 부탁했다.

"한 번만 잠깐 통화하게 해 주세요. 선생님 앞에서 통화할게요. 아니면 전화번호를 드릴 테니 전화를 걸어 주세요. 부탁이에요. 아이들이 걱정할 거예요. 막내는 겨우 열다섯 살이에요."

그의 표정은 냉소적이었다. 그런데 한편으로 미국인 두 명이 그의 사무실에 왔다는 것이 신기하기도 하고, 싫지 않은 눈치였다. 그는 다시 거절하고는 책상 위에 있는 서류를 가리키며 서명하라고 했다. 나는 서류를 집으려고 손을 뻗다가 멈추고 물었다. "서류를 읽어 봐도 될까요?"

그는 여전히 차가운 눈길로 나를 보더니, 어깨를 으쓱하며 서류를 주었다. 우리 부부는 튀르키예어를 잘 읽고 말하는 편이었지만, 법률 관련 문서는 어려운 용어가 많아서 이해하기 힘들었다. 서류에는 "우리는 추방되는 이유를 고지받았습니다"라는 내용과 함께 여러 가지 죄목이 적혀 있었고, 'G-82—국가 안보 위협'에 체크 표시가 되어 있었다. 그것은 우리도 이미 알고 있는 내용이었다.

멜리가 컴퓨터 화면을 보는 사이, 노린과 나는 내심 걱정하는 바를 조용히 말했다.

"변호사가 이 문서를 보고 난 후에 서명해야 할까?"

"우리가 서명하면 이의를 제기할 권리를 포기한다는 의미일까? 튀르키예로 돌아올 가능성이 완전히 없어질까?"

나는 고개를 저었다. "변호사가 한 말 기억해? 이의를 제기하는 걸 조심하라고 했잖아. 우리가 지금 이의 제기를 하면, 그것을 검토하느라 우리를 2주 동안 붙들어 둘 수 있어."

나는 여기에 2주 동안이나 있게 된다는 건 상상할 수도 없었다. "그들이 우리를 추방하기로 결정했다면, 방해하지 말자. 여기 유치장에서 싸우는 것보다 미국에서 싸우는 게 나을 거야."

노린이 내 말에 동의했고, 우리 둘 다 서류에 서명해서 멜리에게 주었다. 그는 서류를 보며 한숨을 쉬었다. 그때 전화가 울렸다. 전화를 받은 멜리가 "내가 그걸 가지고 있어요"라고 말하자, 수화기 너머에서 알아들을 수는 없지만, 뭐라고 빠르게 말하는 소리가 들렸다.

멜리는 몇 번 "예"라고 하며 서류를 응시했고, 전화를 끊은 뒤 펜을 꺼내 두 번째 난에 체크 표시를 했다. 우리는 맞은편에서 보면서도 거꾸로 쓰인 그 내용을 정확하게 읽었다. 체크된 항목에는 "테러 조직의 관리자, 조직원이나 후원자"라고 되어 있었다. 순간 노린의 손이 내 손에 스쳤다. 나중에 노린이 말하길, 그때 공포심이 엄습했다고 했다.

멜리는 우리 뒤에 서 있던 경비들에게 말했다. "이제 이들을 데려가시오."

03
갇히다

우리는 앞뒤로 포위되어 복도를 다시 걸어 내려가서 무거운 철제 문을 지나 방들이 있는 곳으로 갔다. 노린은 옆에서 계속 이렇게 말했다. "뭔가 잘못되었어. 무슨 일이 일어나고 있어." 이제는 우리가 떨어지지 않기를 기도하는 수밖에 없었다.

복도 양쪽으로 늘어선 문들은 굳게 닫혀 있었다. 앞서가던 경비가 마지막 문을 열고 우리에게 들어가라고 손짓하며 말했다. "우리는 먹을 것을 가져오겠소. 그리고 옆방에서 들리는 소리에 신경 쓰지 말아요."

노린과 나는 잠시 서로 쳐다봤다. 자물쇠가 돌아가는 소리가 둔탁하게 들렸다. 우리는 주위를 둘러봤다. 그 방은 거의 비어 있는 것이나 마찬가지였다. 4인용 벙커 침대가 있었고, 타일 바닥은 더러웠으며, 한쪽에 지저분한 싱크대가 있고, 그 옆에 작은 욕실이 있었다. 싱크대 위쪽의 창문에는 무거운 쇠창살이 있었다. 가장 기본적인 시설밖에 없었지만, 다른 사람 없이 우리 둘만 지낼 수 있어 다행이었다.

나는 화장실을 자세히 살펴보았다. 튀르키예에서 우리가 살던 곳에는 늘 앉을 수 있는 양변기가 있었다. 그런데 이 전통 변소는 달랐다. 바닥에 있는 구멍 위에 쭈그리고 앉아서 용변을 보고, 옆에 있는 작은 수도로 뒷처리를 하고 몸도 씻어야 했다. 화장실 옆에 난 작은 창문에는 유리가 없어서 파리가 들어올 수 있었다. 파리가 들어오지 못하도록 변소 문을 닫으려고 해 보았지만 헛수고였다.

몇 분 후 다른 경비가 담요와 시트, 음식이 든 스티로폼 상자와 빵 두 덩이를 가져왔다. 나는 작은 물병 네 개를 보고 식수를 더 받을 수 있는지 물었다. "주말에는 안 돼요. 비누가 필요해요? 그건 가져다줄게요. 그리고 칫솔, 수건, 잠옷도 가져올게요."

다행이었다. 우리가 입고 있는 옷 외에 바닷가 여행 후 배낭에 넣어 온 티셔츠 하나와 후드티가 전부였기 때문이다. 우리는 그에게 고맙다고 하고는 스티로폼 상자를 열었다. 안에는 토마토 하나와 작은 슬라이스 치즈, 잼이 들어 있었다. 그것이 아침이었다. 다른 상자에는 약간의 밥과 채소가 들어 있었다. "노린, 우리는 아침부터 아무것도 먹지 않았어. 좀 먹어야 돼."

노린은 한 입 먹다 말았고, 나는 억지로 절반을 먹었다. 우리는 그날 일어난 모든 사건과 그로 인해 겪어야 했던 감정에 지쳐 있었다.

긴 하루의 끝

곧 밖이 어두워졌고, 유일하게 켜 있는 전등의 불빛은 흐릿했다. 우리는 침묵하며 서로 바라보았다. 노린의 눈은 두려움에 사로잡혀 있었다. 내가 침묵을 깨뜨렸다. "당신에게 말하기 꺼렸지만, 오늘 일어난 일이 이제 이해가 돼. 이유는 모르지만, 하나님이 이 일에 개입하신 것 같고, 우리가 튀르키예에서 보낼 시간은 이제 끝난 것 같아."

나는 지난 며칠 동안 "집에 갈 때다"라는 생각이 들어서 고민했다고 처음으로 노린에게 털어놓았다. 그녀는 "하나님이 말씀하셨다고 확신해?"라고 물었다. 그러나 이야기를 이어가는 가운데 노린은 이 뜻밖의 사건 가운데 하나님이 계시다는 사실에 안도했다.

그러나 여전히 우리가 미국으로 돌아간다는 사실은 받아들이기 어려웠다. 우리 사역에 긍정적인 변화들이 많이 일어나고 있는 이때, 왜 이런 일을 허락하시는 것일까? 게다가 하나님은 2009년에 튀르키예의 영적 추수를 준비하라고 우리에게 말씀하셨다. 그런데 그것을 이제 멀리서 지켜봐야 한단 말인가?

이런 것들을 이야기할수록, 그리고 우리가 두고 떠나야 하는 사람들을 생각하니 마음이 좋지 않았다. 우리의 전부를 쏟아부은 이 모든 것으로부터 분리된다는 느낌이 매우 생생하고 통렬하게 다가왔다.

한동안 창밖을 내다보던 노린이 말했다. "나는 우리가 '감사하며 가야' 한다고 생각해." 나는 즉시 이해했다. 몇 시간 전, 한 친구가 우리에게 이런 메시지를 보냈다. "잃어버린 모든 것이나 오늘 힘들었던 것을 보지 마세요. 그냥 감사하세요."

노린이 말을 이었다. "그동안 하나님이 튀르키예에서 행하신 모든 일들을 기억하자. 우리를 여기에 23년 동안 두신 것부터 시작해서 말이야." 우리는 그렇게 했다. 생각나는 모든 감사한 일들을 열거했다.

그런데 미소 짓게 되는 기억마다 그와 관련된 역경도 생각났다. 그동안 받은 은혜가 한순간에 사라진 것 같았다. 우리는 오랜 세월 수많은 승리를 맛보았지만, 그때마다 그에 상응하는 대가를 치렀다.

밤이 깊었고, 우리는 너무 지쳐서 자야 했다. 나는 침대에 이불을 깔며 노린에게 말했다. "이상한 게 뭔지 알아? 보통은 선교사를 추방할 때 남편을 추방하고 나서 부인과 자녀들이 따라가는데, 우리 둘 모두에게 추방 명령을 내렸어."

그날 밤 노린은 평소처럼 숙면했다. 나는 방을 가로질러 놓인 벙커 침대에서 뒤척이다가, 철제문의 감시 구멍이 쇳소리를 내며 열리고 손전등의 빛이 안을 비출 때마다 잠에서 깼다.

낯선 곳에서의 일과

새벽 기도를 알리는 소리가 벽과 열린 창문으로 들려오자, 다른 방에서 기도하는 소리가 들리기 시작했다. 순간 등골이 서늘했다. 무슬림 국가에 오래 살다 보니 기도 시간을 알리는 소리가 익숙했지만, 이번에는 다르게 들렸다.

이즈미르는 튀르키예에서도 이슬람에 그다지 열정적이지 않은 대도시로, 사람들의 복장도 엄격한 무슬림식보다 밀라노나 마이애미처럼 입는 사람들이 많았다. 히잡을 쓰는 여자들이 점점 더 많아지긴 했지만, 눈만 내놓은 채 온몸을 가린 복장을 한 여자는 보기 어려웠다.

어제 경찰서를 떠날 때, 미국 영사는 전화로 두 센터 중 이쉬켄트가 더 안 좋다고 알려주었다. 나는 더 안 좋다는 말이 단지 음식이나 침구에 국한되지 않을 것이라 추측했다. 중범죄자들이 수감되어 있으리라 생각했다. 2016년의 튀르키예에서 그것은 바로 ISIS를 의미했다. 나는 우리가 최악의 테러리스트들과 함께 수감되지 않기를 바랐다.

"당신 렌즈는 어때?" 노린이 부스럭거리는 소리를 듣고 내가 물었다. 평소에 노린은 콘택트렌즈를 꼭 빼고 잤다. 그런데 지금은 그럴 수 없었다. 그녀는 콘택트렌즈가 달라붙는다고 하면서 월요일까지 어떻게 버틸지 생각했다.

낮에는 가장 깨끗해 보이는 매트리스를 찾아 바닥에 깔고 그 위에 앉았다. 아침 식사를 받고서 전날 친구 알리가 간식 봉지를 준 일을 노린에게 말했다. 하루아침에 갇힌 신세가 됐지만, 그의 친절에 마음은 따뜻했다. 친구들이 우리가 여기 있는 것을 아는지 궁금했다.

노린은 먹지 않고 남긴 음식을 보며 말했다. "아이들이 걱정돼. 조던이 우리가 추방됐다고 아이들에게 말할 테고, 아이들은 우리가 집에 오길 기다릴 거야. 오늘 밤에도 소식이 없고 우리에게 연락이 안 되면, 아이들은 분명 걱정할 거야."

전날 지문 날인을 하고 돌아오면서 우리는 조던에게 짧은 문자를 보냈다. 생일을 축하하며 우리가 곧 추방될 것이고, 새로운 소식이 있으면 알려 주겠다고 했다.

"오 주님, 저희가 어디 있는지 아이들에게 알려 줄 방법이 없어요. 아이들을 도와주세요. 저희가 할 수 있는 게 없어요." 기도는 다른 기도로 이어졌다. "주님 그러나 저희는 이곳에서 당신을 예배하기 원합니다. 당신의 이름을 찬양하기로 선택합니다."

잠시 후 점심이 들어왔다. 국수와 소스, 채소, 그리고 한 사람당 빵 반 덩어리를 주었다. 튀르키예에서는 빵이 없는 식사를 상상할 수 없다.

이국 땅에서 커다란 철제문 뒤에 갇혀 열쇠가 돌아가는 소리와 빗장이 질러지는 소리를 처음 들으면 등골이 서늘해진다. 어떻게 해도 안심이 되지 않는다. 이제 무슨 일이든 일어날 수 있다. 그것을 깨닫는 순간, 통제력을 잃고 불확실성 속에 내던져진다.

우리가 어떤 식으로 추방될 것인지 온갖 추측을 하고 있을 때쯤, 자물쇠가 열리는 소리가 나더니 천천히 문이 열렸다. 처음 보는 경비가 말했다. "바람 쐬러 가겠습니다. 나오세요."

우리는 불안한 마음으로 그를 따라 계단을 내려가 높은 담으로 둘러싸인 작은 마당으로 들어갔다. 경비는 한쪽 구석에 있는 의자에 앉으며 우리를 보고 말했다. "20분 줄게요."

노린은 시설 내부 규칙을 적은 팻말을 조용히 가리키며 말했다. "봐. 이건 튀르키예어지만, 여기는 러시아어야. 페르시아어, 우르두어도 있어. 이런 사람들이 지금 우리와 함께 있는 거야."

그날 나머지 시간은 문이 잠긴 방으로 돌아와 종일 있었다. 우리는 기도하고 찬양하고 이야기도 나눴다. 대화의 주제는 돌고 돌아 같은 이야기를 반복했다. 아이들과 교회, 우리의 미래에 대한 것이었다. 튀르키예를 떠나서 좋은 점은 아이들과 가까워진다는 것뿐이었다. 경비가 문 앞에 가까이 올 때마다 우리가 언제 추방되냐고 물었지만, 돌아오는 것은 "월요일까지 기다리시오"라는 말뿐이었다.

저녁 식사가 들어왔다. 그것은 아침 식사이기도 했다. 우리는 앉았다가, 방안을 천천히 왔다 갔다 하다가, 어두워지는 창밖을 내다봤다. 노린은 잠들었지만, 나는 너무 긴장해서 이따금 졸기만 할 뿐 깊이 잠들지 못했다.

마침내 아침 점검 차 문이 활짝 열렸다. 노린이 용기를 내서 물었다.

"옷을 좀 빨고 싶은데, 비누나 샴푸가 더 없을까요?"

"알겠소. 옷을 빨 대야도 줄까요?"

감사한 일이었다. 노린이 옷을 빠느라 바쁜 사이, 나는 다시 창문과 문 사이를 수십 번 천천히 왔다 갔다 했다.

노린이 창문틀에 셔츠를 널다가 외쳤다. "저쪽 흙길에 서 있는 차, 우리 교회 승합차 아니야? 봐, 저기 메르트가 있어!"

반가운 소식이었다. 친구들이 우리가 어디 있는지 알았고, 그 사실을 우리에게 알리고 있었다. 우리를 아끼는 친구들, 앞으로 못 보게 될 친구들의 모습을 보니 눈물이 났다. 나는 그들을 사랑했다. 그런데 그들을 떠나야 한다니, 마음이 아팠다. 노린은 잠잠했고 동요가 없었다.

"참고 있는 거야?"

"아니야. 나는 튀르키예를 떠날 때, 비행기에서 울 거야."

권리 포기

마침내 월요일이 되었다. 우리는 무슨 일이라도 일어나기를 간절히 바라며 옷을 입었다. 일주일 동안 갇혀 있던 우리는 어서 이곳을 떠나고 싶었다.

나는 철조망 밖의 텅 빈 거리를 내다봤다. 정문은 보이지 않았지만, 양복을 입은 남자가 그쪽으로 가는 것이 보였고, 그가 말하는 소리도 들렸다. 그는 이쉬켄트가 좋지 않다고 알려준 로버트 영사였다. 그러나 그는 곧 떠났다. 출입을 거절당한 것 같았다. 로버트가 걸어가는데, 차 한 대가 서더니 말쑥한 차림의 커플이 내려서 그와 몇 마디 말을 나누었다. 내가 모르는 커플이었다. 그 커플도 정문 쪽으로 갔지만, 그들 역시 거절당한 것 같았다.

우리는 방문을 두드리며 멜리를 만나게 해 달라고 했다. 경비는 피곤한 목소리로 허락을 받아 보겠다고 했다.

한 시간 뒤, 그는 우리를 사무실로 데려갔다. 멜리는 전처럼 책상에 앉아 있었지만, 다른 사람이 옆에 있었다. 그의 이름은 부락이었는데, 그가 우리에게 말을 걸었다.

"무슨 일이오?"

"우리는 추방에 이의 제기를 하지 않겠어요."

그가 잠시 침묵하더니 알겠다고 했다. "그 내용을 쓰시오. '나 앤드류 크렉 브런슨은 자발적으로 미국으로 돌아가기 원한다. 나는 내 모든 권리를 포기한다.'"

나는 고개를 끄덕였다. "굳이 우리를 추방할 필요조차 없어요. 그냥 우리를 공항으로 데려다주면 아무 비행기나 타고 떠날게요."

부락이 주춤하더니 고개를 저었다. "우리에게는 절차가 있소. 추방은 항상 이스탄불 공항에서 이뤄지고, 미국행 직항을 타야 하오. 그리고 먼저 공식적으로 앙카라와 소통해야 하오. 서류 처리는 오래 걸리지 않고 하루 정도일 거요. 어쩌면 오늘 늦게 끝날 수도 있소."

화요일 아침에 말쑥한 차림의 그 커플이 다시 나타났고, 몇몇 교인들이 함께 왔다. 이번에는 그 커플이 하는 말이 들렸는데, 그들은 우리를 방문할 권리가 있다고 주장하고 있었다. 그중 한 명이 "변호사"라는 단어를 말했다. 그들은 내가 추방되는 것을 막으려 하는 걸까? 우리가 미국에 도착하고 나서 이의 제기를 하겠다고 결정한 것을 모르는 걸까? 노린과 나는 경비들이 알아차리지 못하게 몸짓으로 그들에게 변호사가 필요 없다는 뜻을 전했다.

1분 후 방문이 벌컥 열리더니, 경비 두 명이 우리에게 소리 질렀다. "뭐하고 있었소? 거리에 있는 사람하고 얘기하고 있는 거요? 그건 금지된 일이오!"

"죄송해요. 우리는 아무 말도 하지 않았어요."

그들이 떠난 후 이 일로 문제가 생기지 않길 바랐다. 그 벌로 우리가 떨어져 지내는 일만큼은 피하고 싶었다. 그리고 ISIS 수감자와 한 방을 쓰게 되는 것도 원치 않았다. 우리는 창문에서 멀찍이 떨어져 있었다.

방문이 다시 열리더니, 다른 경비가 들어왔다. "사무실로 오시오." 우리는 조용히 따라갔다. 그는 우리를 복도 끝으로 안내했다.

사무실에 들어서자, 부락이 우리를 매섭게 노려봤다. "당신들 추방에 이의 제기를 하는 거요? 만일 그러면 여기 몇 달 있을 수 있소."

몇 달이라고? 2주로 알았는데? 우리는 여기 몇 달씩이나 있고 싶지 않았다. 이의 제기는 나중에 하려고 했다.

"아니요, 우리는 미국으로 가고 싶어요."

"그러면 변호사를 만나고 싶지 않다고 쓰시오."

그가 백지를 주며 멜리를 쳐다보자, 멜리도 그에게 고개를 끄덕였다. 나는 펜을 들고 그가 부르는 대로 썼다.

"나는 최대한 빨리 미국으로 돌아가고 싶습니다. 나는 변호사를 원하지 않습니다."

"변호사를 만나고 싶지 않다고 추가하시오."

나는 그렇게 하고 서명한 후 펜을 노린에게 주었다. 노린까지 서명을 마치자, 부락은 그 종이를 멜리에게 주었다. 그리고 그는 그것을 다시 우리에게 돌려주며 말했다. "10시 30분이라고 시간을 쓰시오."

시간까지 다 쓰고 난 뒤 노린이 물었다. "앙카라에서 추방 서류가 왔나요?" 부락이 경비들에게 우리를 다시 데려가라고 손짓하며 말했다. "우리는 아직 소식을 기다리고 있소."

우리가 방으로 돌아온 후 바깥 거리에서 외치는 소리가 들렸다. "앤드류! 노린! 거기 있어요?" 두 명의 경비가 우리 친구들과 그 커플에게 돌아가라고 하자, 친구가 물러나며 외쳤다. "우리가 당신을 위해 변호사를 데려왔어요! 앤드류! 우리가 변호사를 데려왔지만, 그들이 접견을 허락하지 않아요."

나는 괜찮다고, 우리는 변호사가 필요하지 않다고 외치고 싶었지만, 그랬다가 문제를 일으키고 싶지 않았다. 우리는 벽에 등을 기대고 앉아 손을 잡았다. 이제 그들은 우리를 여기 잡아둘 핑곗거리가 없었다. 우리는 곧 집으로 가는 비행기를 탈 것이다.

그러나 불쑥 다른 생각이 들었다. 멜리와 부락은 친절한 사람이 아니다. 우리는 그들의 의도를 신뢰할 수 없다. 그렇다면 우리가 실수한 걸까?

미궁 속으로

그날 밤, 우리는 바닥에 매트리스 두 개를 나란히 깔았다. 잠을 잘 수 있는 노린에게는 잠이 탈출구였다. 그러나 나는 잠을 못 자서 문제였다. 너무 천천히 흐르는 시간 속에서 그저 아내 가까이 있고 싶었다.

마침내 아침 햇살이 들고 노린이 깼을 때, 우리는 육중한 방문이 열리기 전에 매트리스를 다시 벙커 침대로 옮겼다. '오늘은 꼭 이동이

있으리라.'

점심시간까지 아무 소식도 없었다. 우리 둘 다 참을 만큼 참았다. 우리는 방문을 두드리며 멜리를 보고 싶다고 요청했다. 이번에는 멜리와 부락이 우리 방으로 들어왔다. "어떻게 되었나요? 무슨 문제가 있나요?"

부락은 시선을 돌렸고, 멜리는 우리 둘을 응시했다. 그들의 침묵은 매우 고통스러웠다. 마침내 멜리가 말했다. "앙카라에서 결정할 거요."

노린이 황급히 숨을 삼켰다. "그들이 결정할 거라니 무슨 말이에요? 우리가 추방될지 확실하지 않다는 거예요?"

"추방될 가능성이 커요." 그는 잠시 말을 멈췄다가 다시 말했다. "그건 … 95퍼센트 확실해요." 그는 처음으로 우리가 본국으로 송환되지 않을지도 모른다는 튀르키예 관리의 말을 전했다. 나는 그 말이 무슨 의미인지 생각하고 싶지 않았다. 순간 무언가에 짓눌리는 느낌에 침대로 쓰러졌다.

부락과 멜리가 나간 뒤, 경비들은 바람을 쐬도록 우리를 마당으로 데리고 나갔다. 우리는 잠잠히 그들을 따라나가 벤치에 맥없이 주저앉았다. 마지막으로 기억나는 것은 시야가 좁아지다가 흐릿해졌다는 것이었다. 머리가 빙빙 돌았고, 모든 것이 캄캄해졌다.

04
이별

    순간 맥이 탁 풀리고 힘이 쭉 빠졌다. 도와달라고 말하거나 신음할 수도 없었다. 짙은 안개 속을 헤쳐 나갈 기운조차 없어서 정신을 차리려 애썼다.
    누군가 내 위에 서 있었다. 아마도 경비였을 것이다. 나는 손을 뻗어 그의 팔을 잡고 싶었지만, 그렇게 하지 못했다. 몸이 말을 듣지 않았다. 누군가 소리치는 것을 들었지만, 마치 다른 방에서 소리치는 것처럼 조용하게 들렸다. 노린이었을까?
    "나는 당신을 잃지 않을 거야! 사탄아, 너는 그를 가질 수 없어!"
노린이었다. 다행히 노린의 목소리를 인식했다. 나는 잃었던 의식을 되찾으려 애썼다. 노린에게로 돌아가야 했다. 그녀를 잃을 수 없었다. 나는 의식을 잃지 않으려 애썼다.

그러자 서서히 사물의 색깔과 형체가 또렷해졌다. 노린은 내 위로 몸을 숙인 채 계속 나를 잃지 않겠다고 외치고 있었고, 경비는 나를 지켜보고 있었다. 나는 노린의 얼굴에 서린 공포를 보았다.

시간이 지나자, 마침내 숨쉬기가 좀 쉬워졌다. 그러나 여전히 말을 하지 못 했고, 심장은 빨리 뛰고 있었다. 몸은 쇠약했지만, 정신을 차려 노린을 다시 볼 수 있었다.

나는 몇 분 동안 정신을 잃은 데다 다리에 힘이 없어서 걸을 수 없었다. 경비 둘이 나를 부축해서 방으로 데려다주었다. 나는 땀에 흠뻑 젖어 녹초가 된 몸으로 침대에 누웠다.

부락이 방으로 들어와 나를 응시하다가 결정을 내렸다. "당신 건강이 좋지 않아 보여요. 우리는 당신을 병원으로 데려가겠소."

나는 강경하게 거부했다. 몸이 쇠약해진 중에도 우리 부부가 떨어지면 위험하다는 것을 알았다. 그들이 우리를 갈라놓으면 언제 다시 만나게 해 줄지 어떻게 알겠는가? 나는 노린이 방에 혼자 남아 있는 것을 원치 않았다. "그냥 … 잠을 자게 해 주세요."

시간이 얼마나 지났는지 모르지만, 눈을 뜨니 부락은 가고 없었다. 내 몸은 매우 차갑고 떨렸다. 노린이 경비에게 난로를 달라고 부탁했으나 소용이 없었다. 노린은 담요 여러 겹을 덮어 주었다. 나는 노린에게 말했다. "민원을 제기하지 말자. 그들에게 우리를 갈라놓을 빌미를 주면 안 돼."

곧 부락이 다시 왔다. 이번에 그는 더 강경하게 나를 입원시키려고 했다.

"나는 가고 싶지 않아요. 나는 입원할 필요가 없어요."

"당신이 선택할 문제가 아니오."

나는 그의 말이 옳다는 것을 알았지만, 노린과 헤어지지 않으려 필사적으로 매달렸다. "좋아요, 갈게요. 그러나 한 가지 부탁합니다. 제 아내도 함께 가게 해 주세요."

그가 고개를 저었다. "그녀를 지키려면 경찰관을 두 명 더 보내야 하오. 그러니 당신 혼자 가시오."

몇 분 후 나는 경찰차에 태워졌다. 너무 지친 상태여서 생전 처음 수갑을 차는 것에 불만을 제기하지도 않았다. 너무 쇠약한 상태라 범죄자처럼 취급되는 것에 신경 쓰지도 않았다. 똑바로 앉아 있으려고 애썼지만, 옆에 앉은 경찰관 쪽으로 고꾸라졌다.

병원에서는 넘어지지 않고 걸으려 안간힘을 다했고, 사람들의 질문에 애써 대답했다. 나는 살면서 가장 아프고 쇠약한 상태였으나, 필요 이상으로 병원에 머물게 될까 봐 빌미를 주지 않으려 애썼다.

MRI 검사 후 그들은 나를 다시 이쉬켄트로 데려갔다. 이번에는 수갑을 채우지 않았다. 내가 저항할 상태가 아니라는 걸 깨달은 것이다. 병원에서는 뭐가 문제인지 찾지 못했고, 왜 그런 일이 일어났는지 설명하지 못했다.

방으로 돌아가 노린과 단둘이 남겨졌을 때는 날이 어두워진 후였다. 등 뒤에서 방문이 잠기는 소리가 이상하게 편안하게 들렸다.

막연한 기다림

다음 날은 반쯤 잠든 상태로 꿈도 꾸며 몽롱하게 보냈다. 그들이 가져온 음식을 먹어 보려 했지만, 입맛이 없었다. 내 기력이 상당히 회복된 후에야 우리는 일과 루틴을 짤 수 있었다.

처음에는 대화를 많이 했으나, 날이 갈수록 이야깃거리가 점점 줄어들었다. 우리는 아무 말 없이 앉아 있었다. 함께 있어서 다행이었지만, 불안감이 점점 커졌다. 위험에 처해 있을지 모르는 우리 아이들과 사역, 미래에 대해 희망이나 확신을 가지고 이야기할 수 없었다.

남은 것은 기도와 산책이었다. 우리는 이 시간에 집중했다. 뜰에서 걸을 때면 노린이 앞서고, 내가 뒤따르며 함께 찬양하고 성경 구절을 암송하고 기도했다. 우리는 다양한 루틴을 만들었다. 오전에는 감사에 초점을 맞췄고, 오후에는 자녀들과 교회를 위해 기도했다. 밤에는 숙면할 수 있도록 시편 23편으로 기도하곤 했다.

그런 식으로 반복되는 일과를 보내던 어느 날 오전, 방문이 열리더니 한 경비가 들어와서 멜리가 우리를 부른다고 했다.

사무실로 가니, 멜리가 책상 앞에 앉아 있었다. 책상 위에는 집에서 온 우리 옷이 쌓여 있었다. "당신들의 친구들이 보냈소. 원하는 대로 가지시오."

우리는 바닥에 있는 빈 가방에 옷을 담았다. 옷과 욕실용품도 반가웠지만, 성경을 보자 가슴이 콩닥거렸다. 드디어 성경을 읽으며 시간을 보낼 수 있게 된 것이다. 내가 기쁜 마음으로 손을 뻗어 성경의 표지를 쓸어내는데, 멜리가 성경을 가져갔다. 그는 성경을 뒤에 있는 책꽂이에 대충 꽂으며 말했다. "이건 주지 않겠소."

나는 깜짝 놀랐다. "우리는 그리스도인이니, 이 거룩한 책을 갖도록 허락해 주어야 합니다. 왜 허락하지 않는 거죠?"

멜리가 어깨를 으쓱하더니, 내 말을 무시하며 냉정하고 단호하게 말했다. "당신들은 우리가 준 책만 가질 수 있소. 그게 여기 규칙이오."

순간 성경에 대한 간절한 갈망과 함께 마음 깊은 곳에서 분노가 치밀어 올랐다. 그러나 우리가 그의 자비에 의지할 수밖에 없다는 사실을 아주 잘 알고 있었다. 그때 노린이 차분하게 말했다. "제발 부탁이에요. 그건 튀르키예어로 인쇄된 튀르키예어 성경이에요. 불법이 아니에요." 그러나 멜리는 자리에 앉아 우리에게 나가라고 손짓했다.

갈아입을 옷이 있어서 다행이었다. 냄새 나는 옷을 더 이상 입지 않아도 될 뿐만 아니라 쌀쌀한 저녁에 덧입을 수도 있었다. 우리는 욕실의 깨진 창문을 쓰레기 봉투로 덮으려 했지만, 추위를 막기에는 역부족이었다.

시간이 갈수록 나는 노린을 존경하게 되었다. 나는 신학을 공부하여 신약학 박사 학위도 있었고, 오랜 세월 설교하며 가르쳤다. 그런데 이쉬켄트에서는 노린이 더 강해 보였다. 지금까지 나는 토끼처럼 단거리 경주에서 앞서가다가 나태해져 있었다. 그러나 노린은 아무리 바쁘고 피곤하더라도 거북이처럼 매일 기도하고 성경을 읽었다. 그렇게 하나님과 보낸 시간은 깊은 우물이 되었고, 그녀는 거기서 물을 길고 있었다.

　노린과 함께 있으면 나도 차분해졌다. 그러나 특정 주제로 그녀와 대화할 때면 차분하지도, 평화롭지도 못했다. 그것은 튀르키예가 얼마나 긴박한 상황 속에 있느냐에 대한 것이었다.

　3개월 전인 7월에 에르도안 정권을 전복하려는 시도가 있었으나 실패로 끝났다. 그 뜻밖의 사건에 내해 에르도안 대통령은 어떻게 대응할지 계획을 발표했다. 그는 그 쿠데타가 "신의 선물"이라고 말했다. 에르도안은 비상사태를 선포하며 조례를 포고하고 통치했다. 그렇게 절대 권력을 장악하면서 수만 명이 체포되어 재판도 받지 못하고 몇 년이나 억류될 수 있었다. 우리는 조용히 사라진 사람들이 있다는 이야기를 들었다.

　쿠데타 시도가 있었을 때, 노린은 미국에 있는 아이들에게 가 있었다. 쿠데타 후에는 나도 미국으로 갔다. 그 후 8월에 튀르키예로 돌아오는 것에 대해서도 전혀 거리낌이 없었다. 우리는 쿠데타와 아무 상관이 없었기 때문이다.

　그러나 이제는 우리가 갇혀서 변호사나 영사도 못 만나고 있다. 이 일이 과연 튀르키예의 비상사태와 관계가 있는 것인지 궁금해졌다. 우리가 알던 튀르키예는 이렇지 않았다.

　한번은 바람을 쐬러 나갔는데, 한 경비가 말했다. "그런데 앤드류, 우리 모두 궁금한 게 있는데, 당신을 구할 헬리콥터는 언제 오는 거요?" 히죽거리는 얼굴을 보니 놀리는 것이었다. 나는 그의 말을 무시했다.

"당신 나라는 당신을 잊었어, 앤드류. 왜 그런 거지?"

"우리나라 문제가 아니라, 당신들 나라가 문제인 겁니다."

우리가 이쉬켄트에 머무는 시간이 길어지자, 대부분의 경비들이 우리에게 심술궂게 굴었다. 대화가 수월한 경비들도 있었는데, 그들과 이야기해 보니 우리가 왜 계속 붙잡혀 있는지 그들도 의아해하고 있었다. 우리는 그들에게 예수님에 대해 이야기할 기회를 찾았고, 어떤 경비들을 위해서는 기도도 해 주었다. 대부분의 튀르키예 사람들은 그리스도인을 만난 적이 한 번도 없기 때문이다.

갇혀 지내는 중에도 나는 위로를 받았다. 노린이 은혜와 평안 가운데 있었기 때문이다. 그러나 열두 번째 밤에 기도 시간을 마친 후, 우리 둘 다 마음이 무거웠다. 거의 두 주 동안 불확실한 상황에서 스트레스를 받으며 기도로 씨름하다 보니, 우리 말에 힘이 없는 것만 같았다. 순간 두렵다는 생각에 짓눌렸다.

처음부터 가장 두려웠던 것은 노린과 떨어지게 되는 것이었다. 나는 그런 생각을 입 밖으로 꺼내고 싶지 않았다. 말하는 순간 그렇게 되기라도 할 것 같았기 때문이다. 그러나 그날 밤이 끝나가는데, 더는 참을 수 없었다.

"노린, 내가 정말 두려운 건 우리가 떨어지는 거야. 그러면 나는 당신에게 무슨 일이 일어나는지 모를 거야. 그리고 당신 없이 나 혼자 이 상황을 어떻게 감당할 수 있을지 모르겠어. 이게 얼마나 오래 갈지, 어떻게 끝날지 우리는 몰라."

노린은 나를 안아주었다. 침묵이 이어졌다. 그녀가 무슨 말을 할 수 있겠는가? 우리는 바닥에 깔아놓은 매트리스 위에 누워 서로 부둥켜안았다.

그 당시에는 말하지 않았지만, 사실 노린은 우리가 금방 나가지 못하게 될까 봐 걱정하며 마음을 단단히 먹고 있었다고 한다. 하루에도 온갖 생각이 머릿속을 어지럽혔다. '우리도 튀르키예 감옥에 갇혀 종적 없이 사라지게 되는 건 아닐까?' '아이들을 다시 볼 수 있을까?' '하나님은 우리가 감옥에 있는 사람들에게 예수님을 전하기 원하시는 걸까?' '하나님이 우리에게 보여 주신 튀르키예의 영적 추수가 감옥에서 시작되는 걸까?' 그러나 노린은 그런 생각을 혼자만 품고 있었다. 나를 걱정시키고 싶지 않았던 것이다.

다음 날에도 우리는 말이 없었다. 둘이 매트리스 위에 나란히 앉아 아침 식사를 깨작거리고 있을 때, 노린이 고개를 저었다. 그녀는 희미한 미소를 지으며 말했다.

"미안. 나는 오늘 간신히 버티고 있어. 할 말이 남아 있지 않아."

"괜찮아. 우리는 이미 모든 걸 말했어. 더 할 말이 뭐가 있겠어?"

그날 아침에는 평소처럼 걷거나 기도하지 않았다. 둘 다 몇 시간이 지나도록 바닥에 앉아 있었다.

그러다 어느 순간 노린이 침묵을 깨고 말했다. "나는 그냥 하나님 앞에 앉아 있는 상상을 하고 있어. 하나님도 조용하시고 나도 조용하지만, 그분은 내가 있는 걸 아셔. 당신도 그렇게 해 보면 도움이 될지 몰라. 하나님께 아무 말 하지 않아도 돼. 그냥 그분의 임재 안에 앉아 있는 거야. 그리고 기다리는 거지."

갑작스런 이별

그날 오후, 마당에 나가서도 그렇게 조용히 있었다. 우리는 벤치에 함께 앉았다. 잠시 후 갑자기 노린이 발로 돌을 찼다. "오늘은 정말 힘든 날이야. 나는 정말 괴로워."

몇 분 후에 그녀가 다시 말했다. "오늘이 무슨 날인지 알아?" 나는 모른다는 의미로 고개를 으쓱했다. "우리 엄마 생신이야." 그녀는 슬픈 미소를 지었다. 장모님은 몇 년 전에 돌아가셨다.

잠시 후 마당 문이 열리고, 부락과 함께 여자 경찰이 들어왔다. 나는 별로 신경 쓰지 않았지만, 그들은 노린을 불렀다. 그걸 듣는 순간, 나는 바싹 긴장하면서 두려움에 빠졌다. 여자 경찰이 와서 우리 앞에 서더니, 노린을 정면으로 보며 말했다.

"당신을 석방하겠습니다."

"잠깐만요. 노린을 어떻게 하려는 거죠? 추방하는 건가요?"

"아니요. 그냥 석방하라는 명령입니다."

나는 노린을 봤다. 노린도 나처럼 당황한 것 같았다.

"저도 가도 됩니까?"

"아니요. 우리는 그녀를 병원에 데려가서 신체검사를 받게 할 겁니다. 그녀가 돌아와서 소지품을 챙길 때, 다시 볼 수 있을 겁니다. 그 다음에 그녀는 떠날 겁니다."

그들은 노린을 데려갔다. 그리고 나는 다시 방으로 돌아왔다. 처음으로 방에 혼자 있었다. 나는 천천히 방안을 왔다 갔다 했다. 노린을 위해서는 다행이었다. 마침내 노린이 석방되어 기뻤다. 바깥에서 싸울 사람이 있어서 다행이지만, 한편으로 무섭기도 했다. 목이 잠기고, 심장이 거세게 뛰었다. 그동안 계속 염려했던 일이 일어나고 있는데, 어떻게 감당해야 하나?

순간 내가 갇혀 있는 현실이 완전히 잘못된 것 같았다. 나는 마음을 다잡고 간절히 기도하며, 이 시간을 하나님께 바치고 찬양과 경배의 노래를 부르며 그분을 신뢰하고 붙드는 데 초점을 맞추기로 결심했다. 나는 좋은 선택을 하기 원했다. 할 수 있는 최선을 다해 어떤 상황이 와도 헤쳐 나가고 싶었다.

나는 두려움에 압도되지 않으려면 정신을 차리고 똑바로 생각해야 한다는 것을 알았다. 호흡이 가쁘고 손이 떨리지만, 쓰레기 봉투에서 스티로폼 접시들을 꺼내 우리의 온라인 계정 비밀번호와 내가 나갈 수 있도록 도와줄 수 있는 사람들의 명단을 손톱으로 기록했다.

어느 정도 시간이 지난 후 방문의 자물쇠가 돌아가더니 노린이 돌아왔다. 경비가 말했다. "10분 안에 필요한 걸 다 챙기고 작별 인사를 해요."

시간은 쏜살같이 흘러갔다. 머릿속에 할 말이 가득했지만, 말할 시간이 없었다. 경비가 다시 노린을 문 쪽으로 데려갈 때, 나는 그녀에게 말했다. "나를 위해 싸워 줘. 나를 위해 싸워 줘."

경비들은 내가 노린과 함께 사무실에 가게 해 주었다. 거기에는 부락이 기다리고 있었다. 그들이 석방 절차를 밟는 동안, 우리는 서로의 물건을 나누었다. 그들이 노린을 데려가려고 하는 순간, 그녀가 부락에게 이의를 제기했다.

"잠깐만요. 나는 남편과 함께 있고 싶어요. 여기 있게 해주세요."

"안 돼요. 그건 불가능해요. 당신은 떠나야 해요."

"왜요? 나는 남편을 떠나고 싶지 않아요. 함께 있게 해 주세요."

부락은 그녀의 말을 무시하고 경비들에게 노린을 어서 데려가라고 고갯짓을 했다. 노린이 문밖으로 나가기 전, 우리는 마지막 포옹을 했다.

노린의 부탁은 내게 매우 의미가 컸다. 그녀가 큰 위험을 감수하면서까지 석방되지 않겠다고 말하는 것이 얼마나 큰 대가를 치르는 것인지 알았다. 그날과 그 전날 밤에 매우 침울했던 노린이 나와 함께 있겠다고 한 것은 더더욱 힘든 선택이었을 것이다. 그러나 그들이 그녀의 말을 듣지 않으리라는 걸 알았다.

경비들이 나를 방으로 가는 복도 쪽으로 끌어당길 때, 나는 그녀에게 외쳤다.

"사랑해! 계속 싸워 줘, 노린!"

"당신을 위해 할 수 있는 모든 걸 할 거야."

방문이 철커덕 잠긴 후, 나는 혼자였다. 나는 창문으로 달려가 쇠창살 사이로 밖을 내다봤다. 노린이 길에 서 있는 것이 보였다. 나는 마지막으로 손을 흔들었고, 그녀는 사라졌다.

창문에서 물러난 후 평소에 하던 대로 찬양하고 기도하고 성경을 암송하며 별로 힘들지 않다고 스스로 다독였다. 침대에 누웠지만, 긴 밤이 두려웠다.

자정쯤 복도에서 발소리가 들렸다. 평소대로 감시용 구멍이 열리고 경비가 손전등을 비추는 대신, 자물쇠가 열리더니 방문이 열렸다. 그리고 환하게 불이 켜졌다.

"소지품을 챙겨요. 여길 떠날 거요."

"나를 추방하는 거예요?"

나는 일말의 희망을 느꼈다.

"몰라요. 내가 아는 건 당신이 지금 여기를 떠난다는 것뿐이오."

사무실에서는 부락이 기다리고 있었다. 그는 매우 피곤해 보여서 이야기를 나눌 상황이 아니었다.

"방금 당신을 다른 시설로 옮기라는 지시가 내려왔소. 갑시다."

나는 그를 따라 어두운 밤 속으로 들어갔다.

2부

05
홀로

튀르키예에서는 주로 밤에 이송이 이뤄진다. 거리가 쥐죽은 듯 조용하고 어두울 때, 당국이 이송시킨다. 그런데 그렇게 하면 심리적으로 더 위축되기 마련이다. 그러나 나는 공포감에 사로잡히기는커녕 무덤덤했다. 종종 좋지 않은 일을 겪을 때, 마치 나 자신이 몸에서 분리되어 관찰자처럼 멀리서 지켜보는 것 같을 때가 있다.

처음에는 어느 길로 가는지 기억해 두려고 했지만, 이즈미르의 불빛이 멀어지고 차가 어두운 산으로 향하자 포기해 버렸다. 내가 할 수 있는 것은 느긋이 앉아서 어떻게든 노린이 나를 찾을 수 있기를 기도하는 것뿐이었다.

이쉬켄트를 떠나기 전, 부락이 나를 사무실로 불렀다. 그는 내가 전혀 들어 본 적 없는 기관의 이름을 말했다. '하르만달리'라는 추방

센터로 나를 당장 이송하라는 명령을 받았다고 했다. 그는 나 때문에 축구 경기를 못 봐서 짜증이 나 있었다.

"내 아내는요? 누가 아내에게 연락해 주나요? 아내는 내가 이송되는 걸 몰라요. 제발 도와주세요!"

부락은 늘 멜리보다 호의적이었다. 그런데 그날은 그렇지 않았다. 그는 노린에게 연락해 달라는 내 호소를 무시하고 나를 내보냈다.

독방

이즈미르를 떠난 지 한 시간, 차는 포장도로를 벗어나 천천히 달렸다. 교회의 튀르키예인 친구들이 사는 아파트를 지나갔기 때문에 거기가 어디인지 알 수 있었다. 전에 그 동네에서 몇 번 식사한 적이 있었다. 내가 한밤중에 그들 곁을 지나가고 있다는 사실을 그들은 까맣게 모르고 있었다.

우리는 울퉁불퉁한 길을 몇 킬로미터 더 달렸다. 너무 캄캄해서 전방의 건물이 잘 보이지 않았다. 마침내 차가 멈추자 대문이 보이고, 보안 검문소와 몇 명의 경찰이 기다리는 것이 보였다.

안으로 들어가 검색을 받은 후 경비들은 내 배낭에 든 물건을 테이블 위에 쏟았다. 흰머리에 매서운 인상의 나이 든 남자가 들어오자, 모두 차렷 자세를 취했다. 그는 말마다 호통을 치며 윽박질렀는데, 내 시계를 가리키며 나에게 그것을 주지 말라고 했고, 안경도 안 된다고 했다. 노린이 이쉬켄트에서 내게 남기고 간 작은 플라스틱 십자가를 경비들이 집어 들자, 그의 눈이 휘둥그레졌다. "그것도 압수해. 아무 것도 주지 마."

나는 침묵 속에 아래층으로 이끌려 내려갔다. 방의 철문이 닫힌 후 주위를 둘러보았다. 방에는 아무도 없었고, 벙커 침대가 세 개 있었다. 침대에는 더러운 침대보가 덮여 있었으나 담요는 없었다. 양변기가 있었지만 수세식은 아니었고, 창문에는 창살이 있었다.

갑자기 불이 꺼졌다. 캄캄한 가운데 창밖의 가로등 불빛에 의지해 스위치를 찾으려고 방을 한 바퀴 돌았다. 몇 분 후 결국 불 켜는 것을 포기하고 베개들을 모아 바닥에 깔고 그 위에 누웠다.

얼마 안 되어 추위에 덜덜 떨며 눈을 크게 떴지만, 내면은 무감각했다. 이쉬켄트를 떠날 때부터 그랬다. 침묵 가운데 온갖 질문들이 떠올라 메뚜기 떼처럼 공격했다. '노린이 내가 여기 있는 걸 찾아낼 수 있을까?' '노린이 날 찾아내지 못하면 어떡하지?' '노린이 추방되면 난 어떻게 될까?' '튀르키예 당국이 나를 추방하지 않으면 나는 어떻게 되는 거지?'

나는 시끄러운 머릿속을 잠재우려 애썼다. 생각을 돌리기 위해 기도하거나 이쉬켄트에서 노린과 함께 불렀던 찬양들을 기억하려고 애썼다. 그러나 소용이 없었다. 내가 할 수 있는 최선은 아직 내 옷에 남아 있는 노린의 체취를 느끼며 기다리는 것이었다.

높은 단계의 감시

다음 날 아침 일찍 전등이 켜졌다. 이어서 경비들이 방문을 두들기며 기상하라고 외쳤다. 몇 분 후에 문이 벌컥 열리더니, 제복을 입은 키가 작고 다부진 남자가 소리쳤다. "여기서 나가요. 뭘 기다리는 거요? 왜 준비 안 했어요?"

나는 그의 두 손을 맞잡고 말했다. "제발 소리치지 말아 주세요. 저는 여기 규칙을 몰라요. 뭘 해야 하는 거죠?"

그는 밖으로 나가라고 했다. 방 밖에는 경비가 여러 명 있었다. 왜 그렇게 많은 경비가 필요한지는 모르겠지만, 하여튼 그들이 나를 복도 맞은편 방으로 안내했다. 거기에는 테이블 위에 튀르키예 차와 빵이 차려져 있었다. 한 경비가 음식을 향해 고갯짓하며 물었다. "여기서 먹겠소, 아니면 당신 방으로 돌아가겠소?"

스트레스가 심해 음식을 먹고 싶지 않았다. "배가 고프지 않아요." 잠시 후 나는 다시 방으로 돌아왔다. 문이 닫힌 후 잠기고, 다시 혼자가 되었다.

창문으로 내다본 바깥 풍경은 이쉬켄트와 똑같았다. 다만 거기서는 최소한 거리에 차들이 있었고, 가끔 사람도 보였지만, 하르만달리에서는 초목이 듬성듬성한 황무지와 언덕들 아래 공사가 중단된 건설 현장들, 그리고 아주 멀리 가늘게 바다가 보일 뿐이었다. 이렇게 노린과 멀리 떨어진 느낌은 처음이었다.

창밖에 어떤 생명력 있는 모습이나 주목을 끌 만한 흥밋거리가 있나 찾아봤지만, 아무것도 없었다. 몇 시간을 지켜봐도 아무 일도 일어나지 않았다. 그렇게 나는 인적이 드문 외진 곳에 있었고 혼자였다.

시간이 흐를수록 걱정을 잠재우는 것이 더 어려워졌다. 노린이 떠나기 직전, 우리는 내 티셔츠 하나를 이쉬켄트의 방 창문에 걸어 두어 내가 아직 거기 있다는 표시로 삼기로 했었다. 그런데 노린이 와서 그 창문이 비어 있는 것을 볼 생각을 하니, 마음이 찢어셨다.

그때 갑자기 바깥 복도에서 소리가 났다. 경비들이 소리치더니 문들이 쾅 닫혔다. 순간 마음이 격동했다. 나는 방문을 응시하며 문이 벌컥 열릴 순간에 대비하고 있다가 경비들이 지나간 것을 확인할 때까지 숨죽이고 있었다.

그러다가 문득 욕실에서 집에 갈 때라는 음성을 들었을 때, 어떤 생각을 했었는지 떠올렸다. 처음에는 튀르키예를 떠나야 한다는 사실을 받아들이기 어려워서 울다가, 두 주 만에 튀르키예를 떠날 수 없어서 울고 있었다. 튀르키예에 머물게 해 달라고 애걸하다가, 이제는 튀르키예를 떠나게 해 달라고 애원하게 되었다.

나는 이제껏 우리가 튀르키예에서 했던 모든 일과 지금 내가 치르고 있는 대가를 생각했다. 그리고 아이들과 아내를 생각했다. 그러다 갑자기 몇 년 동안 듣지 못한 노래가 생각났다. 크리스 리가 부른 "크리스마스에 차를 몰고 집으로 가네"였다. 그 후렴구가 머릿속에서 무한 반복되었다. 그건 마치 나를 조롱하고 비웃는 것 같았다.

정말 크리스마스까지 여기 갇혀 있게 될까? 정말 앞으로 9주 동안 이렇게 독방에 갇혀 있게 될까? 과연 그때까지 견딜 수 있을까?

꼬리에 꼬리를 무는 생각이 어디로 흘러갈지 종잡을 수 없었다. 생각의 주제가 새롭게 바뀔 때마다 공포는 한층 더 강해졌다.

점심시간이 되자, 문이 열리고 음식이 들어왔다. 아까처럼 밖으로 데리고 나가는 것이 아니라 스티로폼 접시에 음식이 담겨 있었다. 경비가 말했다. "당신은 높은 단계의 감시를 받기 때문에 방 밖으로 나갈 수 없소."

'높은 단계의 감시라고? 왜 내가 높은 단계의 감시를 받는 거지?' 나보고 어디서 먹으라고 하는지는 상관이 없었다. 어차피 나는 먹지 못했다. 위경련이 일어났고 목구멍이 콱 막혔다. 잠자는 것도 마찬가지였다. 내 몸에 잠이 필요하다는 것을 알았지만, 잠들지 못했다.

그날 오후 내내 누워서 눈을 붙이려 애썼다. 그러나 잠들려고 할 때마다 갑자기 아드레날린이 분비되어 깜짝 놀라 잠에서 깨었고, 심장이 거세게 뛰었다.

방 자체가 나를 고문하는 것 같았다. 그곳에는 나와 침대뿐이었다. 의자도 없었고, 벙커 침대의 1층과 2층 사이가 너무 좁아서 1층에 앉아 있기도 어려웠다. 그래서 침대 위에 눕거나 서 있거나 걷거나 했다. 아무것도 할 수 없었다. 읽을 것도 없었고, 필기도구도 없어서 쓸 수도 없었고, 대화할 사람도 없었다.

그것만으로도 미칠 지경이었는데, 심지어 두려움에 짓눌리고 있었다. 나는 서서히 무너지는 것 같았다. 생각이 명료해질 때마다 단 하나의 생각에 억지로 초점을 맞췄다. 바로 어떻게 미치지 않고 버틸 것인가였다. 생각을 흘러가는 대로 두면, 공포감에 압도되어 완전히 무너져 버릴 것 같았다.

나는 방안을 왔다 갔다 하는 가운데 기도하며 억지로라도 하나님께 초점을 맞추고 정신을 차리려 노력했다. 순간 내가 무시무시하고 악한 영적인 세력의 손아귀에 있다는 것을 깨달았다. 내면 깊은 곳에서 스멀스멀 두려움이 솟아나 마음을 사로잡았다. 스스로 나약하고 무력하며, 홀로 거대한 어둠의 세력에 붙잡혀 있다고 느꼈다.

그날 내내 상황이 매우 심각하다는 인식이 점점 더 짙어졌다. 어쩌면 튀르키예 당국이 나를 절대로 보내 주지 않을지도 모르겠다는 생각마저 들었다.

첫 면회

하르만달리에서 하루를 온전히 보낸 첫 날, 오후에 경비가 와서 나를 찾는 손님이 있다고 알려 줬다. 그 말을 듣는 순간, 희망이 솟아올랐다. 나는 벌떡 일어났다. "누구죠? 제 아내인가요?"

그는 어깨를 으쓱했다. "모르오. 여하튼 나를 따라오시오."

처음 입소 절차를 밟았던 곳에 노린이 서 있었다. 나는 노린과 포옹하자마자 흐느껴 울었다. 잠시 후 가까스로 평정을 찾고 말했다. "노린, 그들이 내게 어떻게 했는지 봐. 나를 좀 봐."

노린은 나를 꼭 끌어안았다. "여보, 괜찮아. 내가 당신을 찾았어. 내가 여기 있어. 시간이 별로 없으니 내 말을 잘 들어."

방에 혼자 있는 동안에는 시간이 빨리 흐르기만을 바랐다. 그러나 아내의 어깨에 머리를 얹고 있으니, 시간이 천천히 흘렀으면 하는 마음이 간절했다.

"나는 나가서 계속 사람들과 의논했어. 당신의 부모님이 이 분야의 전문가들을 알려 주셨어. 중동 지역에 수감된 그리스도인들을 위해 싸우는 유능한 사람들이야. 그들은 전 세계의 정치 지도자들에게 조용히 튀르키예 정부와 접촉해 달라고 했대. 그들이 당신이 풀려날 수 있게 도와줄 거야. 어쩌면 그래서 당신이 여기로 이송됐는지 몰라. 추방되는 사람들이 대부분 여기서 추방된대."

노린의 목소리를 듣고, 그녀가 포옹해 주고, 나를 위해 싸우고 있다는 말을 듣자, 마음이 가라앉았다. 그러나 그게 끝이었다. 이내 경비가 우리를 갈라놓았다. 자유의 문이 눈앞에 있었지만, 노린만 그리로 나갈 수 있었다. 나는 순간 탈출해서 도망하는 공상을 했다. 그러나 어디로 간단 말인가? 당장 잡힐 것이다.

잠시 후 나는 홀로 방으로 돌아왔다.

06
버티기

나는 단순히 우는 게 아니라 흐느꼈다. 내 앞에는 철제 창틀로 된 창문이 달린 튼튼한 목재 문이 있었다. 문은 잠겨 있지 않았으나, 나에겐 그 문을 열 힘이 없었다. 당시 겨우 대여섯 살 정도였지만, 세 가지를 분명히 알았다. 내가 놀림당하는 이유는 반에서 혼자 외국인이기 때문이었다. 결국, 교장 선생님은 내 울음소리에 지쳐서 내 요구대로 나를 데려가라고 부모님께 전화할 것이다. 그러나 부모님은 거절하실 것이다.

하르만달리로 이감된 후 멕시코에서 보낸 유년기가 떠올랐다. 부모님은 내가 태어난 직후 멕시코에 선교사로 가셨다. 사역의 일환으로 매년 스무 명 정도의 청소년을 받아 집에서 함께 생활하며 고등학교를 졸업시켰다. 우리 집은 마치 거대한 확대 가족 같았다. 나는 일곱 아이 중 가장 나이가 많았다. 작은 멕시코 마을에서 우리만 미국인이다 보니, 늘 사람들의 이목이 집중되었다. 어린 나는 관심을 받는 것이 싫었고, 그 시절 줄곧 아웃사이더였다.

상처에 소금을 뿌리듯, 그런 기억은 하르만달리에서 느끼는 아픔을 더 쓰라리게 했다. 그러나 그곳에서 그 생각만 한 것은 아니었다.

하르만달리에서 내가 만날 수 있는 사람은 경비뿐이었다. 그중에는 말을 더 많이 하는 사람도 있었다. 그들에게 질문해서 알게 된 것은, 하르만달리가 난민이나 적법한 서류를 갖추지 않은 외국인을 수용하는 시설이라는 것이었다. 대부분의 수용자들은 아프가니스탄이나 파키스탄, 아프리카 사람들이었다. 그들은 거기서 나갈 날을 기다리며 하루에 세 번씩 방에서 나와 식사하고, 마당에서 바람도 쐬고, 담배도 피웠다.

나 외에 하르만달리에 있는 사람들 모두가 어느 때든 본인이 원하면 떠날 수 있다는 사실에 많이 속상했다. 그들은 추방되는 것에 동의하기만 하면 공항으로 이송되어 비행기를 탈 수 있었다. 그러나 그렇게 하는 사람은 별로 없었다. 그들은 전부 튀르키예에 머물기 원하거나 최소한 그들이 떠나 온 나라보다 더 좋은 나라로 가기 원했다. 그러나 나는 아니었다. 거기서 나만 그곳을 떠날 수 없었다.

이 부분에 대해 경비들도 황당해했다. 미국인에게 이런 일이 일어난 적은 없었기 때문이다. 게다가 나의 경우는 무언가 다른 것이 있었지만, 그곳의 관리들은 내게 무슨 일이 일어나고 있는지 아무 정보도 주지 않았다. 그들이 뭔가 알고 있었다 해도 말이다. 정문의 경비부터 소장까지 모두 바싹 긴장해서 나에 대한 엄격한 지시를 따르고 있는 것 같았다. 앙카라에 있는 튀르키예 정부에서 크고 작은 모든 결정을 다 내리고 있는 것이 분명했다.

끈질긴 과부처럼

나는 매일 몇 시간씩 창밖을 내다보았다. 복도 맞은편 방에서는 사람들이 산책하고 이야기도 나누는 마당이 보이는 것 같았다. 반면에 내가 있는 방 창문은 건물 전면 쪽이 보였는데, 나에게는 다행스러운 일이었다. 혹시 노린이 왔는지 볼 수 있었기 때문이다. 우리의 승합차가 온 것을 보면 노린이 아직 튀르키예를 떠나지 않았음을, 그래서 내가 완전히 혼자는 아니라는 것을 알 수 있었다.

노린은 매일 왔다. 나는 동트자마자 방 안에서 보초를 서듯 저 멀리 노린의 차가 나타날 지점을 응시했다. 차는 언덕을 넘어 좁고 구불구불한 길을 따라 달려와 센터 맞은편 주차장에 이른다. 승합차가 마지막 언덕을 올라오고 나면 더는 보이지 않았다.

노린이 와도 항상 면회가 허락되는 것은 아니었다. 어떤 날은 방문이 열리고 경비가 면회가 있다고 말하기까지 두 시간이나 기다리기도 했다. 내 방문은 주로 조용히 잠겨 있었다.

면회가 허락되지 않는 날이면, 노린은 골짜기 너머 한 지점으로 차를 몰고 가서 한동안 차를 세워 두었다. 보통은 노린과 함께 온 교인들이 차에서 내렸다. 안경을 쓰지 않아서 사람들의 형상만 어렴풋이 보였지만, 그들이 나를 위해 기도하고 있다는 것을 알 수 있었다. 승합차가 천천히 사라질 때까지 나는 그곳을 응시했다. 비록 노린을 직접 만나서 얼굴을 보고 포옹하지 못해도, 최소한 그녀가 안전하며 아직 자유롭다는 것을 알 수 있었다. 노린과 함께 그 차를 타고 간다면 얼마나 좋을까!

어느 날 면회가 허락될 것이라는 기대를 완전히 접었을 때, 방문이 열렸다. 경비가 종이 한 장을 가져와서 나에게 가져가라고 몸짓을 했다. 그건 노린의 메모였다.

> 그들이 면회를 항상 허락하진 않지만, 당신에게 메모를 남길 수 있대. 나는 여전히 끈질긴 과부처럼 기도하고 있고, 당신을 걱정하는 새로운 친구들이 많이 생겼어. 매일 여기 오려고 해. 앤드류, 희망을 놓지 마.
>
> — 노린

그것은 내게 값을 매길 수 없을 정도로 소중한 예술 작품이었다. 나는 그 메모를 거듭거듭 읽었다. 노린이 석방되던 밤, 나는 그녀에게 나를 위해 끈질긴 과부가 되어 달라고 부탁했다. 예수님은 과부의 요청을 거부한 불의한 재판장에 대한 이야기하셨다. 그러나 과부가 끈질기게 요청하자, 마침내 불의한 재판장이 손을 들었다. 나는 이 과부처럼 노린이 나를 위해 불굴의 자세를 견지하고 있다는 것을 알았다.

나는 파수꾼이 되어 매일 몇 시간씩 서서 창밖을 응시했다. 그것은 내게 큰 위로가 되었다. 노린은 매일 왔고, 나는 승합차가 나타나기를 기다렸다.

그러던 어느 날 노린이 오지 않았다. 나는 즉시 최악의 상황을 생각했다. '노린에게 무슨 일이 일어난 걸까? 다시 체포되었나? 추방된 걸까? 사고가 난 건 아닐까?'

갑자기 세상이 무너져 내리는 것 같았다. 노린을 보며 얻었던 일상의 위로가 사라졌다. 순식간에 공포가 몰려왔다. 호흡이 가빠지고, 감정은 들끓었으며, 생각은 바닥으로 곤두박질쳤다. '이제 완전히 혼자라면 어떻게 버티지?'

나는 이틀 동안 그런 상태로 있었다. 튀르키예 정부에 의해 거의 모든 사람과의 접촉이 끊겼고, 쇠약해진 몸과 복잡한 생각 때문에 잠을 거의 잘 수 없었다. 이제껏 이렇게 쇠약하고 무력한 적이 없었다. 나는 밤낮 노린을 위해 기도했다.

그렇게 사흘째 되던 날, 노린의 승합차가 언덕을 오르는 것을 보고 나서야 비로소 두려움이 가라앉았다. 나는 노린이 밖에 있다는 사실을 아는 것만으로도 너무 감사해서 면회나 그녀가 메모를 남기는 것은 생각지도 못했다. 노린이 도착하고 몇 분 후, 경비가 와서 면회가 있다고 했다. 나는 스티로폼 접시를 집어 들었다.

당시 필기도구가 없었기 때문에 스티로폼 접시를 가지고 있다가 긴 손톱으로 자국을 내서 글을 썼다. 내용은 주로 기도 제목, 성경 구절, 노린에게 물어볼 것들, 그녀에게 들은 용기를 주는 말 등이었다. 그리고 그 메모들을 잊지 않고 읽고 또 읽었다. 경비들이 손톱 깎는 것을 허락하지 않아 손톱이 꽤 길었다.

나는 매일 홀로 지내며 감정을 억제하려 노력했고, 생각의 초점을 맞추고 집중해서 정신을 놓지 않으려 애썼다. 그러나 나를 사랑하고 위로하는 노린을 보자, 경계심이 허물어지고 감정이 복받쳤다. 절제가 되지 않았다. 지난 이틀 동안 너무 무서웠기에 더더욱 그랬다.

우리는 면회 시간이 길지 않다는 것을 알았기 때문에 되도록 말을 빠르게 했다. 노린은 변호사가 이틀 동안 활동을 자제하라고 해서 오지 않았다고 했다. "당신 비자는 어떻게 됐어? 괜찮아?"

노린은 내 질문에는 자세히 대답하지 않고, 대신 나를 변호하고 있는 두 단체에 대해 이야기해 주었다. MEC(Middle East Concern)와 워싱턴 DC에 본부가 있는 ACLJ(미국 법과 정의 센터)였다. 노린이 말했다. "MEC에서는 조용하게 일을 처리하려고 해. 계속 편지를 써서 튀르키예 고위층에 로비하고 있어. 아마도 그렇게 하는 게 미국 대통령 선거를 기다리며 우리가 할 수 있는 최선인 것 같아."

면회 시간이 거의 끝나가고 있었다. 우리는 면회가 허락되지 않는 날을 대비해 계획을 세웠다. 만일 노린이나 친구들이 골짜기의 첫 번째 도로에 차를 세우면 아무런 문제가 없다는 뜻이고, 두 번째 도로에 차를 세우면 문제가 있다는 뜻으로 하자고 했다. 그리고 노린에게 어느 창문이 내 방인지 알도록 티셔츠를 걸어 두겠다고 했다. 그러면 내가 아직 여기 있고, 이송되지 않았다는 뜻이라고 알려 줬다. 그러자 노린은 안심했다.

"앤드류, 지난주에 여기 와서 면회를 기다리는 동안, 어떤 남자가 창문에서 영어로 외쳤는데, 아주 절박한 목소리였어. 그리고 몇 분 후 경찰차 한 대가 정문으로 나갔어. 나는 당신이 그 차에 탔는지 보고 싶었지만, 알아볼 수가 없었어. 그날 면회가 안 돼서 당신이 여기 있는지, 없는지 몰라서 정말 심란했어."

노린은 그 일로 큰 충격을 받았다고 했다. 그 후 그녀는 내가 튀르키예의 어디론가 사라져 버렸을까 봐 두려워하며 오다가 창문에 있는 티셔츠를 보고 비로소 안도했다는 것이다.

면회는 너무 빨리 끝났다. 나는 방으로 돌아와 승합차가 구불구불한 길을 따라가다가 첫 번째 도로에 잠시 멈춘 것을 보았다. 우리의 첫 예행연습이 잘 끝났다.

소중한 선물

어느새 첫 주가 지나고 둘째 주가 되었지만, 여전히 하루 종일 방에 홀로 갇혀 있었다. 나는 억지로 식사했다. 그것은 하나님을 위한 절제의 행동이었다. 나는 마당에 나가 바람을 쐬라는 제안을 거절했다. 그게 무슨 소용인가? 나는 감시 등급이 높아 거기 나가도 방 안에 있을 때와 마찬가지로 혼자였다.

하르만달리는 현대식 건물이었지만, 수돗물이 자주 끊겼다. 그래서 매일 점심과 저녁 식사 때 0.5리터 물병을 받았다. 나는 그 병들을 보관해 뒀다가 수돗물이 나올 때마다 물을 받아 뒀다. 곧 몸을 씻을 수 있을 정도로 물병이 모였다. 그리고 작은 라디에이터가 켜질 때, 물병들을 밤새 옆에 두어 물을 따뜻하게 데웠다.

두 번째 주가 끝나갈 무렵, 하르만달리의 시간 중 가장 큰 격려가 되는 사건이 일어났다. 그 일이 시작된 것은 면회실에 갔을 때였다. 노린은 나를 안으려고 기다리고 있었다. 그런데 그녀는 혼자가 아니었다. 옆에는 교인 두 명이 있었는데, 그들은 한국인들로 현재 튀르키예에 살고 있었다. 순간 그들을 보고 놀랐지만, 노린은 눈짓으로 가만히 있으라고 했다.

우리는 대화를 나누고 기도했다. 그리고 노린이 나를 포옹하며 작은 목소리로 말했다. 경비들은 그날 방문한 교인들이 이즈미르에서 한두 시간 떨어진 해안가에 사는 것이 아니라 멀리 한국에서 왔다고 생각해서 면회를 허용했다고 한다. 그들은 내가 좋아하는 김밥을 가져왔다.

노린은 "그들이 당신이 좋아하는 걸 안에 넣었어"라고 하며 봉투 안 바닥에 있는 종이를 가리켰다. 그 종이 아래 뭔가 인쇄물이 있는 것이 보였다. 노린은 다시 그냥 조용히 받으라는 눈짓을 했다. 작별 인사를 한 후 나는 봉투를 가지고 방으로 돌아가는 걸 허락해 주기를 바랐다.

다행히 허락을 받았고, 문이 잠기자마자 조심스럽게 김밥을 들었더니, 바닥에 얇은 책이 있었다. 40페이지 정도 되는 마이크 비클의 《당신의 속사람을 굳건하게 하는 기도》Prayers to Strengthen Your Inner Man였다. 나는 이 책이 내게 금보다 더 귀하다는 것을 알았다. 그것은 생명이었다.

마침내 나의 생각이 두려움에 짓눌려 흐릿해질 때 읽을 수 있는 성경 구절과 기도문이 생겼다. 이제는 그 책을 중심으로 일과를 보낼 수 있었다. 매일 오후와 저녁에 몇 시간씩 방문과 창문 사이를 왔다 갔다 하며 성경 구절들을 암송하고, 그 책에 있는 기도문에서 감동받은 대로 기도했다. 책을 볼 때는 방문 쪽으로 등을 돌리고 앉았고, 평소에는 옷들 사이에 책을 숨겨 두어 방 조사 때 경비에게 발각되지 않게 조심했다.

나에게는 도움이 필요했다. 격리된 생활이 장기화되면서 잠을 잘 자지 못하고 사람을 거의 접하지 못하다 보니, 꾸준히 뭔가를 하기가 어려웠다. 아무리 왔다 갔다 하면서 기도하고 책 내용을 묵상해도 서서히 느슨해지고 있었다.

그러다 종종 멕시코에서의 몇몇 장면이 떠올랐다. 거기서 힘들었던 것은 유치원 때문만은 아니었다. 우리는 그 도시에서 유일한 미국인 가정이었고, 설상가상으로 내가 선교사의 자녀라서 공격이 더 심했다. 중학생 때는 십대 후반의 불량배들에게 쫓길 때가 많았고, 20대 초반의 청년들까지 나를 비웃으며 소리를 지르고 뭐든 닥치는 대로 집어 던져서 전속력으로 도망치곤 했다.

나는 두려움 속에 살았지만, 어머니는 늘 내가 그런 어려움을 겪기 때문에 더 강해진다고 말씀하시곤 했다. 그 말이 맞았다. 그래서 나는 더 강해졌지만, 마음은 좀 어려웠다. 더 나쁜 것은 그런 문제들로 인해 내가 하나님을 어떻게 보게 되었는가였다. 나는 하나님이 내가 더 강해지도록 나를 힘든 상황에 두실 거라고 믿게 되었다.

곧 나는 멕시코와 하르만달리가 비슷하다고 생각하게 되었다. 두 곳 모두에서 나는 이방인이었다. 나는 고립되었고 갇혀 있었다. 나는 가족과 떨어져 있었다. 그리고 나를 구해 줄 수 있는 권위자, 즉 이 경우에는 부모님이 아니라 하나님이 이 고통과 두려움을 사용하셔서 나를 굳세게 하고 계셨다.

사랑의 아버지는 어디에

어느 날 밤, 짙은 어둠 속에서 침대에 누워 복잡한 생각을 잠재우려 애쓰고 있었는데, 복도에서 발소리가 들렸다. 그러더니 방에 불이 켜졌다. 이곳에서는 밤에 좋은 일이 일어나지 않았다. 나는 떨리는 마음으로 숨죽였다. 문이 열리고 경비 두 명이 들어와서 말했다. "물건을 다 챙기시오. 이동할 거요."

"안 돼요! 제발! 나를 옮기지 마세요." 간청했지만, 내 말은 힘이 없었다. 거기서 내 마음대로 할 수 있는 건 아무것도 없었다. 나는 그들이 말하는 대로 하는 수밖에 없었다. 짐을 정리하기 위해 옷을 집어 들며 속옷 밑에 있는 책이 보이지 않게 조심했다.

나는 그들을 따라 더 높은 층에 있는 다른 방으로 옮겼다. 구조는 이전 방과 거의 똑같았지만, 건물 외부 쪽에 있는 방이어서 창밖으로 주차장과 언덕, 노린이 차를 타고 오는 도로가 보였다. 이 방이 더 나

앉다. 벽에는 전등 스위치가 있었고, 경비초소가 보여서 노린이 들어오면 볼 수 있었다. 더 좋은 곳으로 옮겨진 건가? 나는 방을 청소하고 침대를 정리하며 잘 준비를 했다.

그런데 한 시간 후 다시 복도에서 발소리가 들렸다. 문이 열리고, 경비들이 들어오더니 일어나서 나가라고 했다. 그들은 나를 이전에 지내던 방으로 다시 데려갔다. 나는 더더욱 어리둥절했지만, 질문할 틈이 없었다. 앉아서 어둠에 익숙해질 틈도 없었다.

이내 다시 방문이 열렸다. 나는 다시 복도로 나갔고, 한 층 위로 올라갔다. 다시 새로운 방문 앞에 섰고, 경비가 열쇠를 찾아 문을 열었다. 그러나 이번에는 방이 건물 외부 쪽이 아니라 건물 안쪽을 향하고 있어서 창밖으로 마당이 보였다.

나는 가슴이 내려앉았다. 이제는 노린이 오는 것을 내다볼 수 없었다. 그녀가 아직 튀르키예에 있는지 알 도리가 없었다. 노린이 골짜기에 주차하고 나를 위해 기도하는 것을 보며 용기를 얻을 수도 없게 되었다. 한층 더 심하게 격리된 것이다.

나는 복도에 있는 경비대장에게 이전 방으로 돌아가게 해 달라고 애원했지만, 그는 내 말을 무시했다. 결국 그 방에 들어가 문이 잠기는 소리를 듣는 수밖에 없었다.

나는 침대에 누워 떨며 내면 가장 깊은 곳에 자리한 오랜 아픔과 상처에서 나오는 질문을 나지막이 말했다. "사랑의 아버지는 어디 계시지?"

나는 대답을 안다고 생각했다. 하나님은 나를 더 강하게 하고자

하시는 것이었다. 그러나 사실 무서웠다. 내가 얼마나 더 강해져야 하는 걸까? 얼마나 더 상황이 악화된 후에야 하나님이 나를 구해 주실까?

07
그저 숨만 쉬기

2016년 11월 4일 아침, 눈을 떠 보니 새벽빛이 어슴푸레 방안에 비쳐 들고 있었다. 나는 전보다 더 고립된 느낌이었다. 그 방에는 전등 스위치가 있고 수세식 변기도 있었지만, 달갑지 않았다. 나는 심하게 아팠다.

겨우 일어나서 발을 질질 끌며 방을 가로질러 거울 앞에 섰다. 거기에는 면도하지 않은 초라한 남자가 정면을 응시하고 있었는데, 너무 슬프고 거칠어 보여 이내 고개를 돌렸다.

곧 경비가 문을 두들겼다. 문이 열려 복도를 보니, 50-60명의 수감자들이 아침 식사를 하려고 줄을 서 있었다. 나는 아침을 건너뛰었다. 방을 나갈 기력이 없었다.

그러나 점심에는 식사를 하려고 마음먹고 빈 테이블을 찾았다.

나를 의아하게 바라보는 몇몇 사람들의 시선을 애써 외면했다. 알고 보니, 나는 덜 위험한 사람들이 있는 층으로 옮겨진 것이었다. 그런데 왜 그런지는 몰랐다.

나중에 면회실에서 미국 영사 로버트를 만나고 나서야 이유를 알게 되었다. "너무 늦게 와서 미안해요, 앤드류. 튀르키예 당국이 지금에서야 면회를 허락해 줬어요."

나는 그를 보고 안도했다. 하르만달리에서 보낸 첫 주에 한 관리가 미국 관리를 만나지 않겠다고 서명하라고 압력을 가했으나 거부했다. 그는 상부에 두 번 전화한 후 나를 다시 설득하려 했지만, 나는 발끈했다. "당신들이 나를 속였으니, 다시는 당신들을 신뢰하지 않을 거요. 왜 내가 그런 서류에 서명하겠소? 이건 당신들의 진짜 의도가 뭔지 보여 주는 거요."

이쉬켄트에서 부락과 멜리는 변호사를 만나면 우리가 거기서 몇 달이나 있어야 한다고 속여 서명하게 만들었다. 그들이 서명을 강요한 서류는 추방 명령에 대해 변호사를 통해 이의 제기를 하지 않겠다는 것이었기 때문에 내가 구류 당하는 동안에도 법적 도움을 받을 수 없었다. 그 후로 나는 어떤 서류에도 서명하지 않았다.

나는 로버트에게 감사하다고 하며 지금 일이 어떻게 진행되고 있는지 잘 모르겠다고 말했다. 내가 왜 여기 있는지, 튀르키예 당국이 뭘 하는 건지 모르겠다고 말하며 감정을 다스리려고 애썼다.

그가 막 대답하려고 할 때, 문이 열렸다. 경찰관 한 명과 조심스럽고 진중해 보이는 사람이 뒤따라 들어왔다. 그는 행정팀장 하산이었다. 로버트는 잠시 나 대신 말하겠다고 눈짓을 한 뒤 그들에게 내 안경을 돌려주라고 했다. 이어서 노린이 보낸 책과 펜, 종이를 내게 줄 수 있냐고 물었다. 그러자 경찰관이 긴장한 목소리로 말했다. "우리는 앙카라에 물어봐야 합니다."

기회가 지나간다고 생각하는 순간, 하산이 어깨를 으쓱하며 말했다. "그건 괜찮아요. 문제가 안 될 거요." 그는 손을 뻗어 로버드가 가져온 두 권의 책을 넘겨보며 고개를 끄덕였다. "그에게 이 책들을 주세요. 그 책이 뭐든 그건 중요하지 않아요."

나는 성경책에서 눈을 떼지 못한 채, 좋은 기회를 놓치지 않으려고 빠른 어조로 말했다. "방을 건물 전면 쪽으로 다시 옮기면 안 될까요? 햇빛을 보면 좋고, 더 따뜻하기도 해서요. 그리고 시간도 알 수 있어요. 그게 심리적으로나 여러모로 도움이 돼요." 하산은 무심하게 알아보겠다고 하며 떠났다.

약간의 진전

방으로 돌아와 창문 앞에 서서 차가운 바람에 몸을 맡겼다. 로버트가 가져온 보물을 손에 넣게 되어 기뻤지만, 나는 여전히 건물 안쪽으로 창이 난 방에 갇혀 있었다. 초점 없이 창밖을 응시하느라 마당 한쪽에 사무실이 있다는 것을 인식하지 못하고 있었다. 그런데 그 사무실에 불이 켜져 있고, 방금 만난 하산이 거기에 있었다.

나는 어떻게 처신해야 하는지 알았다. 조용히 지내면서 그를 성가시게 하거나 그가 싫어할 만한 행동을 하지 말아야 한다는 것을 알았다. 그러나 나는 억제하지 못하고 그에게 외쳤다. "실례합니다, 선생님!"

그가 창문 쪽으로 몸을 돌려 올려다봤다. 이어서 나는 간절함을 담아 외쳤다. "부디 저를 잊지 말아 주세요!" 그는 고개를 살짝 끄덕이더니 등을 돌렸다.

한 시간 후 방문이 열렸다. 문 앞에 경비 두 명이 서 있었다. "소지품을 챙기시오."

나는 이유를 묻지 않았다. 그들이 나를 더 좋은 방으로 옮겨 준다면 좋을 것이다. 그러나 내가 소리친 것이 실수였고, 혹여 그것 때문에 벌을 받는 것이라도 어쩔 수 없었다. 나는 아무것도 바꿀 수 없었다.

새 방은 같은 층에 있었다. 이전 방처럼 보안 등급이 낮은 수감자들을 위한 방이어서 전등 스위치와 거울이 있었다. 또 건물 전면으로 창이 나 있었고, 이전 방보다 위치가 더 높아 도로뿐만 아니라 주차장과 정문 경비초소까지 보였다. 방문이 다 잠기기도 전에 나는 새 노트에 글을 쓰기 시작했다.

"친절하신 하나님, 다정하신 하나님, 제 마음을 돌보시는 하나님." 지난 이삼일 제 마음을 테스트하는 힘든 날들을 지나며 눈물이 솟구치는 가운데 이런 생각이 들었습니다. 제가 아끼는 것들을 하나님이 가져가셔서 저를 더 강하고 단단하게 하실 거라고 생각하면서도 제 마음은 이렇게 외치고 있었습니다. "저는 강해지고 싶지 않아요! 저는 당신의 어린양이고 싶어요." 감사합니다, 하나님. 저에게는 종이와 펜, 책들과 성경이 있습니다. 안경도 돌려받았습니다. 여기는 지금까지 지낸 곳 중 가장 좋은 방입니다. 이제 저는 노린을 더 쉽게 볼 수 있게 되었습니다. 이곳을 떠날 때 제가 알게 되면 좋겠습니다. 제가 사망의 음침한 골짜기로 다닐지라도 하나님이 저와 함께 계시고, 원수들의 목전에서 하나님이 저를 위해 좋은 일들을 행하신다는 것을요.

방이 더 좋아졌을 뿐만 아니라 곧 노린의 면회가 대부분 허락되었다. 게다가 단지 20분이 아니라 한 시간까지 주어질 때도 적지 않았다. 극적인 변화였다.

노린은 면회를 올 때마다 항상 나에게 용기를 주는 소식을 가져왔다. "앤드류, 기도가 일어나고 있어. 내가 당신 소식을 전하면, 그들이 또 다른 사람들에게 전하고 있어."

종종 노린이 친구들의 편지를 가져올 때도 있었다. 대부분 내가 계속 전진하며 시련을 이기고 승리하기를 바라는 편지들이었다. "바울과 실라처럼 찬양하세요! 주변의 모든 사람에게 전도하세요! 오직 하나님과 시간을 보내세요!"

친구들이 왜 그런 편지를 썼는지 알지만, 사실 나는 영적으로나 정서적으로 살아남기 위해 고군분투하고 있었다. 찬양하려고 입을 열 때마다 목이 메었다. 내게 가장 도움이 된 편지들은 이런 내용들이었다.

"그저 숨만 쉬세요. 하나님을 늘 바라보세요. 그게 전부예요. 당신에게 다른 걸 바라지 않을게요. 그저 숨만 쉬세요. 그러면 헤쳐 나가게 될 거예요." 이것이 내게 필요한 말이었다.

한 가지 좋은 소식이 있었다. 미국의 여러 의원들이 앙카라에 있는 미국 대사관에 나에 대한 조치를 촉구했다는 것이다. 그럼에도 시간이 지날수록 내가 불리한 것이 아닌가 걱정되었다. 노린과 내가 튀르키예에서 했던 사역은 그다지 크지도 않았고, 대외적으로 내세울 만한 성과가 없었기 때문이다. 분명 사람들은 머지않아 다른 문제에 관심을 돌리게 될 것이다. 아니면 더는 나를 불쌍하게 여기지 않고 일상으로 돌아가 버릴 것이다.

시간이 촉박한 건 그것만이 아니었다. 노린의 비자는 11월 10일이 만기였다. 나는 노린과 떨어지게 됐을 때부터 그 사실을 염두에 두고 있었다. 나와의 면회가 허락된 사람은 노린뿐인데, 그녀가 강제로 튀르키예를 떠나게 될 수도 있다는 생각이 늘 나를 괴롭혔다. 나는 몇 시간 동안 쉬지 않고 기도하며 하나님께 개입해 달라고 간청했다.

기한이 다가오며 여러 반전이 있었지만, 확실한 것은 아무것도 없었다. 상황이 이렇게 되자, 미국에 계신 어머니가 비자 만료 전에 오셔서 노린이 당장 출국해야 하는 경우 대신 계시겠다고 하셨다. 두 번의 면회 후 더는 면회를 할 수 없게 되어 노린은 주차장에서 기다리다 내가 창살 사이로 손을 흔드는 것을 본 후에야 떠나곤 했다.

그러다 비자 만료 직전에 노린이 튀르키예에 머무는 것이 허락되었다. 노린에게 그 소식을 듣고 뛸 듯이 기뻤지만, 하루 만에 다시 기분이 가라앉았다. 믿음에 대한 온갖 의문들과 사람들이 나를 잊을까 봐 두려운 마음, 법적으로 더 큰 제재를 받게 하셔서 하나님이 나를 더 강하게 하시려는 것이 아닌가 하는 의구심에 시달렸다.

난민들과 함께 식사하는 것도 나를 더 낙심하게 했다. 수감자 중 미국인이 있다는 소문을 들은 그들은 놀라서 이렇게 물었다. "당신 같은 사람이 여기서 뭐 하는 거예요?" 내가 뭐라고 말할 수 있겠는가? 설명하는 것도 고통스러워서 축 처진 마음으로 방에 돌아올 때가 많았다. 그들은 대부분 목사를 만난 적이 한 번도 없어서 내게 호기심을 보였다.

수감자 중 영어나 튀르키예어를 하는 사람은 드물었지만, 나는 그들을 위해 기도해 주었다. 내가 할 수 있는 어떤 식으로든 도왔고, 믿음에 대해 물으면 대답해 주었다. 나는 하나님이 자애로우시며 자녀를 사랑하시는 아버지라고 말하곤 했다. 그러나 마음속에서는 작은 의심들이 생겼다. 나는 내가 말하는 것처럼 확신하지도, 내가 원하는 만큼 확신하지도 못했다.

나의 목자는 어디 계신가

어느 날 오후에 일기장에 이렇게 썼다. "나의 목자여, 어디 계십니까?" 그 순간 창밖에서 양 떼가 지나가는 소리가 들렸다. 나는 창가로 가서 그 광경을 보았다. 양 떼가 언덕으로 올라가고 있었고, 개들만 양무리와 함께 있었다. 목자는 보이지 않았다. 얼마나 아이러니한 상황인가! 순간 절망적인 생각이 마음을 파고들었다. '나의 목자는 어디 계신가?'

시간이 지날수록 하나님을 시험하려는 유혹에 저항하기가 어려워졌다. 하르만달리에서 지낸 몇 주 동안 하나님께 세 가지를 구했다. 노린을 더 자주 보게 해 주시고, 그녀가 추방되지 않게 해 주시고, 딸이 결혼하는 크리스마스에 집에 가게 해 달라는 것이었다. 두 가지는 들어주셨지만, 마지막 세 번째 기도는 어떻게 될까? 하루는 자리에 앉아 이렇게 썼다.

만일 그게 이뤄지지 않는다면, 저는 엄청나게 실망할 것입니다. 깊이 상심할 것이고, 하나님이 저를 그렇게 만드신 게 될 것입니다. 그러면 하나님을 온전히 신뢰할 수 있을지 두렵습니다. 물론 결국 하나님이 판단받으시는 건 아닙니다. 영원의 관점으로 볼 때, 이건 아주 사소하다는 걸 압니다. 그러나 저는 큰 고통과 깊은 상실감에 빠질 겁니다. 어떻게 제가 그걸 이겨낼 수 있겠습니까?

내가 쓴 말은 구구절절 다 진심이었다. 그러나 몇 시간 후 기분이 달라졌고, 그런 마음을 품은 것을 회개했다. 내가 누구라고 하나님을 시험하겠는가? 이내 하나님이 싫어하실 생각들을 버려야겠다고 생각했다.

어느 날, 조용히 창밖을 보고 있는데 노린이 면회를 왔다. 그녀는 평소처럼 정문을 지키는 경비에게 면회를 허락받으려 했으나 거절당했다. 노린이 뭐라고 말하는지 들리지 않았지만, 속상해하는 것 같았다. 교도소의 정문은 열리지 않았다.

나는 노린이 몇 걸음 옆으로 가서 무릎 꿇는 모습을 지켜봤다. 나를 위해 기도하고 있다는 것을 알려 주려고 그렇게 한 것이다. 그러나 그녀가 빗장이 처진 정문 앞 콘크리트 바닥에 무릎 꿇은 모습을 보자 분노가 솟구쳤다. 그날부터 며칠 동안 분노가 가라앉지 않았다. 교도소장과 경비에게 분노했으며, 나를 이렇게 붙잡아 두고 노린을 힘들게 하는 튀르키예에 분노했다.

어느 날 방안을 왔다 갔다 하고 있을 때, 갑자기 입에서 이런 말이 튀어나왔다. "하나님, 정말 계시기나 한 거예요?"

그리고 울기 시작했다. 나는 실패했다. 어쩌다 이렇게 침체되었을까? 어떻게 이런 의심이 들어왔을까? 하나님이 내 삶에 개입하고 계신 것을 알면서도, 매우 강한 의심이 들었다. 이내 마음을 다잡고 간절히 기도했다. "아빠! 저를 구해 주세요. 제가 무슨 생각을 하는지 두려워요."

순간 기본적인 진리를 선포하는 훈련을 할 필요가 있음을 깨닫고, 그날부터 매일 새로운 말들을 선포했다.

"하나님은 분명 계십니다. 그리고 저를 사랑하십니다. 이 상황 가운데 하나님이 계십니다."

"나는 예수 그리스도의 복음을 위한 포로입니다."

"나는 예수님을 위해 고난받고 있습니다. 그래서 내 고통은 의미가 있습니다. 내 고통은 하나님께 소중하고, 하나님이 내게 영원한 상급을 주실 것입니다."

한번은 이런 선포도 했다. "언젠가 하나님이 저를 구하실 것입니다. 하나님이 '집에 갈 때다'라고 말씀하셨습니다." 나는 특별히 이 말을 하나님께 자주 상기시켜 드렸다. 그 무렵 그것을 약속으로 붙잡고 있었고, 그것이 곧 성취되길 간절히 바라고 있었다.

하나님의 음성

내가 가진 책 중 18세기의 선교사 진젠도르프 백작의 이야기가 있었다. 그가 항해 중 큰 폭풍을 만났는데, 폭풍이 더 심해지자 선장은 두 시간 안에 배가 바다로 가라앉을 것이라고 말했다. 그러자 진젠도르프 백작이 말했다. "아닙니다. 두 시간 안에 폭풍이 지나갈 것이고, 모두 안전할 겁니다."

결국 선장은 틀렸고, 백작의 말이 맞았다. 선장이 어떻게 알았느냐고 묻자, 진젠도르프 백작은 어릴 때부터 하나님의 음성을 정확하게 들었다고 말했다. 그 이야기는 내 마음에 깊이 새겨졌다.

어떻게 진젠도르프 백작은 그렇게 스트레스가 심한 상황 중에도 하나님의 음성을 분명히 들을 수 있었을까? 그런데 왜 하나님은 내게 그렇게 말씀하지 않으시는 걸까? 그때 뜻밖에 '17일'이라는 날짜가 떠올랐다.

나는 기도했다. "잠깐 뭐라고요? 하나님이 말씀하시는 거예요? 하나님이 제게 말씀하시는 게 가능해요?" 그러자 바로 이런 생각이 들었다. '내가 그것을 확증할 것이다.'

그날 밤 나는 잠들지 못했다. 17일 후는 12월 12일이었다. 그 생각이 내 머릿속에서 계속 맴돌았다.

다음 날 노린이 남긴 메모에 그 숫자가 있는지 확인해 보았다. 성경도 봤지만, 17절이 자주 인용되는 구절은 별로 없었다. 나는 절박하고 절실했다. 내가 잘못 들은 것이라면 크게 실망하겠지만, 만일 정말로 하나님이 내게 말씀하신 것이라면 크리스마스에 집에 갈 것이다.

며칠 후 노린이 면회를 왔는데, 뭔가 주저하는 것 같았다. 나는 조심스럽게 물었다.

"무슨 일 있어?"

"어떤 교인들이 당신이 곧 석방될 거래."

나는 마음을 진정시키려고 애쓰며 물었다.

"오, 언제?"

"12월 12일."

나는 더 기대하게 되었다. 이틀 후 노린이 다시 면회를 왔을 때, 벨기에 친구로부터 이메일을 받았다고 했다. 그 친구는 내가 12일 후 석방되는 꿈을 꿨다고 했다. 나는 그 이메일을 보며 말했다. "노린, 그가 11월 30일에 이메일을 보냈으니까, 12일 후면 12월 12일이야."

노린은 미소 지었고 나를 꼭 껴안으며 말했다. "그걸 받아들이더라도, 너무 진지하게 여기지는 말자."

08

늑대

한동안 평화로웠다. 거의 그랬다고 할 수 있다. 그러나 노린을 만나고 방으로 돌아오면서 내심 두려움을 느꼈다. 물론 이제는 희망이 생겼다. 그러나 만일 그렇게 되지 않는다면? 만일 내가 석방되는 것이 아니라 또 상심하게 된다면?

12월 12월이 가까워질수록 스트레스가 심해졌다. 싸워야 할 새로운 분야가 생겼기 때문이다. 나는 매일 나의 두려움과 맞서 싸우며 하나님이 나를 위해 예비하신 것에 초점을 맞추고 순복하려 애썼다. 그것은 힘들지만 반드시 필요한 일이었다. 사실 기분을 전환시킬 힘이 없었다. 하나님이 도우셔야 가능했다.

하나님이 뭘 원하시든 나는 "예"라고 아뢰기 원했다. 설령 하르만달리에 더 머물러야 하나님의 계획이 온전히 이뤄지게 되더라도 말이다. 나는 셀 수 없을 정도로 여러 번 이렇게 선포했다.

"저의 의지로 하나님께 순복합니다. 이 잔이 저에게서 지나가기를 바라지만, 저의 의지로 하나님께 순복하오니 저의 상태를 보지 마시고 저의 말을 보소서."

매일 그런 전쟁을 치렀다. 그래서 비교적 평안을 누리고 순종하는 마음이 생길 때만 석방 후의 삶을 기대하려고 했다. 그리고 지난 두 달간 내가 어떻게 달라졌는지 일기장에 썼다.

> 나는 더 겸손해질 것이고, 고통당하는 자들이나 의심하는 자들에게 더 친절할 것이다. 나는 더 신중하게 말할 것이다.

더 깊은 수렁으로

12월 8일 자정 전, 침대에 누워 반쯤 잠들어 있는데, 여자 경비가 들어왔다. "소지품을 챙겨요. 당신은 추방될 거요."

나는 잠시 기뻤다. 물론 미리 알려 주신 날보다 나흘이나 이르지만, 튀르키예 사법 시스템이 매우 느리다는 것을 이미 알고 있었다. 아마도 이렇게 석방 절차가 시작되고, 이 시련이 끝나가는 것일 수도 있었다.

나는 자리에서 일어나 옷을 챙기다가 멈춰 섰다. 뭔가 잘못되고 있었다. 왜 자정에 와서 데려가는 거지? 그동안 하르만달리에서 지내며 추방되는 사람들을 몇 명 봤다. 그들은 다 저녁에 석방되어 밤새 이스탄불로 호송되었다가 다음 날 아침 일찍 비행기를 탔다. 나는 경비에게 물었다. "내가 정말 추방되는 건가요? 확실해요?"

그녀는 잘 모른다는 듯 어깨를 으쓱했다. 나는 들고 있던 티셔츠를 내려놓고 말했다. "가서 알아봐 주실래요? 만일 제가 추방되는 거라면 많은 물건을 여기 두고 갈 거예요. 그러나 다른 곳으로 옮겨지는 거라면…"

이내 목소리가 잠겼고, 여자 경비는 사라졌다. 그녀가 돌아왔을 때, 나는 방안을 왔다 갔다 하고 있었다. "당신이 추방되는지는 확실하지 않고, 다만 우리는 당신을 옮길 거예요."

나는 다시 공포에 휩싸였다. 심장이 두근거렸고, 생각이 갈팡질팡했다. "무슨 일이 일어나고 있는 거죠?"

그녀는 이미 말한 내용 외에 다른 것은 모른다고 했다. "그냥 짐이나 싸요."

나는 주변을 둘러보았다. 하르만달리에서 지내는 7주 동안 허락을 받아서 요청하는 것마다 노린이 가져다주었다. 특히 미국 영사가 면회 온 이후 그렇게 되었다. 그래서 나에게는 담요와 베개, 세면도구, 옷, 방을 닦을 물티슈, 책 몇 권, 펜, 종이 등이 있었다. 그것들은 배낭에 다 들어가지 않았다.

내가 어쩔 줄 몰라 쩔쩔매고 있을 때, 경비 두 명이 더 들어왔다. "우리는 당신이 어디로 가는지 모르지만, 하여간 이동하는 건 분명하니 다 가져가요."

무슨 일이 일어나고 있는지 모르지만, 뭔가 좋지 않았다. 다시 마음이 무너져 내렸고, 어딘가 지하 감방에 가는 것은 아닌지 두려웠다. 그리고 내가 어디로 가는지 노린이 어떻게 알겠는가? 저번에도 노린이 나를 찾아내긴 했지만, 이번에는 나를 찾는 데 시간이 얼마나 더 오래 걸릴까?

경비들이 빨리 나가라고 재촉하는 바람에, 나는 비틀거리며 계단을 내려갔다. 배낭은 서류와 옷으로 꽉 찼고, 팔에는 담요들을 한가득 안고 있었다.

프런트 데스크에서 권총을 찬 평복 차림의 남자 두 명이 기다리고 있었다. 상황이 심각해 보였다. 그중 오십 대 남자는 자신들이 경찰이라고 했고, 딱 달라붙는 청바지와 가죽 재킷 차림에 냉소를 머금은 젊은 남자는 나를 체포하러 왔다고 했다.

내가 이미 행정적 체포 상태이며 추방되길 기다리고 있다고 말하기도 전에 젊은 경찰이 손가락으로 나를 쿡 찌르며 말했다. "당신은 이제 사법적으로 체포되었소."

그들은 모든 짐을 데스크 위에 놓으라고 했다. 냉소적인 젊은 경찰은 여기 처음 왔을 때 백발의 소장이 그랬던 것처럼 윽박지르며 명령했다. "그 가방 들어! 속옷, 양말, 칫솔도 넣어. 그게 다야. 나머지는 그대로 놔둬!"

나는 다시 망연자실했다. 충격을 받아 아무 말도 못했고, 너무 겁이 나서 아무 생각도 못했다. 나는 여벌의 바지와 노린이 보도록 창문에 걸었던 밝은 색 티셔츠를 집으려 했다. "안 돼! 그걸로 충분하다고 했잖아. 다른 건 가져가지 마."

경비들이 상자를 가지고 왔다. 거기에는 그들이 가져온 나의 나머지 소지품들이 들어 있었다. 여권과 석방되면 비행기 표를 살 돈, 시계, 노린이 이쉬켄트에서 석방되던 날 두고 간 작은 십자가였다. 그건 작아서 손안에 숨길 수 있었다. 나는 거기 적힌 성경 구절을 생각했다. "우리가 알거니와 하나님을 사랑하는 자 곧 그의 뜻대로 부르심을 입은 자들에게는 모든 것이 합력하여 선을 이루느니라"(롬 8:28). 이제껏 그 말씀이 그렇게 낯설게 느껴진 적이 없었다.

나는 나이가 더 많은 경찰에게 물었다. "누가 제 아내에게 전화해서 알려 주시겠어요? 아내는 이런 상황을 몰라요."

내가 전화번호를 말하자, 그가 전화를 걸었다. 노린이 전화를 받기를 간절히 바랐지만, 받지 않았다. 결국 그는 어깨를 으쓱하더니 전화를 끊었고, 젊은 경찰에게 고갯짓으로 테이블 위의 내 파일을 챙기라고 했다. 그는 밖에서 기다리는 차를 가리키며 가자고 했다.

나는 뒷좌석에 앉았고, 수갑을 차지는 않았다. 하지만 젊은 경찰이 옆에 앉아 있었다. 죄수가 된 것이 분명했다. 이즈미르로 돌아가는 내내 그들은 아무 말도 없었다. 절차상 고문당하지 않았다는 확인을 받기 위해 병원에 갔을 때도, 그들은 내 옆에 밀착해 있었다. 그 병원은 내가 이쉬켄트에서 졸도했을 때 실려 갔던 곳으로, 우리 집에서 몇 분 거리에 있었다. 아내가 자고 있는 집 말이다.

몇 구역을 지나 평소에 늘 보던 건물 앞에 멈춰 섰다. 예전 우리 교회 건물 맞은편이었다. 그 건물이 리모델링 되는 동안 늘 그 앞을 지나다녔는데, 이곳이 무슨 용도로 쓰일지 몰랐었다. 나이 많은 경찰이 잠긴 철문을 두드리는 동안 팻말을 보니, 그곳은 새로운 대테러 센터였다.

안에 들어가서 두 시간의 절차를 거쳐 마침내 그토록 두려워하던 지하 감방에 갇혔다. 감방 전면은 바닥부터 천장까지 철창으로 되어 있었다. 삼면 벽에는 콘크리트 턱이 있어서 앉을 수는 있었지만, 너무 좁아서 그 위에 누울 수는 없었다. 거기에는 침대도, 매트리스도, 싱크대도, 화장실도 없었다.

너무 어두워서 맞은편 감방에 누가 있는지 식별되지 않았다. 너무 춥고 불편하고 가슴이 두근거려 잠을 잘 수 없었다. 그저 콘크리트 바닥에 누워 담요를 두르고 하나님께 조용히 외칠 뿐이었다.

'하나님, 뭐하고 계세요? 무슨 일이 일어나게 허락하시는 거예요? 저는 12일에 석방되어야 하는데, 지금 이 지하 감방에 있어요. 노린이 저를 찾는 데 시간이 얼마나 걸릴까요? 앞으로 무슨 일이 일어날까요?'

이즈미르 법원

출근하는 사람들로 거리가 북적거릴 때, 감방 밖으로 불려 나갔다. 어디로 가는지 방향을 몰랐고, 밤에 잠도 못 잔 데다 아드레날린이 과도하게 분비되어 제대로 생각할 수도 없었다.

차를 타고 가는 동안 경찰관에게 노린의 핸드폰 번호를 알려 줬다. 그는 노린에게 명령했다. "변호사를 데려와요. 당신 남편은 이즈미르 법원으로 가고 있고, 거기서 검사에게 심문을 받을 거요."

나는 노린이 뭐라고 대답하는지 들을 수 없었다. 경찰관이 대답을 기다리지 않고 전화를 끊었기 때문이다. 차는 침묵 속에 달렸다.

법원으로 들어가 베르칸트 카라카야라는 검사의 사무실 앞 복도로 들어선 순간, 긴장이 감돌았다. 거기에는 경기관총을 든 남자들이 여럿 있었다. 카라카야의 상관인 검사장 오칸 바투의 경호원들이었다. 그의 이름을 들어 본 적은 없지만, 검찰청의 명성은 익히 알고 있었다. 이즈미르는 튀르키예 역사상 반항의 도시로 알려져 있는데, 야심적인 검사가 반역자 색출로 명성을 쌓으러 올 만한 곳이었다.

나는 지친 몸으로 조용히 서 있었다. 이것이 석방되기 전 마지막 반전은 아닐까 상상하기도 했다. 아무리 생각해도 나는 곧 석방되어야만 했다. 왜냐하면 나는 나토 동맹국 국민이고, 변호사의 도움도 받지 못한 채 63일간 감금되었으며, 미국 영사의 면회도 두 번밖에 받지 못했기 때문이다.

당시 미국을 비롯한 여러 나라의 정치인들이 나의 석방을 요구하고 있었다. 상원의원 밥 코커는 워싱턴 DC에서 튀르키예 대사를 만나 에르도안 대통령에게 편지를 전달했는데, 그 안에는 나의 석방을 촉구하는 상원의원 열일곱 명의 서명이 들어 있었다. 에르도안은 무응답으로 무시했지만, 몇 주 후 트럼프 대통령이 취임하면 태도가 달라지지 않을까?

내가 보기에 이 사태는 튀르키예가 당황할 일이었다. 나를 조용히 보내는 것이 튀르키예에게 훨씬 더 쉬운 일이 아닐까? 만일 그것이 튀르키예가 원하는 것이라면, 나를 검사 앞에 불러서 붙잡아둘 이유가 없다는 사실을 인정하고 집으로 보내지 않을까?

누군가 내 이름을 불러서 보니, 복도 저 멀리 노린이 있었다. 우리 사이에 무장한 사람들이 많아 가까이 올 수 없었지만, 노린은 가슴에 손을 얹고 애써 미소 지었다. "이게 다 하나님이 당신을 꺼내시는 과정일 거야!"

노린이 다른 말을 하기도 전에 나는 카라카야의 사무실로 끌려갔다. 한 튀르키예 여인이 내 옆에 앉아 자신을 수나라고 소개했다. 노린이 나를 위해 섭외한 변호사였다. 수나는 조용히 말하며 예리한 눈으로 빠르게 실내를 스캔했다. 그녀는 약 2분 동안 앞으로 무슨 일이 일어날 것인지 설명한 뒤, 나를 담당하는 검사를 가리키며 그가 내게 질문할 것이라고 말해 주었다.

오칸 바투가 들어와 그의 부관 옆에 앉는 순간, 실내가 고요해졌다. 그냥 조용한 게 아니라 숨 쉬는 것마저 두려울 정도의 침묵이었다. 튀르키예인들, 그중에서도 특별히 국수주의자들은 스스로 늑대라고 칭하는 것을 좋아한다. 튀르키예에서는 축구 팬들이나 거리에서 시위하는 사람들이 약지와 중지, 엄지를 접어 늑대 코처럼 만들고, 검지와 새끼손가락을 세워 늑대 귀처럼 만드는 것을 심심찮게 볼 수 있다. 오칸 바투는 모두가 따르는 알파 늑대였다.

예상치 못한 판결

수나는 의자에 앉아 자세를 바꿨다. 무거운 분위기 속에서 감히 아무도 말하지 않았다. 모든 눈이 오칸 바투를 응시하고 있었다. 그는 증오가 가득한 눈으로 나를 노려봤다.

침묵을 깨고 나를 담당하는 검사가 말했다. "앤드류 브런슨, 당신은 2013년 10월에 페툴라 귤렌을 찬양하는 연설을 했소."

무슨 말인지 순간 어안이 벙벙했다. 다른 튀르키예 사람처럼 나도 페툴라 귤렌이라는 이름을 들은 적은 있었다. 귤렌 운동의 수장인 그는 현재 해외에 살고 있다. 귤렌 운동은 이슬람주의 단체로, 170개국에 학교를 세웠다.

귤렌과 에르도안은 오랜 세월 동지였다. 그러나 2013년에 경찰과 검찰이 부정부패 조사에 나서서 에르도안의 아들을 비롯해 그의 측근들을 함정에 빠뜨렸을 때부터 에르도안은 귤렌과 관련된 모든 사람을 적대시했다. 3년 후 페툴라 귤렌은 실패한 쿠데타의 배후 세력으로 기소되었고, 수만 명에 달하는 그의 지지자들이 모두 체포되어 감금되었다.

2013년에 뭐라고 설교했는지 기억할 수 없지만, 분명히 페툴라 귤렌이나 그의 운동을 찬양하는 말은 전혀 하지 않았다. 나는 오칸 바투를 보지 않은 채 목소리를 가다듬고 차분하게 대답했다. "저는 평생 귤렌 지지자를 만난 적이 없습니다. 그들을 지지하는 말을 한 적도 결코 없습니다. 제가 그런 말을 했다고 주장하는 집회 날짜가 언제인지 말씀해 주시기 바랍니다."

오랜 기간 튀르키예에 살면서 사람들이 내 말을 이해하지 못한 적은 없다. 하지만 내 말이 은연중에 귤렌을 지지하는 것으로 들렸을 수 있다. 검사는 나를 응시하다가 내 말을 무시하고 질문을 이어갔다.

"자만 신문사 건물에 갔던 적이 있습니까?"

그곳은 귤렌을 지지하는 신문사였다.

"저는 거기 간 적이 없고, 그곳이 어디인지도 모릅니다."

"쿠르드어로 설교한 적이 있습니까?"

"없습니다! 저는 쿠르드어를 못합니다. 저는 쿠르드 분리주의를 지지하지 않고, 어느 분리주의도 지지하지 않습니다. 저는 튀르키예 땅을 나누면 안 된다고 믿습니다."

잠깐의 침묵 후 오칸 바투가 말했다.

"그게 무슨 말입니까?"

그것은 모든 사람이 아는 말이었다. 국토를 나눌 수 없다는 것은 튀르키예에서 중요한 주제였다. PKK, 즉 쿠르드 분리주의 무장조직이 오랜 세월 자치권을 요구하며 전쟁을 벌이고 있었기 때문이다. 내가 그것을 어떤 식으로도 지지하지 않는다는 것은 분명한 사실이었다. 그러나 오칸 바투에게는 그것만으로는 충분하지 않았다. 그의 눈은 더 매서워졌다.

"통일되어야 하는 건 땅만이 아닙니다. 튀르키예인들을 분열시킬 수 있는 모든 것이 통일되어야 합니다."

그때 비로소 내가 위험에 처해 있다는 것을 깨달았다. 오칸 바투는 내가 선교사라서 튀르키예를 불안정하게 하는 세력이라고 말하고 있었다. 나는 기독교가 튀르키예에 유익하다고 생각했지만, 오칸 바투처럼 외세를 몰아내려고 작정한 국수주의자들은 신앙이 있는 나를 적으로 간주했다.

"부디 저를 집으로 보내 주세요. 저는 튀르키예에 아무런 해도 끼치지 않았습니다. 제가 체포된 건 추방되기 위해서였어요. 저를 미국의 집으로 보내 주세요."

검사가 손을 들고 조용히 말했다. "아니요, 우리가 조사하는 동안 당신을 구속할 이유가 충분하다고 생각합니다."

수나가 내 쪽으로 얼굴을 돌렸다. 그녀의 표정은 어두웠다. 나는 작은 목소리로 말했다. "저들은 나를 교도소에 넣으려는 거지요?"

수나는 거짓 희망을 주는 사람이 아니었다. 그녀는 차분하게 대답했다. "당신은 판사 앞에 설 거예요. 그러니 아직 기회가 있어요. 하지만 우선 판사가 당신을 교도소로 보낼 거예요."

곧 나는 다른 복도로 끌려가 기다렸다. 거기서 노린이 나를 발견했다. 우리 사이에는 유리문이 두 개 있었는데, 노린은 한 시간 정도 기다리는 동안 내가 볼 수 있는 곳에 서 있었다. 내가 가슴에 손을 대자, 그녀도 그렇게 했다. 우리는 그렇게 사랑을 표현했다.

마침내 나는 판사 앞으로 인도되었다. 그는 나를 보고 눈살을 찌푸렸다.

"자신을 위해 할 말이 있소?"

"나는 방금 몇 가지 질문들을 받았지만, 공식적 혐의는 없었습니다. 내가 무슨 혐의를 받고 있는지도 모르는데, 어떻게 나를 변호하겠습니까?"

판사는 오만하고 냉담한 시선으로 나를 응시했다.

"나는 아무 짓도 하지 않았습니다. 집으로 보내 주십시오."

그는 시선을 돌리고 말했다.

"교도소로 보내."

나는 다시 복도로 끌려갔고, 그들이 나를 어느 교도소로 보낼지 결정하는 동안 기다렸다. 노린은 유리문들 뒤에 서서 다시 가슴에 손을 얹고 있었다. 어머니도 와 계셨다. 두 사람 다 충격과 슬픔에 짓눌린 창백한 얼굴이었다. 어머니는 양팔을 앞으로 내밀어 아기를 어르는 것처럼 옆으로 흔드셨다. 내 옆에 있던 경비들과 경찰은 어머니를 가리키며 비웃었다.

순간 주변의 소음과 옆에서 밀고 웃는 사람들이 모두 희미해졌다. 누군가 나를 사크란으로 보낸다고 말했지만, 그것은 내게 아무 의미도 없었다. 나는 공포와 두려움 가운데 아내가 가까이 있는데도 만질 수 없다는 사실에 고통스러웠다.

하루 내내 옆에 있던 경찰들이 나를 계단 쪽 복도로 이동시켰다. 나는 노린과 어머니가 뒤에서 따라오는지 살펴봤다. 한 경찰이 걸음을 멈추고, 노린을 가리키며 1분을 주겠다고 했다.

노린이 나를 안았고, 나도 그녀를 부둥켜안았다. 나는 울기 시작했다.

"그들이 나를 교도소로 보낸대, 노린. 이 사실을 널리 알리고 나를 위해 싸워 줘."

"당신을 위해 싸울게. 월요일에 항소할 거야. 12일이야. 우리는 항소할 거고, 석방될 수도 있어. 12일을 기억하지?"

12일이라고? 그런 일은 다음 생에나 일어날 것 같았다. 순간 눈물이 더 솟구쳤다. 말이 잘 나오지 않아 입안에서 맴돌았고, 숨이 찼다. "노린, 나는 교도소에 가게 되었어… 교도소에 가게 되었어."

경찰이 나를 잡아 끌고 갔다. 모퉁이를 돌기 전, 마지막으로 뒤돌아본 후 노린과 어머니는 시야에서 사라졌다. 경찰들은 다시 내 사진을 찍고, 지문 날인을 하게 한 뒤, 나를 경찰차 뒷좌석에 태웠다. 나는 방금 일어난 모든 일에 어안이 벙벙한 채 앉아 있었다. 늑대가 나를 덮쳤다.

GOD'S HOSTAGE

3부

09
첫 밤

경찰차의 문이 닫히자마자, 내면에서 솟구치던 공포가 가라앉았다. 그 자리에 남는 건 아무것도 없었다. 나는 다시 무감각해졌다. 도시의 어두운 거리를 달리는 차 안에서 죽은 것 같은 상태로 차창 너머의 낯선 세계를 바라보았다.

교도소에 갈 때는 하르만달리에 갈 때보다 시간이 더 오래 걸렸다. 차는 계속 달렸고, 나는 담배와 땀에 절어 냄새 나는 뒷좌석에 앉아 있었다. 종일 동행한 경찰관 두 명은 앞에 앉아 아무런 대화도 없었다. 이동 중 대화는 딱 한 번뿐이었다.

"당신은 여기 이렇게 오래 살았는데, 정말 난민 사역을 해도 아무 문제가 없을 거라 생각했소? 어떻게 그렇게 어리석소?"

나는 굳이 대답하지 않았다. 할 말은 많았지만, 감정적 소모가 심했다. 또 말한들 무슨 소용인가? 그들은 신경 쓰지 않을 것이다. 그들에게 나는 그냥 이송시켜야 할 수감자에 불과했다.

나는 꼼짝 않고 눈을 감은 채 앉아 있었다. 내면에서 거대한 폭풍이 일어나고 있음을 느꼈다. 그것은 지금까지 경험한 그 어느 것보다 강력한 것이었다. 몇 분 만에 악령의 회오리가, 사나운 어둠이 나를 휘감았다. 단지 감정적 격동이 아니었다. 실제로 악한 세력을 느낄 수 있었다.

그런데 갑자기 새로운 생각이 계속 마음속으로 들어왔다. '나는 욥, 욥이다. 나는 욥이야.'

성경에서 하나님은 욥을 사탄에게 내어 주셔서 극심한 고난 중에도 그가 신실한지 보셨다. 그 순간 나는 알았다. '하나님이 나를 넘겨주셨구나!' 그분이 생각을 바꾸셔서 보호막을 벗기고 더 숭고한 목적을 이루려고 하셨다.

그러나 대가를 치르는 것은 나다. 이것은 단지 박해가 아니라 무언가 다른 것이었다. 나는 두려움과 충격, 분노의 늪에 빠졌다. '하나님, 어떻게 나를 이렇게 배신하시나요?'

사크란 교도소

차는 고속도로에서 사크란 방향으로 빠졌다. 버가모에서 불과 몇 킬로미터 떨어진 곳이었다. 딱 맞았다. 버가모는 예수님이 사탄의 보좌가 있다고 말씀하신 곳이다.

사크란 교도소는 일곱 개의 동으로 구성되어 있으며, 축구장 100개 크기의 공간에 10만 명을 수감할 수 있는 곳이었다. 거기에는 살인자와 혁명가, 국가 전복 세력, 사이코패스, 여자들과 어린이들이 수감되어 있었다.

내가 끌려간 곳은 교도소의 T4 구역이었다. 거기엔 철창이 있어서 입소 절차가 시작될 때까지 동물 우리처럼 생긴 감방에 갇혀 있었다. 다시 지문 날인과 사진 촬영을 하고, 금속 검사대를 통과한 후 맨몸 수색을 당했다. "옷을 벗어요. 쭈그려 앉아요. 기침해요."

잠시 후 경비가 하르만달리에서 쓰던 물건들을 가져왔다. 사실 물건은 얼마 없었다. 냉소적인 젊은 경찰이 여분의 옷과 양말, 속옷을 가져오지 못하게 했기 때문이다. 성경도 챙겨 왔지만, 경비들이 가져가는 것을 지켜볼 수밖에 없었다.

사크란에 비하면 하르만달리는 호텔 같았다는 것을 곧 알게 되었다. 사크란은 보안 강도가 높은 교도소였다. 대문이 높은 반면, 창문은 작았고, 복도 중간중간에 무거운 철제문이 굳게 닫혀 있었다.

경비들도 달랐다. 하르만달리에서는 수감자들에게 소리치고 욕하는 경비들도 있었지만, 동정하는 이들도 있었다. 그들은 다 시민들로, 문에 몸을 기대기도 하고, 기분이 좋으면 말을 걸기도 했다. 그러나 사크란의 경비들은 거칠었다. 친근한 잡담은 전혀 없었고, 융통성도 없어서 명령하면 당장 따라야 했다. 늘 의심하는 눈초리로 감시했고, 교도소 안을 돌아다닐 때는 혼자 다니는 법이 없이 항상 무리 지어 다녔다.

앞으로 무슨 일이 일어날지 전혀 짐작할 수 없었다. 나는 일생 중 가장 쇠약한 상태였다. 그것은 어쩌면 그들이 바라는 바였다. 무감각한 느낌은 계속되었다. 일어서라고 하면 일어섰고, 명령하면 걸었고, 경비들이 감방 문을 열면 아무 말 없이 가만히 있었다. 마치 그곳에서 일어나는 일을 관망하고 있는 느낌이었다.

경비는 무거운 철제문 밖에서 감시 구멍으로 들여다보며 말했다. "당신을 어떻게 할지 결정될 때까지 주말 동안 여기 있을 거요."

나는 조용히 방을 둘러보았다. 더럽지 않은 데가 없었다. 바닥부터 벙커 침대의 시트까지 다 더러웠고, 푸른곰팡이가 핀 빵 봉지가 창문 쇠창살에 걸려 있었다. 쭈그려 앉는 변기에는 인분이 덕지덕지 묻어 있었다. 입맛도 없고 거기서 잔다는 것을 상상도 할 수 없었지만, 물은 마셔야 했다. 수돗물을 마셨다간 병이 날 것 같아서 경비에게 병에 든 물을 달라고 했다. 그러나 그는 주말이라 안 된다며 매정하게 거절했다.

대테러 센터의 콘크리트 감방에서 나온 후부터 나는 종일 누군가와 같이 있었다. 그런데 이제 혼자 조용히 있으려니 힘들었다. 그래서 앞으로 맞이할 며칠을 어떻게 보낼지 생각해 보기로 했다.

하르만달리에 처음 갔을 때도 그랬다. 그때도 책도, 성경도, 아무것도 없었다. 그러나 이번에는 달랐다. 스트레스가 더 심했다. 나는 테러 혐의로 보안 등급이 높은 교도소에 갇혀 있었다. 최악은 나 혼자 있는 게 아니라는 것이었다. 범죄자들과 함께 지내면 어떻게 될까? 테러리스트와 같은 감방에 지내게 되어 내가 누구인지 알게 된다면 어떻게 될까? 나는 여기서 유일한 미국인, 유일한 크리스천, 유일한 선교사일 것이다. 이런 상황에 어떻게 대비해야 할지 감도 잡을 수 없었다. 내가 어떻게 하더라도, 표적이 될 수 있었다.

나는 더러운 시트와 베개, 담요 중 그나마 가장 깨끗한 것을 찾아 침대를 정리했다. 전날 밤에 제대로 잠을 못 잔 채 끔찍한 하루를 보낸 터라 몸은 지쳐 있었으나 불안한 마음에 방안을 왔다 갔다 했다. 하나님께 깊은 배신감을 느꼈지만, 그분을 바라보며 붙드는 것 외에는 할 수 있는 것이 없었다. 나는 짧고 간단한 기도를 반복했다. "예수님, 나를 도와주세요"라고 말하고 또 말했다.

뜻밖의 환대

약 한 시간 후, 연달아 문빗장이 열리는 소리가 들렸다. 경비 두 명이 들어와서 말했다. "우리를 따라오시오. 소장이 당신을 보기 원하오."

교도소장실로 들어가자, 소장은 나를 보고 미간을 찌푸리며 내가 어떤 사람인지 살펴보는 것 같았다. 잠잠히 그의 책상 앞에 서서 기다리자, 그는 왜 여기에 있느냐고 물었다.

"나는 목사입니다. 아무것도 하지 않았습니다."

그는 미간을 펴더니 희미한 미소를 지었다.

"그래요? 당신은 FETO(귤렌 추종 세력)잖소?"

"아닙니다! 나는 평생 귤렌 지지자를 만나 본 적도 없어요."

소장은 책상 위의 신문을 보고 한숨을 쉬었다.

"여하튼 그게 당신이 교도소에 있는 이유요. 이제 당신을 감방에 보내겠소. C구역에 감방이 하나 있소."

순간 두려움이 내 안에서 요동쳤다.

"같은 방에 있게 될 사람 중에 나를 싫어하는 이들이 있을까 걱정됩니다."

"걱정하지 마시오. 당신은 일반적인 범죄자들과 함께 있지 않을 거요. 테러 혐의를 받은 사람들과 같이 있게 될 거요."

어떤 사람들이 나와 함께 있게 될까? 검사는 FETO(귤렌 추종 세력)와 PKK(쿠르드 노동자당)를 언급했다. PKK 감방으로 나를 보낸다면, 그들은 산간지역에서 싸운 거친 사람들일 것이다. 그들은 나를 어떻게 대할까? 한 가지 좋은 점은 쿠르드어를 배울 수 있다는 것이다.

소장은 무표정한 얼굴로 말했다. "걱정하지 마시오. 당신을 귤렌 지지자들과 함께 두겠소. 그들은 해롭지 않아요. 대부분 교사요."

몇 분 후 나는 육중한 철문 밖에 서 있었고, 경비는 긴 빗장을 풀고 최소한 세 개의 자물쇠를 열었다. 두꺼운 빗장과 자물쇠에 이어 또 빗장을 지르고, 세 번째로 타이어를 교체하는 도구 같은 것으로 빗장을 채웠다. 그곳은 탈옥이 불가능해 보였다.

나는 매우 두려워하며 안으로 들어갔다. 순간 벽에 달린 TV를 보던 열한 명의 수감자들이 고개를 돌려 나를 응시했다. 그들은 플라스틱 테이블 주위에 놓인 플라스틱 의자에 앉아 해바라기씨를 먹고 있었다.

경비대장이 말했다. "새 친구가 왔다. 누가 침대를 좀 마련해 줘." 그가 나가고, 문이 잠겼다. 한 사람이 입을 열었다. "당신은 누구요?" 이어서 다른 사람이 물었다. "식사하셨소? 쿠키가 있으니 원하면 먹어요." 또 다른 사람이 말했다. "차를 좀 들겠소?"

그들의 얼굴을 보니, 내게 관심을 보였고 친절하기까지 했다. 그들은 확실히 테러리스트라기보다 교사 같았다. 나는 입을 열어 말하려 했는데, 그만 펑펑 울어 버렸다. 노린과 헤어진 후 마음을 다독여 왔지만, 그들의 환대에 방어막이 풀려 버렸다.

잠시 후 벙커 침대에 누웠다. 내가 6개월 전에 목 수술을 받았다고 하자, 가장 어린 사람이 1층 자리를 양보해 주었다. 그들은 TV를 보며 이야기를 나눴다. 나는 감방 동료들이 잘 받아주어서 안도했다.

한편으로는 무섭기도 했다. 사크란은 지금까지 경험한 곳 중 최악이었다. 자물쇠와 빗장, 경비들의 태도를 보니, 이제 내가 진짜 교도소에 있다는 사실을 실감했다. 나는 진짜 테러범 취급을 받고 있었다.

10

악몽 같은 현실

　사크란 교도소는 규모가 매우 컸다. 감방 안에는 모든 것이 갖춰져 있었다. 열 명 정도 수용할 수 있는 벙커 침대와 한쪽에 식사를 하거나 차를 마실 수 있는 플라스틱 테이블이 있었고, 샤워기에는 좌식 변기가 하나씩 있었다. 단 하나의 문은 안뜰과 연결되어 있었는데, 그곳은 9미터 높이에 꼭대기에 철조망이 있는 담으로 둘러싸여 있었다.
　사크란은 수감자들을 사회와 격리시키고, 그들끼리도 분리된 생활을 하도록 고안된 곳이었다. 공동 공간도, 일과 활동도, 단체 식당도, 감방에서 나와 돌아다니는 시간도 없었다. 수감자들은 하루 24시간 내내 갇혀 지냈다. 전화는 일주일에 한 번 10분간 할 수 있었고, 나 같은 정치범은 2주일에 한 번만 가능했다.
　면회는 일주일에 한 번 35분씩 허락되었는데, 두꺼운 유리를 사이에 두고 얼굴을 보며 전화기로 대화를 주고받아야 했다. 그래도 두 달에 한 번은 같은 공간에 함께 있는 면회가 허락되었다. 창살, 단체 생활, 햇빛을 못 보는 것은 다 괜찮았지만, 아내의 손을 1년에 여섯 번 밖에 못 잡는다는 것은 너무 힘든 일이었다. 변호사가 오는 경우, 접견은 일주일에 한 시간씩 허용되었으나 모두 녹화되었다. 무엇보다 매일 감방에 갇혀 있어야 했다. 재활 훈련도 없었다. 오직 고립시킬 뿐이었다. 거기서 평생 살아도 옆방의 수감자를 만날 수 없었다.

돈이 있으면 교도소 판매 목록에 있는 플라스틱 테이블이나 의자, 냉장고, TV 등을 살 수 있었다. 그러나 볼 수 있는 TV 채널은 교도소에서 관리했다. 추가로 먹을 것도 살 수 있었는데, 첫날 밤에 나에게 권해 준 쿠키가 그것이었다. 그리고 신문은 정해진 몇 가지만 사서 볼 수 있었다. 또한 감방별로 수도꼭지와 전구, 식수, 일회용 접시와 포크, 숟가락을 사서 쓰게 되어 있었다. 교도소에서는 방과 자물쇠만 제공하고, 나머지 모든 것은 사야 했다.

음식을 배급할 때는 경비가 둘씩 짝지어 왔다. 수감자들이 문에 나 있는 식기 반납구로 공동 식기를 내밀면, 경비들이 유동성 식사를 부어 주었다.

감방의 수용 인원은 원래 여덟 명인데, 내가 합류하면서 무려 열두 명이 같이 지내게 된 것이었다. 공간은 비좁았지만, 감방 동료들은 소통할 수 있는 사람이 새로 왔다며 환영해 주었다.

그러나 나는 무너지고 있었다. 아무 말도 하고 싶지 않았고, 사람들의 이야기도 듣고 싶지 않았다. 달리 할 일도 없었다. 나에는 성경이나 책도 없었고, 무엇 하나 확실한 것이 없었다.

그곳에 도착한 첫 주말은 내내 침대에 누워서 울었다. 나는 너무나도 절박했고 혼란스러웠다. 그래도 가끔 감방 사람들과 대화를 나누며 규칙과 금지사항을 배웠는데, 그 내용은 정말 끔찍했다.

우리 감방의 면회일이 월요일이라는 말을 듣고, 월요일에 노린을 만날 때까지 버티기로 마음먹었다. 그날은 변호사가 나의 투옥에 대해 이의를 제기하는 날이기도 했다. 그것은 튀르키예 정부로서도 체면을 살릴 기회였다. 조사가 진행되는 동안 판사가 나를 석방할 수도 있었다. 왜냐하면 나에게는 비공식적 의혹 외에 뚜렷한 혐의가 없었기 때문이다. 그리고 월요일은 12일이었다. 어쩌면, 아마도 어쩌면 하나님이 마지막 순간에 역사하실지도 모른다.

무너진 기대

월요일이 되자 감방 문이 열리고, 경비들이 가족 면회 시간이라고 알려 주었다. 나는 일어서서 문 쪽으로 줄을 섰다. 그런데 경비가 나를 막으며 말했다.

"아니, 당신은 아니오. 당신은 면회가 없소."

"왜요? 다른 사람들은 다 부인을 만나는데, 왜 나는 못 만난다는 거죠?"

"당신이 외국인이기 때문이오. 당신에겐 면회할 권리가 없소. 당신의 부인이 앙카라에 요청하면, 그들이 결정할 거요."

그 말이 전부였다. 그렇게 문이 쾅 닫힌 후 잠겼다. 나는 경악했다. 이어서 공포가 나를 짓눌렀다. 침대 2층으로 올라가 앉았지만, 전혀 도움이 되지 않았다. 가슴이 탁 막혔다. 달리고 싶었지만, 갈 데가 없었다.

나는 문을 열고 마당으로 뛰쳐나갔다. 직사각형 마당을 고뇌하며 걸었다. 일곱 걸음을 걷고, 돌아서 다섯 걸음을 걷고, 일곱 걸음을 걷고 또 돌았다. 그러다 멈췄다. 내 앞에는 높은 벽이 솟아 있었고, 그 위로 직사각형 하늘이 보였다. 나는 구덩이 속에 있었다.

갑자기 내면 깊은 곳에서 분노가 솟구치며 이런 말이 나왔다. '당신이 저를 배신하셨어요! 저를 실망시키셨어요! 왜?! 당신을 사랑한 아들, 당신께 순종한 아들에게 어떻게 이러실 수 있나요? 저를 돌보고 계신 건가요? 아니면 저를 넘겨주고 떠나 버리신 건가요? 당신이 저를 속이신 거예요? 제게 거짓말하신 거예요?'

감옥에 던져지는 것은 전혀 예상치 못한 일이었다. 튀르키예 선교사가 그런 일을 겪은 적은 없었다. 그래서 전혀 대비하지 못했다. 머릿속에 오만 가지 괴로운 질문들이 감당할 수 없을 정도로 쏟아졌다. 그러나 그것을 털어놓을 사람도 없었다. 무슬림 감방 동료들에게 물어볼 수도 없는 노릇이었다. 그들은 전혀 이해하지 못할 것이다. 하나님께 질문한다는 것을 상상조차 할 수 없었다.

내가 사랑했고 아버지라 부르던 하나님께 물어볼 수도 없었다. 그분은 내가 유린당하도록 내어 주셨다. 노린에게 물어볼 수도 없었다.

나는 노린이 너무 보고 싶었다. 그녀가 이 무시무시한 생각을 들어주고, 내게 진리를 말해 주고, 내가 틀렸다고 설득해 줄 필요가 있었다.

그러나 현재로선 오직 나 자신에게 말하는 수밖에 없었다. 또한 하나님께. 여하튼 나는 하나님과 계속 이야기해야 했다. 그런데 하나님은 왜 그렇게 침묵하시는 걸까? 나는 하나님께 소리 질렀다. 들리게는 아니었지만, 마음속으로 소리 질렀다. '차라리 벽에 대고 말하는 게 낫겠어요!'

그러나 침묵뿐이었다. 순간 눈물이 앞을 가렸다. '지금 하나님이 가장 필요할 때인데, 어디 계신 거예요? 하나님은 제 마음에 상처를 주셨어요. 제가 어떻게 회복될 수 있겠어요?'

나의 믿음은 무너져 내렸다. 하르만달리에서 마지막 몇 주 동안 하루에도 여러 번 기도하며 하나님의 계획에 순복하며 믿음의 진보가 있었는데, 그 모든 것이 사라졌다.

한참 뒤 경비들이 마당 문을 잠그러 왔다. 오후 다섯 시였다. 그러나 내 시계는 12월 12일 새벽에 멈춰 버렸다. 감방 시계의 바늘은 10과 2에 멈춰 있었다. 나는 곧 그 둘을 더하면 12라는 것을 알아차렸다. 그러나 이내 섬뜩한 냉기를 느꼈다. 이제 12일은 끝났다. 나의 이의 제기가 기각된 것이 분명했다. 나는 여전히 교도소에 있었다. 시계마저 나를 조롱하고 있었다.

나중에 알고 보니, 감방 동료들은 모두 사크란에 새로 온 사람들이었다. 부카라는 산간 지역의 낡고 추운 교도소에서 온 그들은 사크란은 그나마 나은 편이라고 했다. 교도소장은 그들이 교사라고 했으나 다는 아니었다. 귤렌 운동에서 운영하는 학교 교사였던 사람들도 있었지만, 여섯은 전직 경찰이었고, 둘은 경찰서장이었다.

쿠데타 시도 후 튀르키예에는 긴장감이 돌고 있었다. 경찰과 사법부는 광란의 도가니였다. 에르도안은 그 기회를 이용해 정적들을 수감시켰을 뿐 아니라 야심 있는 검사와 판사, 경찰들도 동료들을 귤렌 지지자로 몰아붙여 자기 자리를 지켰다. 어떻게든 자기만 피해 보지 않으려는 사람들이 야욕을 드러냈다.

체포된 사람들은 귤렌 가담자를 알려 주면 풀어주겠다는 제안을 받았다. 절박한 사람들은 동료의 이름을 팔아 그들을 감옥에 가게 만들었다. 증거는 필요하지 않았다. 누가 밀고하기만 하면 됐다.

한 감방 동료는 10년 전에 귤렌 지지자와 야유회를 갔었다는 이유로 밀고당하기도 했다. 그 당시에는 에르도안도 귤렌을 칭송할 때였다. 사크란 교도소의 전 소장까지 이곳에 갇혀 있다는 이야기도 들었다. 의심 가는 자들을 체포하고 반역을 꾀하는 자들을 추적하다가도, 다음 날 누군가 나타나서 아무 증거도 없이 역모에 가담했다고 고발하면 판사 앞으로 끌려갔다.

또 어떤 감방 동료에게는 이런 일도 있었다. 그는 잘 아는 판사 앞으로 끌려가 결백을 주장하며 풀어 달라고 간청했다. 그러자 판사가 말했다. "알아. 그러나 당신이나 내가 문제가 아니야. 당신을 감옥에 보내지 않으면, 그들은 나를 감옥에 보낼 거야."

그런 이야기는 계속 이어졌다. 누가 자기를 밀고했는지 아는 사람도 있고, 추측만 하는 사람도 있었다. 그중 30대 중반의 에민이라는 사람은 부유하고 저명한 가문의 튀르키예인이었다. 그의 아버지는 에르도안과 아는 사이였지만, 자신이 설립한 대학에 귈렌 지지자를 교수로 채용했다는 혐의로 체포되었고, 이어서 에민이 표적이 되어 카자흐스탄에 귈렌을 지지하는 학교를 설립하기 위해 재정을 지원했다는 혐의를 받았다고 한다.

검사는 에민이 특정 기간에 카자흐스탄에 갔다고 주장했다고 한다. 이에 대해 에민은 미소 지으며 이렇게 말했다. "나는 내 여권을 보여 줬어요. 그들이 말한 날짜에 내가 출국한 적이 없다는 것을 증명했죠. 그러나 그들은 나를 감옥에 가뒀어요. 오칸 바투는 우리 가족을 잡아넣기로 이미 결정했던 거예요."

"오칸 바투?" 그는 법원에서 증오에 찬 눈으로 나를 노려보던 늑대 같은 검사였다. 감방 사람들은 웅성거리며 몸서리를 쳤지만, 놀라지는 않았다. 나는 잠잠히 있었다.

버려진 기분

감방 안에서 지내며 내 사건을 정리하는 시간을 가졌다. 먼저 앙카라의 공무원들이 나를 추방하기로 결정했다. 그런데 그때 더 지위가 높은 누군가가 나를 붙잡아 두고 어떻게 이용할지 궁리하기로 결정했다. 나는 미국인에다 기독교인이고 선교사라 표적이 될 요소를 다 갖추고 있었다. 그런 배경으로 하르만달리에 가게 된 것이다. 그들은 선교사들에게 겁을 주려고 나를 본보기로 삼았다.

그러나 이제는 훨씬 심각한 상황에 처했다. 나를 교도소로 보낸 사람은 오칸 바투였다. 그러나 미국의 코커 상원의원 덕분에 내 사건은 튀르키예 정부의 고위층에게까지 알려졌다. 내가 체포되기 며칠 전에 열일곱 명의 미 상원의원이 에르도안에게 나를 석방해 달라고 요청했다고 한다. 그런데도 에르도안이 나를 사크란에 보낸 것이다.

궁극적으로 나를 감옥에 보낸 것은 오칸 바투가 아니었다. 하지만 꿈에 그가 나와 나를 괴롭혔다. 하르만달리에서 잠을 잘 자지 못하던 것이 사크란까지 이어졌다. 겨우 잠이 들고 나면, 사악한 어둠에 둘러싸이는 악몽에 시달릴 때가 많았다. 어느 날 밤에는 어둠에서 기어 나오는데, 오칸 바투가 다가와 내 상체에 올라타더니 나를 힘껏 짓눌렀다. 그리고는 늑대 같은 눈으로 나를 노려보며 여기에 몇 달 동안 가둘 것이며, 나에게 유죄를 선고하겠다고 했다. 나는 잠을 자도 안식하지 못했다. 항상 지쳐 있었다.

하르만달리를 떠날 때 여분의 옷을 다 빼앗기는 바람에 갈아입을 옷이 없었다. 사크란에 온 후 줄곧 냄새나는 옷을 며칠째 입고 있었다. 그것을 알아챘는지, 내가 1층을 쓰도록 양보했던 청년이 트레이닝 바지와 티셔츠를 주었고, 다른 사람은 수건을 주었다.

며칠 후 허벅지 안쪽에 곰팡이성 피부병이 생겼다. 피부가 빨갛게 되어 걷기도 어려웠다. 나는 노린에게 "이제 나는 정말 욥이 되었어"라고 편지를 썼다.

사크란에 도착한 후 매일 노린에게 편지를 써서 마음을 털어놓았다. 편지는 튀르키예어로만 써야 했는데, 아무래도 영어로 쓰는 것만 못했다. 그래도 노린이 나의 힘든 상황을 알고 내게 답장을 쓸 수 있어서 힘이 났다.

나는 꼭 노린으로부터 소식을 들어야만 했다. 밖에서 무슨 일이 일어나고 있는지 알고 싶은 마음이 간절했다. 무슨 조치가 이뤄지고 있을까? 노린은 괜찮을까? 아직 튀르키예에 있기나 한 걸까? 튀르키예의 집 주소로 편지를 쓰면서도 빈집에 편지를 쓰고 있는 것은 아닌지 걱정되기도 했다.

어느 날 경비가 감방 문의 배식구를 열고 내 이름을 불렀다. 배식구가 허리 높이에 있어서 밖을 내다보려면 무릎을 꿇고 학처럼 고개를 내밀어야 했다. 그렇게 경비를 올려다보니, 종이 한 장을 들고 있었다. "우리는 당신의 편지를 보내지 않기로 했소. 교도소 보안에 위협이 되므로 압수하겠소."

나는 경악했다. "도대체 무슨 일이죠?"

"당신은 부인에게 편지를 쓰면서 '주'에 대해 말하고, 주의 도움이 필요하다고 했소. 그건 분명히 페툴라 귤렌에 대해 말하는 거요. 당신은 비밀 메시지를 보내고 있어."

나는 침착하게 들리도록 애쓰며 대답했다. "아닙니다. 나는 귤렌 얘기를 하는 게 아니라 하나님에 대해 쓴 겁니다."

경비는 내게 종이 한 장을 주었다. "여기에 서명하시오. 우리 교도소는 당신의 편지 때문에 재판을 열었소."

내가 종이에 서명하고 그에게 다시 주자마자 배식구가 쾅 닫혔다.

논의는 그것으로 끝이었다. 황당했지만, 그들은 강경했다.

그 후로 며칠 동안 내가 얼마나 세상과 단절되었는지 깨달았다. 나는 변호사와 상의해야 했지만, 전화하는 것이 허락되지 않았고, 교도소 측에서도 내 변호사에게 연락하지 않았다. 편지가 언젠가 전달되길 바라는 수밖에 없었다. 그런 가운데 나의 사건은 변호사가 있든 없든 튀르키예의 사법 절차에 따라 진행될 것이다.

나는 법정에서 어떤 소식이 날아올지 초조하게 기다렸다. 첫날에는 교도소에서 어떤 벌을 받을 수 있는지 적혀 있는 서류를 받았다. 몇 달 동안 면회 등 모든 외부 접촉이 끊길 수 있고, 독방에 감금될 수도 있었다. 감방이 불편하고 사람이 너무 많아 시끄러워도, 독방보다는 나았다.

편지 문제를 비롯해서 나의 사건을 살펴본 첫 번째 판사는 "이 사람은 자기 부인에게 사랑 편지를 쓴 것"이라고 하며 기각했다. 그러자 교도소장이 고등 법원에 항소하여 판결이 뒤집혔다. 노린에게 쓴 편지가 교도소 보안에 위협이 되고, 내가 다른 수감자들에게 안 좋은 영향을 끼친다는 이유였다. 그때부터 내가 쓴 모든 편지를 검사가 조사했다. 노린이 내게 보낸 편지도 마찬가지였다.

편지만 문제가 된 것은 아니었다. 사크란에서 첫 주말을 보내고 그 다음 월요일에는 교도소에 USB를 몰래 반입하려 했다는 혐의를 받았다. 내 배낭에서 나온 USB가 문제가 된 것인데, 그것은 처음 경찰서에 가던 날부터 가지고 있던 것이었다. 더구나 교도소에 도착한 후 그것을 튀르키예 당국이 가지고 있어서 손을 댄 적도 없었다. 그런데 어떻게 그 USB를 밀반입했다고 할 수 있는가? 그럼에도 그들은 그것을 문제 삼았고, 그 안에 감춰진 증거가 있다고 주장했다.

아마도 나를 처벌할 핑곗거리를 만들어 내려는 것 같았다. 나는 아무것도 하지 않았고 결백했지만, 그들이 계속 나를 고소해서 상황이 더 악화될 수도 있었다. 나는 하나님께 하소연했다.

'하나님은 하르만달리에서 인자하심으로 저의 원수들 앞에서 제게 공급해 주셨습니다. 그런데 이제 그것들을 다 뺏겼습니다. 교도소에서 하는 모든 결정이 저에게 불리합니다. 점점 더 나빠지고 있습니다. 지금 하나님은 어디 계신가요?'

나는 완전히 버려진 기분이었다.

고립된 삶

크리스마스 이틀 전에 첫 우편물이 도착했다. 1년 전 크리스마스에 찍은 마지막 가족사진이었다. 노린은 아무것도 쓰지 않고 사진만 보냈다. 검열을 잘 통과해서 내가 받을 수 있게 하기 위해서였다. 나는 흐느껴 울었다. 이번 크리스마스에는 집에 가지 못할 것이다.

크리스마스 다음 날은 자유 면회가 있는 날이었다. 모든 수감자가 같은 공간에서 가족을 만날 수 있었지만, 나는 아니었다. 이제 노린을 못 본 지 거의 3주가 되었다. 나는 철저히 단절된 가운데 갈수록 절박해졌다. 내가 쓰는 편지는 압수되었고, 아무 편지도 내게 전달되지 않았다. 다른 사람들은 2주에 한 번 전화하는데, 나만 전화 한 통도 할 수 없었다.

나는 나의 문화와 경력, 국적, 그리고 무엇보다 나의 신앙 때문에 고립되어 있었다. 교도소에서 나에 대해 두 가지 소송을 더 걸어 나는 튀르키예 정부 최고위층에서 나를 공격하고 있다는 것을 알게 되었다. 짙은 어둠이 나를 짓누르는 것을 느꼈다. 그중에서도 두 가지 두려움이 나를 거칠게 몰아붙였다.

먼저 나는 미칠까 봐 두려웠다. 한번은 감방 동료 에민이 튀르키예어로 된 셜록 홈즈 소설을 빌려 줘서 읽었는데, 한 장을 읽고 책을 내려놓을 때 이게 꿈인지 생시인지, 여기가 어디인지 잘 구분이 되지 않았다. '여기가 어디지? 이게 현실인가?'

오히려 꿈이 더 생생했다. 그러다가 깨면 현실이 악몽 같아서 처음에는 갈피를 잡지 못했다. 쇠창살이 눈에 들어오면, 비로소 내가 어디 있는지 깨달았다. 종종 내가 미쳐 가고 있다고 느끼기도 했다. 그럴 때면 스스로를 억지로 끌어올려야 했다. 나는 미치는 게 어떤 것인지 맛보았으며, 그 세계에 빠져 들어 다시 나오지 못할까 봐 두려웠다.

더 무서운 것은 믿음을 잃어버릴 수도 있다는 두려움이었다. 믿음을 거부하고 싶은 마음은 없었다. 오히려 나는 절박하게 믿음을 붙들고 있었다. 그러나 온갖 의문과 의심이 드는 가운데 나를 격려하고 바로잡아 줄 사람이 아무도 없다 보니, 스스로 실족하여 믿음을 저버릴까 봐 두려웠다. 그러다 문득 "네 손이 너로 죄짓게 하거든 손을 자르고 천국에 가는 것이 두 손을 가지고 지옥에 가는 것보다 낫다"(막 9:43)고 하신 예수님의 말씀이 생각났다. '차라리 스스로 목숨을 끊고 믿음을 지키는 게 낫지 않을까?' 생각이 뒤틀리고 비뚤어지다 보니 그것이 타당해 보였다.

　사람들이 가족 면회를 신청할 때, 나만 홀로 감방에 남아 있었다. 나는 마당으로 나가 빨랫줄을 테스트해 보았다. 넉넉히 내 몸무게를 감당할 만했다. 나는 천국에 갈 준비가 되어 있었다.

11
잔인한 속삭임

이 악몽에서 벗어날 수 있다는 것이 약간의 위로가 되었다. 그러자 어느 정도 버틸 수 있을 만큼 절망이 걷혔다.

밧줄을 테스트해 보고 이틀 후, 평소처럼 마당에서 왔다 갔다 하고 있는데 감방 동료들이 큰 소리로 내 이름을 불렀다. "손님이 왔소! 당신 부인이오!"

사크란에 온 지 3주가 지나가는 동안, 나는 끊임없이 노린을 생각했다. 얼마나 더 기다려야 면회가 가능할지 생각해 보았다. 그런데 마침내 노린이 사크란에 왔고, 지금 당장 나를 만나려 한다는 사실에 행복에 겨울 지경이었다. 내가 벙커 침대로 달려가 칫솔을 들고 욕실로 향하자, 에민이 말했다. "뭐 하는 거야? 시간이 지나가잖아. 그냥 가!"

노린이 기다리는 방에 들어가자마자 눈물이 났다. 면회실에는 노린뿐만 아니라 어머니도 계셨다. 감방에서 나와 걸어가는 동안, 경비가 자유 면회, 곧 영어로 말해도 된다고 말해 주었다. 그러나 처음 5분 동안 나는 흐느껴 울 수밖에 없었다. 그러자 노린이 내 팔을 살포시 두드리며 말했다. "안녕, 앤드류, 괜찮아. 내가 왔어. 내가 당신을 찾았어. 그렇지?"

세 명의 경비가 감시하는 가운데 우리는 한쪽 구석에 있는 테이블에 나란히 앉았다. 노린과 나는 면회 시간 내내 서로 꼭 붙어 있었다. 마음이 진정되어 말문이 트이자, 나를 숨 막히게 하는 영적 위기를 절박하게 설명했다. "노린, 나는 욥, 욥이야. 하나님이 나를 사탄에게 넘겨주셨어."

나는 면도도 안 한 몰골로 횡설수설하며 무너져 내리고 있었다. 어머니는 내가 하나님을 탓하며 위험한 길로 떨어지고 있는 모습에 염려하셨다. "앤드류, 하르만달리에서 네가 하나님의 인질이 되었다고 말한 건 옳지 않아. 너는 하나님을 위한 인질이야."

나는 어머니가 왜 그렇게 말씀하시는지 알았다. 내가 올바른 시각으로 보기 원하셨던 것이다. 그러나 나는 이 상황을 단순한 박해로 받아들일 준비가 되어 있지 않았다. 나는 하나님이 나를 석방하시려고 계획하셨지만, 어떤 목적을 위해 생각을 바꾸셨다고 확신했다. 그것이 정확히 뭔지는 몰랐다. 결국 나를 감옥에 가두어 두신 분은 하나님이라는 의미였다. 다름 아닌 하나님이 나의 간수였다.

노린은 내가 사크란으로 이송된 첫 번째 토요일부터 나를 만나려고 애썼다고 한다. 그러나 이 교도소에는 융통성이란 것이 없었다. 오늘도 노린과 어머니는 면회를 위해 여러 차례 검색대를 통과한 후 전신 검색과 홍채 스캔을 두 번이나 했다. 어머니는 티슈를 가지고 들어오다가 뺏겼다. 높은 담과 까다로운 검색, 쇠창살은 매우 위압적이고 위협적이었다.

"이번 주부터 전화 통화를 할 수 있으믄 좋겠다. 우리 집 전화와 내 핸드폰이 당신 이름으로 되어 있어서 교도소에서 승인해 주지 않아. 그래서 내 이름으로 새 번호를 만들고, 모든 서류 작업을 우편으로 했어. 요즘 그런 일들을 하고 있었어."

나는 노린이 나를 위해 계속 싸울 줄 알았다. 그럼에도 우리 둘 다 아무 힘도 없다는 것을 알았다.

노린에게 오칸 바투에 대한 악몽 외에도 들려 주고 싶은 꿈이 또 있었다. 꿈속에서 어떤 일이 일어난다기보다 그냥 무언가 느끼는 꿈이었다. 튀르키예, 이란, 러시아가 함께 연맹했는데, 그 세력이 얼마나 어두운지 매번 식은땀에 젖어 숨을 헐떡이며 잠에서 깼다. 언뜻 생각하기에 그 꿈은 맞지 않아 보였다. 튀르키예와 이란은 역사적으로 원수지간이었기 때문이다. 1년 전에 튀르키예가 러시아 제트기 한 대를 격추시켰고, 양국은 시리아 분쟁에서 대립하고 있었다.

그 꿈을 꾸고 사흘 후, 한 튀르키예 경찰관이 앙카라의 미술 전시회에서 러시아 대사를 암살했다. 나는 그 사건으로 양국이 갈라설 줄 알았다. 그러나 며칠 동안 그 사건이 대서특필되면서 분위기는 오히려 에르도안과 푸틴이 더 가까워지는 쪽으로 흘러갔다.

나는 그 꿈 때문에 무서웠다. "노린, 그렇게 되기 전에 나를 꼭 여기서 꺼내 줘." 지금 얼마나 긴박한 상황인지 내가 느끼고 있는 것을 노린도 이해하기 바랐다. 만일 튀르키예가 서구권과의 동맹에서 벗어나 내가 본 대로 된다면, 그것은 나쁜 소식이었다. 무엇보다도 내게는 더욱 그렇게 될 것이다.

갑자기 경비가 시간이 다 됐다고 했다. 나는 괴로운 목소리로 노린에게 말했다.

"3주 후에나 다시 볼 수 있을까?"

"언제 다시 볼 수 있을지 모르겠어."

노린의 목소리는 부드러웠다. 나는 이해했다. 노린과 어머니는 짧은 시간에 최대한 나를 격려하기 위해 힘썼다. 하지만 나는 뭔가 붙잡을 것, 희망의 빛이 필요했다. 아무리 희미하고 사소한 것이라도 말이다. 나도 모르게 거기 온 후 줄곧 마음에 품고 있던 질문을 입 밖으로 내뱉고 말았다. "나는 여기서 늙어 죽게 될까?" 노린은 그 말에 충격을 받아 아무 말도 하지 못했다.

사람을 잘못 선택하셨어요

며칠 후 만 49세가 되는 생일날, 감방의 상황은 더 나빠졌다. 오후에 감방 문이 열리더니, 한 사람이 소지품이 가득 든 쓰레기 봉투 두 개를 가지고 들어왔다. 몇 분 후에 문이 다시 열리더니, 다른 수감자가 또 들어왔다. 얼마 뒤 또 다른 사람이 들어와 원래 여덟 명을 수용하는 감방에 열두 명이 지내다가 열여덟 명으로 늘어났다.

FETO(귈렌 추종 세력) 죄수들을 수용하기 위해 많은 범죄자를 석방했지만, 체포되는 사람이 너무 많아 공간이 충분하지 않았다. 교도소를 그렇게 빨리 지을 수는 없었다. 이제 벙커 침대가 꽉 차서 마지막에 온 네 사람은 매트리스를 받아 바닥에 깔고 자야 했다.

그렇게 내 침대와 옆 침대 사이 30센티미터 정도의 공간이 이십 대 헌병의 잠자리가 되었다. 애써 참고 있지만, 그는 처음부터 나를 좋아하지 않는다는 것이 분명했다. 내 스트레스는 더 심해졌다. 각자 누우면, 겨우 몇 센티미터 안 되게 밀착될 때도 있었다.

그나마 침대가 있어서 다행이었다. 그것은 유일한 나만의 공간이었다. 나는 매일 오후에 노린에게 편지를 쓰며 걱정을 털어놓았다. 똑같은 내용을 쓰고, 또 썼다. "나는 베드로일까, 야고보일까?" 둘 다 예수님의 측근 제자였지만, 베드로는 석방되었고 야고보는 석방되지 않았다. 나는 똑같은 질문을 계속 던지며 노린에게서 확신의 말을 들어야만 했다.

사실 내가 가장 걱정한 것은 노린이었다. 종종 꿈에서 노린과 함께 있는데, 그녀가 사라지거나 눈에는 보이지만 손이 닿지 않는 곳에 있는 꿈을 꾸곤 했다. 그런 꿈을 자주 꿨다. 노린이 무관심해 보일 때도 있었다. 꿈을 깬 후에도 노린이 멀리 있거나 나를 두고 가는 느낌이 생생했다. 그래서 나는 자꾸 이렇게 되뇌었다. '이건 꿈일 뿐이야! 이건 진짜 노린이 아니야!'

나는 노린이 언제나 믿을 수 있는 사람이란 것을 알면서도, 나를 두고 일상으로 돌아가지 않을까 염려했다. 주일이 특히 힘들었다. 그 날은 일주일 중 가장 바쁜 날이었다. 나는 주일에 노린이 어디에 있고, 몇 시에 무엇을 하는지 알았다. 언제 노린이 아파트에서 나가고, 교회의 예배가 언제 시작하고 끝나는지 잘 알았다. 머릿속으로 예배 후 모두가 식사하러 나가는 장면을 그려봤다. 내가 늘 교인들과 했던 것처럼 노린도 교인들과 함께 있을까? 이제 일상으로 돌아가 삶을 즐길까?

노린과 함께 살아오는 동안 그녀를 의심한 적은 한 번도 없었다. 이쉬켄트에서 석방되던 날에도, 그녀는 가장 지쳐 있었으면서도 나와 함께 남아 있으려 했다. 나는 노린이 나를 사랑한다는 것을 알았다. 앞으로도 언제나 그럴 것이다. 감방에서도 그런 두려움이 부질없다는 것을 알면서도, 여전히 두려웠다.

노린은 가장 가까운 친구였고, 세상에서 가장 함께하고 싶은 사람이었다. 노린과는 아무리 함께 있어도 질리지 않았다. 단 한 번도 그녀를 떠나 있어야겠다고 느낀 적이 없었다. 우리는 모든 것을 함께 했다.

가장 어두운 순간 들려온 마귀의 속삭임, 즉 노린이 내가 없어도 아쉽지 않을 것이라고, 나 없이도 잘 살아갈 것이고, 결국 나를 잊을 것이라는 속삭임은 너무나도 잔인했다. 그것이 전혀 합리적이지 않은 생각이란 것을 알면서도 낙심되었다.

마침내 통화가 허락되어 내가 뭘 두려워하는지 얘기하자, 노린은 정확히 내가 듣고 싶은 말을 해 주었다. "앤드류, 나는 당신 없이 일상으로 돌아갈 수 없어. 그리고 싶지도 않고, 우리 입장이 바뀌었다면 당신도 그러지 않았을까? 이 일에 당신과 동행하게 되어 영광이야. 나는 당신을 기다리고 있어. 우리는 정상적인 생활로 돌아갈 거야."

나는 큰 위로를 받았다. 지금은 우습게 들리지만, 나는 그 말을 계속 듣고 싶으니 계속 해 달라고 부탁했다. 이어서 나는 가장 중요한 질문을 던졌다. "당신은 희망이 있다고 생각해? 내가 여기서 나가게 될까?"

노린은 1-2초 정도 침묵했는데, 할 말을 신중하게 고르는 것 같았다. 그녀는 부드럽게 말했다. "몰라. 나는 하나님이 아니야."

그 말에 공포가 더 심해졌다. 마치 높은 담 위를 걷고 있는 것 같았다. "노린, 나를 여기서 꺼내 줘. 제발."

"진정해, 앤드류." 전화가 끊어졌다. 10분이 다 된 것이다. 나는 경비들을 따라 감방으로 돌아왔다. 그리고 아무 말 없이 감방 동료들 사이를 통과해 차가운 마당으로 나갔다.

나는 매우 참담했다. 가까스로 겨우 버티고 있었다. 만일 노린이 내가 나갈 수 있다는 희망을 품고 있지 않다면, 나도 포기할지 모른다. 순간 오래전에 들은 박해당하는 중국의 그리스도인들 이야기가 떠올랐다. 그들은 혹독한 감옥생활 중에도 하나같이 기쁨이 넘쳤다. 믿음을 위해 고난당하면서도 박해를 특권처럼 여겼다. 그 이야기는 매우 감동적이었고, 나도 그렇게 하고 싶었다. 그러나 그렇게 되지는 않았다.

나는 왜 이렇게 무너지는 걸까? 뭐가 문제인 걸까? 나는 거듭해서 기도했다. "하나님, 사람을 잘못 선택하셨어요." 왜 하나님은 나를 이런 곳에 보내셔서 그분을 위해 죽는 것보다 그분을 위해 사는 것이 더 어렵다고 느끼게 하시는 걸까?

악화되는 상황

2017년 1월 20일, 모든 것이 내게서 멀어지고 있음을 알려 주는 사건이 또 일어났다. 그날 TV를 보는데, 도널드 트럼프 대통령의 취임식이 보도되었다.

당시 노린은 대통령 당선인 팀에 있는 사람에게 접촉하려고 시도하고 있었다. 우리가 가장 기대한 사람은 프랭클린 그레이엄이었다. 어릴 때부터 가족들과 함께 다녔던 노스캐롤라이나의 교회에 같이 다녀서 친분이 있었기 때문이다. 놀랍게도 프랭클린도 취임식에 초청받았는데, 그가 내 사건을 트럼프에게 알리려 한다고 했다.

나는 조용히 취임식 광경을 지켜봤다. 프랭클린은 바로 마이크 앞에 있었다. 그가 기도했고, 트럼프 대통령도 거기 있었다. 둘은 가까이 있었다. 나는 두 사람이 이야기하게 해 달라고 하나님께 간구했다. 그 후 며칠이 지났지만, 아무 일도 일어나지 않았다.

교도소에서의 시간은 고통스러울 정도로 느리게 갔다. 우리 감방에서 에롤이 제일 처음 재판을 받았는데, 이것은 매우 특별한 일이었다. 왜냐하면 다른 사람은 모두 몇 달 동안 아무 진척도 없었기 때문이다. 기소도 없었고, 재판 날짜도 정해지지 않았으며, 끝도 보이지 않았다.

에롤은 산림청에서 일하는 조용한 신사였다. 네 살짜리 아들과 함께 면회 온 그의 부인은 아들에게 아빠가 이 건물에서 일하고 있다고 했다. 그녀는 경비의 호응을 바라며 이렇게 말했다. "아빠가 여기서 일해요. 그렇죠?" 참으로 슬픈 일이었다.

에롤이 체포된 이유는 그의 핸드폰의 앱 때문이었다. 바이락은 무료 문자 앱인데, 쿠데타를 모의하던 사람들이 바이락으로 문자를 보냈다고 한다. 그 사실을 알게 된 튀르키예 정부는 바이락을 없애고, 그 앱을 사용한 사람들까지 다 체포했다.

에롤이 세 번째 재판에 출석하던 날, 감방에는 긴장감이 돌았다. 물론 감방의 모든 사람은 그 혐의가 황당무계하다고 말했다. 에롤이 감방에서 나가기 전, 전직 경찰서장이었던 수감자가 그가 재판에서 자유의 몸이 되어 돌아올 것이라고 말했다. "범죄가 입증된 게 없고, 쿠데타 모의자와 아무 관련이 없으니 유죄 선고는 불가능해요. 법원이 그걸 허락하지 않을 거예요."

그 말은 매우 타당하고 논리적이었다. 그러나 쿠데타 시도 후 튀르키예에서는 논리가 별로 중요하지 않았다.

재판에 나서는 에롤은 긴장하면서도 조심스럽게 낙관했다. 나머지 사람들도 그날 긴장감 속에서 이야기를 나누고 기도하며 시간을 보냈다. 사람들은 서로 자기의 죄목에 대해 이야기했는데, 그중 최소

여섯 명이 핸드폰의 바이락 때문에 붙잡혀 온 이들이었다. 귤렌 운동과 관련된 방크 아시야에 계좌가 있어서 체포된 사람도 있었다. 그 은행에 계좌가 있다는 것만으로도 사크란 교도소에 수감되기 충분했다. 사실 그 은행이 문을 열 때, 다름 아닌 에르도안 자신이 리본을 잘랐는데도 말이다.

시간이 지나면서 감방 동료들의 대화는 새로운 주제로 옮겨갔다.

"여기서 나가면, 정부에서 큰 배상금을 줘야 할 거야."

"물론이지. 한 달에 700불은 되어야 할 거야!"

"거기다 수입 손실과 피해에 대해서도 소송해야 해."

"어떤 사람이 10만 불을 받았대. 믿어져?"

"그러면 나는 여름 별장을 살 거야."

"이봐, 앤드류. 당신은 정말 소송할 수 있을 거야. 미국인이 이렇게 몇 달 동안 갇혀 있다고? 당국이 큰 배상을 해야 할 거야!"

나는 그저 미소 지으며 고개를 끄덕였다. 그러나 사실 아무도 소송할 수 없었다.

저녁이 되자, 다들 에롤이 돌아오길 기다렸다. 마침내 그가 들어오자 분위기가 바뀌었다. 에롤은 감방에 들어오자마자 테이블에 앉았다. 그의 얼굴은 창백했고, 목소리가 떨리고 힘이 없었다.

"나는 판사에게 내 문자들을 보여 주며 그냥 가족과 친구들에게 보낸 평범한 것들이라고 호소했어. 쿠데타와 관련된 건 아무것도 없었지. 아무 관련도 없었어. 그러나 판사는 그 앱을 가진 것만으로도 내가 FETO(귤렌 추종 세력) 가담자라면서 10년을 선고했어."

우리는 다 입을 다물었다. 핸드폰에 바이락 앱이 있었던 사람들 뿐 아니라 모두가 심각해졌다. 이 사법 제도는 공정하지도, 독립적이지도 않음을 다들 알고 있었다. 여기서 나갈 방법이 없었다.

12
지옥 입구

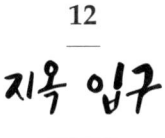

사법계가 타락하고 독립성이 없는 나라에서 수감된 사람들은 권력자들의 손아귀에 들어간다. 유일한 희망은 영향력 있는 누군가가 도와주는 것이다.

사크란으로 이송되고 얼마 후, 친구들이 노린에게 튀르키예 사업가 무스타파와의 만남을 주선해 주었다. 그가 도와주겠다고 했기 때문이다. 무스타파는 자신의 변호사가 나의 담당 검사와 나를 감옥에 보낸 판사를 다 알고 있으며, 내 사건을 기각시켜 나를 집에 보내 줄 수 있다고 자신했다. 다만 변호사비 35,000달러가 필요하다고 했다.

우리에게는 그런 큰돈이 없어서 친구나 가족에게 빌려야 했다. 노린이 알아본 결과, 무스타파는 미국에 있는 인사들을 잘 알고, 미국의 국가 조찬 기도회에도 몇 년간 참석한 인물이었다. 노린이 보기에 그 돈이 무스타파에게는 적은 돈인데, 그것 때문에 그가 미국 인사들의 신망을 잃으려 하지 않을 것 같았다. 노린은 그의 도움을 받기로 했다.

노린은 25,000달러를 구해서 무스타파에게 송금했다. 그런데 문제가 생겼다. 무스타파가 돈을 받지 못했다고 한 것이다. 노린이 놀라서 은행에 송금 철회를 요청했더니, 은행은 그 돈이 이체되었으며 계좌의 주인이 돈을 돌려주지 않으려 한다고 했다. 무스타파가 우리에게 사기를 친 것이다.

에민은 그런 일이 종종 일어난다고 했다. 양심이 없는 사람들은 고통당하고 있는 사람마저 이용했다. 당시 노린과 면회가 안 되던 상황이라 노린 혼자 그 일을 진행하고 있었다. 나는 돈보다 그가 아내를 속인 것에 더 화가 났다. 노린은 나를 꺼내려고 최선을 다하고 있었다.

반가운 소식들

노린의 면회가 잦아졌다. 나는 면회가 가능한지 미리 알 수 없어서 문 옆에서 초조하게 기다렸다. 경비가 와서 첫 그룹을 호명할 때 내 이름을 부르지 않으면, 두 번째 그룹에 호명되기를 바라며 기다렸다.

감방마다 할당된 시간은 50분이지만, 면회실을 오가는 데 15분이 걸렸다. 문이 찰칵 열리면 복도로 나가 한 줄로 서서 신발을 벗고 몸수색을 한 후 경비를 따라 여러 개의 보안 문을 통과했다. 면회실에 도착하면 노린이 기다리고 있는 칸으로 달려가서 두꺼운 유리를 사이에 두고 그녀와 손을 맞댔다. 이어서 노린이 나를 위해 기도했다. "주의 이름으로 당신을 축복합니다. 당신에게 희망을 선포합니다."

노린은 미리 나를 위해 무엇을 기도할지 하나님께 여쭤 보고 매주 선포했다. 그렇게 면회가 끝나면 고개를 빳빳이 들고 교도소 정문으로 가며 속으로 '나는 왕의 딸이야. 나는 왕의 아들을 만나려고 여기 왔어'라고 되뇌었다.

나는 잊혀질까 봐 두려웠다. 또 사람들이 나를 위한 기도를 잊고 다른 기도 제목으로 넘어갈까 봐 걱정했다. 다행히도 노린은 매주 새로운 소식을 가져왔다.

"이란에서 당신을 위해 기도하고 있어. 중국에서는 당신에 관한 전단을 백만 부 인쇄했대. 독일 복음주의 연맹에서 당신을 위해 하루 종일 금식하며 기도하기로 했고, 스페인과 한국, 마다가스카르, 헝가리, 멕시코, 레바논의 그리스도인들이 기도하고 있어. 그런 나라를 다 헤아릴 수 없을 정도야. 레일라는 주일마다 디저트를 먹지 않는 금식을 하고 있어. 레일라가 달달한 디저트를 얼마나 좋아하는지 당신도 알잖아. 그리고 데이빗은 당신이 석방될 때까지 커피를 마시지 않기로 했대."

나는 과분한 기도를 받고 있었다. 중국과 이란에도 교도소가 그렇게 많은데, 어떻게 그들이 나를 위해 기도한단 말인가? 나를 만나 본 적도 없는 형제자매들이 나를 위해 싸운다는 소식에 마음 깊이 감사했다.

외교적 낭보도 날아들었다. 우리는 미국의 새 대통령이 우리를 위해 적극적으로 나서 주길 바라고 있었다. 노린은 2월에 마이크 펜스 부통령과 렉스 틸러슨 국무장관이 튀르키예 당국자들과 내 문제에 대해 이야기를 나눴다는 소식을 들었다. 78명의 상·하원의원들이 당을 초월하여 한목소리로 나를 석방하라고 앙카라에 촉구했다는 것이었다. 최고위층에서 나를 변호해 주니 큰 힘이 되었다.

문제는 튀르키예 측에서 어떻게 반응하느냐였다. 존 케리 국무장관이 튀르키예 당국에 내 이야기를 했다가 거절당했고, 한 상원의원이 주미 튀르키예 대사에게 내 사건을 거론하자 등을 돌리고 아무 말 없이 떠났다고 한다. 그런 강경한 태도는 미국 영사들이 사크란에 면회 왔을 때도 분명히 드러났다.

한편 기도 응답도 있었다. 지인의 지인을 통해 튀르키예 수상 측근에게 연결되었다는 것이다. 그 영향인지, 어느 날 노린은 교도소장 중 한 명인 아드난 베이의 전화를 받았다. "언제 남편 면회를 오시죠? 책을 좀 가져오셔도 됩니다." 전에는 그의 태도가 매우 거만했기 때문에 이것은 매우 큰 변화였다.

처음에는 튀르키예어로 된 책만 허락되다가 나중에는 영문으로 된 책도 받을 수 있었다. 그렇게 성경과 신앙 서적, 소설, 역사책 등을 받는데, 나에겐 구원과도 같았다. 이제 긴 시간을 보낼 소일거리가 생긴 것이다. 감방의 하루는 바깥세상의 열흘과 같다. 그만큼 시간이 너무 더디 흘렀다. 그런 상황에서 성경을 손에 드는 것만으로도 큰 위로가 되었다. 나의 일과는 아침에 문이 열리자마자 마당에서 산책하고,

오후에는 낮잠을 자고, 밤에 편지를 쓰고 독서하는 것으로 채워졌다.

정상 회담

그러던 어느 날 오후에 특별한 꿈을 꿨다. 흰 종이 위에 내 이름이 쓰여 있는데, 이름 옆에 '68'이라고 적혀 있었다. 그것이 석방까지 남은 기간이라는 것이 깨달아졌다. 그러고 나서 잠이 깼다. 나는 날짜를 세어 보았다. '오늘부터 68일이면 5월 22일이야. 그게 가능할까?' 의아했으나 그 날짜를 염두에 두었다.

나는 상처받고 실망하면서도 늘 하나님과 대화했다. 하나님이 나를 속였다고 비난한 적도 있었지만, 다시 용서를 구했다. 날마다 몇 시간씩 하나님께 이야기했다. 마당에서 왔다 갔다 할 때, 침대에 누워 시간을 보낼 때, 밤에 잠들기 전, 한밤중에 깰 때마다 그분과 대화했다. 종종 하나님이 내게 대답하신다는 생각이 들었다.

노린이 나와 함께 있기를 간절히 원했기 때문에, 그녀는 미국에서 석방 운동을 할 수 없었다. 그러던 중 새 국무장관 렉스 틸러슨이 앙카라에서 에르도안 대통령과 만난다는 소식을 들었다. 노린은 그를 만나려고 애썼는데, 그때 몇 번이나 이런 생각이 들었다. '그는 노린을 만나 줄 것이다. 네가 내 계획 속에 있으니, 그의 계획에도 들어가게 하겠다.'

다음 월요일 면회 때, 나는 노린에게 내가 들은 말씀을 전해 주었다. 그녀는 제임스 랭코드 상원의원과 대사관 외교사절단장인 필 코스넷을 통해 국무장관 면담을 요청했다. 그러나 화요일에 두 사람 모두 면담은 없을 것이라는 답변을 받았다. 노린이 앙카라에 가 봤자 소용없을 것이라는 말이었다.

그럼에도 노린은 갔다. 내가 들은 음성 때문이었다. 그녀는 앙카라에 가서 기다렸다. 나는 감방의 침대에 누워 기도하며 이 면담을 성사시켜 달라고 간구했다. 만일 그렇게 되지 않는다면, 내가 들은 것은 하나님의 음성이 아닌 것이다. 오후 4시에 불현듯 '이뤄졌다'는 생각이 들었다. '뭐? 뭐가 이뤄졌지? 틸러슨이 떠났나? 끝났나?'

다음 날 변호사가 와서 노린의 말을 전했다. 오후 4시에 틸러슨을 만나러 호텔로 오라는 전화를 받았다는 것이다. 하나님은 틸러슨으로 하여금 나를 위해 일하게 하셨다. 하나님이 내게 말씀하신 것이 맞았다!

노린은 목요일에 틸러슨 장관을 만났고, 나는 금요일에 내 변호사 수나를 만났다. 수나와 노린은 그날 아침 검찰에서 처음 만났다. 수나는 상기되어 보였고, 미소를 짓기까지 했다.

"틸러슨 장관이 에르도안 대통령에게 당신에 대해 이야기했고, 에르도안 대통령은 당신의 사건을 알고 있다고 했어요. 그리고 잘 들어요, 앤드류. 에르도안이 틸러슨에게 말하길, 기소가 중지될 거라고 했대요. 검사가 2주 동안 일을 정리할 거라고요. 검사가 경찰에게 증거가 있으면 일주일 안에 다 가져오라고 했대요. 그러면 경찰이 제출한 걸 평가하겠다고요. 증거가 될 만한 것이 없으면 기소를 중지할 것이고, 그러면 당신은 석방될 거예요."

나는 변호사의 말을 마음에 간직하고 음미했다. 몇 달 만에 처음으로 희망이 솟았다.

두 주가 지나갔다. 그런데 아무 일도 일어나지 않았다. 노린이 검사를 만나러 갔는데, 검사가 그녀를 피했다. 그리고 수나가 나를 보러 왔다. 이번에는 얼굴이 어두웠다.

"너무 기대하지 말아요, 앤드류."

"걱정하지 말아요, 수나."

"검사가 했던 말을 철회했어요. 증거 동영상이 있다면서요."

"무슨 동영상? 무슨 증거요?"

"몰라요. 당신에 관한 자료 파일은 봉인되어 있어요."

나는 좌절했다. 그리고 걱정도 되었다. 최고위층에서 뭔가 틀어졌다. 어떤 정치적 계산으로 나를 붙들어 두고 있는 것 같았다. 당시 튀르키예는 에르도안을 위해 국민 투표를 해서 대통령제로 바꾸려 하고 있었다. 그러면 에르도안이 이미 쥐고 있는 권력이 법적으로 보장될 것이다. 내 사건은 빨라야 국민 투표 후에나 처리될 것이다.

4월 국민 투표에서 에르도안이 승리했고, 트럼프 대통령은 그에게 5월 16일에 워싱턴에서 정상 회담을 갖자고 초청했다. 준비 과정에서 들려온 소식은 좋았다. ACLJ(미국 법과 정의 센터) 소속의 우리 측 변호사인 씨씨는 좋은 분위기를 전해 듣고 노린에게 둘째 재클린이 6월에 결혼하는 것도 가능할 것 같다고 말했다.

나는 아직 불안했지만, 트럼프 대통령과 에르도안이 정상 회담에서 내 문제를 다루기로 했다는 말에 희망을 품기 시작했다. 이번에는 잘될 것이다. 에르도안이 선의의 몸짓으로 나를 석방한다고 잃을 것이 없었다. 그도 내가 결백하다는 것을 알기 때문이다.

정상 회담 소식과 5월 22일에 대한 꿈을 생각하며 나는 믿음의 발걸음을 내디뎠다. 확신도 없었고 매우 불안했지만, 겨울옷을 집에 보내고 소지품 중 집으로 가져갈 것과 교도소에 두고 갈 것을 나눴다.

징조는 좋았으나 튀르키예 정부의 냉소적인 두 가지 태도가 나를 불안하게 했다. 주말이자 공휴일인 5월 1일에 검사가 노린에게 내 핸드폰 비밀번호를 물었다. 핸드폰을 10월 7일에 가져가고서 8개월이 지난 지금에서야 검사한다는 것이었다. 그들은 에르도안이 미국에 가기 전에 뭐라도 파헤치려 하고 있었다.

또한 사전 준비 회의에서 튀르키예 외교부 장관 메블뤼트 차부쉬오울루는 미국 대표단에게 "2주 전에 브런슨을 보내려 했는데, 그가 머물고 싶다 했다"고 말했다. 황당무계한 말이었다. 나는 미국으로 돌아가게 해 달라고 수차례 요청했다. 그래서 변호사의 말대로 튀르키예를 떠나고 싶다는 진술서에 급히 서명했다. 그러나 그동안의 과정이 험난했기 때문에 순탄하지 않을 것을 직감했다.

이맘을 주고 목사를 데려가라

정상 회담이 열리는 날, 감방 동료들은 TV에 시선을 고정한 채 워싱턴에서 열리는 행사를 지켜보았다. 나는 차마 볼 수 없었다. 잔뜩 긴장한 상태로 종일 금식하며 간절히 기도했다. 그날 밤 에르도안 대통령은 백악관 집무실에서 트럼프 대통령과 악수했다. 드디어 정상회담이 시작되었으나 총 23분 만에 끝났다.

나는 침대에 누워 울었다. 회담 시간이 그렇게 짧은데, 어떻게 내 이야기를 했겠는가? 모든 상황을 보니, 내가 석방될 기회가 완전히 사라진 것 같았다.

다음 날 아침에 마당에서 왔다 갔다 하며 지난 밤 두 정상이 나에 대해 이야기했기를 바랐다. 몇 시간 후 감방 동료들이 다급하게 불렀다. "앤드류, 이리 들어와. 사람들이 TV에서 네 얘기를 하고 있어!"

평론가들은 짧은 대화 중에도 트럼프 대통령이 내 이야기를 한 번도 아니고 세 번이나 꺼냈다고 전했다. "이건 정말 놀랍습니다. 중대한 사안이 많은데, 트럼프가 이 문제를 세 번이나 언급했습니다. 이 성직자는 도대체 누구죠?"

다른 뉴스 채널에서도 똑같이 말했다. 감방 동료들이 축하해 주었다. "앤드류, 너희 대통령이 너를 보내라고 요청했어. 머지않아 석방될 거야. 어쩌면 내일이 될 수도 있고, 기껏해야 몇 주 안에 그들은 체면을 살리면서도 너를 석방할 방법을 찾아낼 거야."

나는 놀랐고, 매우 기뻤다. 트럼프 대통령이 그 짧은 회의에서 내 이야기를 한 번만 꺼내도 대단한데, 세 번이나 언급했다니, 기대 이상이었다. 몇 달 전, 나는 심사숙고하다가 노린에게 이렇게 말했었다. "만일 두 대통령이 내 이야기를 한다면 그건 기적이야."

미국 대통령이 내 문제까지 거론하기는 사실 쉽지 않은 일이다. 설령 거론한다 해도, 과연 에르도안이 관심을 보일까? 혹여 관심을 보인다 해도 나중에 기억할까? 그리고 기억하더라도 어떤 조치를 취할까? 그런데 그들이 내 이야기를 했다. 기적이 일어난 것이다. 나는 얼마나 더 기다려야 집에 갈 수 있을지 생각했다.

그런데 어떤 뉴스 진행자는 다르게 말했다. 그는 튀르키예가 나를 어떻게 할 것인지에 대해 이렇게 추측했다. "내가 신문 헤드라인을 쓴다면 뭐라고 할지 아세요? '이맘을 주고, 목사를 데려가라'고 할 겁니다."

갑자기 바닥이 푹 꺼지는 느낌이 들었다. 여기서 이맘은 튀르키예의 공공의 적 1호인 페툴라 귤렌을 말하는 것이었다. 에르도안은 그가 배후에서 쿠데타를 지휘했다고 탓했다. 당시 귤렌은 펜실베이니아에 살고 있었는데, 에르도안은 그가 송환되기를 바랐다.

다음 날 마당에서 걷고 있을 때, 누군가 나를 불렀다. "앤드류, 네가 또 TV에 나왔어."

튀르키예 외교부 장관이 국립 뉴스 채널에서 내 이야기를 하고 있었다. 그는 단순히 심각한 것이 아니라 화가 나 보였다. "브런슨 목사는 테러리스트입니다. 그는 FETO(귤렌 추종 세력)와 연계되어 있고, PKK(쿠르드 노동자당)와도 내통하고 있습니다. 우리는 모든 증거를 미국인들에게 줬습니다. 이 사건은 계속 사법 절차를 진행할 겁니다."

나는 무너졌다. 에르도안 측 튀르키예 최고위층 관료가 나에게 테러 혐의가 있다고 공개적으로 선언한 것이다. 그러니 튀르키예의 어떤 법원에서도 나를 석방하지 않을 것이다.

  몇 시간 후 신문이 배달되었다. 나는 보고 싶지 않았지만, 보아야 했다. 1면을 차지한 헤드라인은 "이맘을 주고 목사를 데려가라"였다. 그렇게 지옥에서의 한 달이 시작되었다.

GOD'S HOSTAGE

4부

13
위기

　며칠 동안 언론에서 내 이야기를 떠들어 대며 나를 테러리스트라고 비난하고 "스파이 목사"라고 불렀다. 그들은 굶주린 늑대들 같았고, 나는 상처 입은 어린양이 된 기분이었다.

　가장 두려운 것은 튀르키예 정부가 이 모든 일을 진두지휘하고 있었다는 점이다. 그들은 언론에 방향을 정해 준 뒤 늑대들을 풀어놓았다. 트럼프 대통령이 정상 회담에서 내 이야기를 꺼냈을 때, 그 자리에 있던 사람이 이런 말을 해 주었다.

　"트럼프 대통령이 당신을 송환해 달라고 요청할 때, 에르도안의 표정이 바뀌는 걸 봤어요. 마침 그의 얼굴을 보고 있었는데, 순간 표정이 달라졌어요! 당신을 이용해서 더 많은 걸 요구할 수 있겠다고 계산하는 듯했어요."

에르도안은 트럼프의 요청에 이런 식으로 대응했다. 나는 매우 참담했다.

언론은 총을 든 남자가 우리 교회에 와서 나를 쏘려 했던 일을 들춰냈다. 그러면서 내가 CIA에서 훈련받아 괴한을 제압할 수 있었다면서 나를 "람보 목사"라고 부르기 시작했다. 또 다른 보도에서는 경찰이 우리 아파트를 급습했을 때(그런 일은 없었다), 집에 특공 무술 훈련 교본이 쌓여 있었는데, 그 일로 내가 미군 장교로서 튀르키예 내 미군 비밀 특수 부대를 지휘하고 있다는 사실이 드러났다고 했다.

시간이 지날수록 주장은 더 황당해졌다. 내가 튀르키예 담당 CIA 요원으로서 쿠데타 음모를 도왔고, 심지어 중동 전체를 담당한다고까지 했다. 만일 내가 에르도안을 치는 쿠데타에 성공했다면 CIA 국장 자리까지 꿰찰 수 있었다고 보도하기까지 했다.

너무 어이가 없어 헛웃음이 나올 지경이었다. 그러나 사안이 심각하다 보니 두려움이 엄습했다. 매일 아침 경비들이 마당 문을 열자마자, 나는 나가서 일곱 걸음 걸어갔다가 돌아오기를 반복했다. 그렇게 해서라도 몸을 피곤하게 만들어야 밤에 잠을 잘 수 있었다.

잠시라도 가만히 있을 수 없었다. 계속 움직여야 했다. 앉기만 하면 내면에서 공포가 치솟아 정신을 잃고 담장을 넘어 탈주할 것 같았다. 사크란에서 지낸 몇 달 내내 계속 걸었고, 식사할 때만 앉았다. 나는 상어처럼 늘 경계하며 움직였다. 그것이 내가 생존할 수 있는 유일한 방법이었다.

에르도안의 강경한 반응에도 불구하고, 나는 여전히 희망을 놓지 않았다. 68일째가 되는 날인 5월 22일을 며칠 앞두고 새로운 꿈을 꿨다. 아름다운 노래가 들렸는데, 여러 목소리가 아름답게 어우러져 천사들의 합창 같았다. 그 노래에 깊이 빠져 잠에서 깼을 때, 후렴을 부르고 있었다. "할렐루야. 결박이 풀렸네. 할렐루야."

그것은 분명 하나님께로부터 온 것이었다. 결코 만들어 낸 것일 수 없었다. 상황으로만 보자면, 언론의 횡포가 계속되는 상황에서 그렇게 생각할 수 없었다. 내 생각으로는 오히려 영원히 결박되어 있을 것 같았다. 그런데 하늘에서 그런 소망이 흘러내렸다. 분명 하나님이 나를 다시 확신시켜 주고 계셨다.

5월 22일 아침, 친구인 카야는 내가 석방될 것이고, 그 일이 곧 일어날 것이라는 꿈을 꿨다고 했다. 그날 석방되어야 하는데, 몇 시간 후 노린과 면회할 때 보니 그런 경사는 없는 것 같았다. 그녀는 포기하지 말라고 격려하며 막후에서 무슨 일이 진행되고 있을지 모르니 한두 주 더 기다려 보자고 했다.

나는 무너지기 시작했다. 사실 튀르키예 감옥에서 몇 년 버티느니, 차라리 천국에 가고 싶었다. 끔찍하게 고립되어 억압당하는 분위기 속에서 지내는 것이 견디기 힘들었기 때문이다. 나는 문제 해결을 촉구하고 싶은 마음에 무거운 눈꺼풀을 간신히 치켜뜬 채 말했다. "노린, 6월 초까지 아무 일도 일어나지 않으면 단식 투쟁을 할 거야."

나는 그 문제를 진지하게 고민했다. 밧줄로 목을 매지는 않을 것이다. 그렇게 하면 돌이킬 수 없을 테니까. 그 대신 당국에서 조치하도록 시간을 좀 줄 것이다. 그럼에도 아무런 반응도 없다면, 얼마든지 떠날 준비가 되어 있었다. 내 말을 들은 노린은 고개를 저으며 말했다. "그러지 마, 앤드류. 제발 기다려."

노린을 만나서 잠정적인 계획을 말하고 난 후, 곧 교도소 의사를 만나고 싶다고 했다. 지난 10월 이후 체중이 계속 줄고 있어서 단식투쟁을 하기 전에 몸 상태가 어떤지 알고 싶었다. 저울 위에 올라가 숫자를 본 순간 충격을 받았다. 체포된 후 23킬로그램이나 줄어 있었다. 이런 상태에서 단식하면 한 달도 버티지 못할 것이고, 그것으로는 외교 채널이 작동하기에 충분하지 않을 것이다.

나는 정신을 차렸다. 그러나 생각이 바뀐 것은 아니었다. 사실 더 침울해졌다. 하나의 탈출구가 막혔기 때문이다. 하르만달리에서부터 나는 심하게 무너졌다. 무엇보다 깊은 배신감이 들었다. 하나님이 12월 12일에 석방될 것을 기대하도록 그냥 내버려 두셨다고 느꼈다.

일생일대의 위기

그러다 서서히 구덩이에서 기어 나왔다. 하나님의 음성을 듣고 있다고 느끼면서 이슬람의 금식기간인 라마단에 여기 있지 않을 것이고, 여름에 미국으로 돌아가 딸 재클린의 결혼식에 참석할 것이라 생각했다. 그리고 68일에 관한 꿈, 그것은 하나님께로부터 온 것이 아닐까? 왜 하나님은 또 이렇게 속게 허락하시는 걸까? 모두 무산되는 것 같았다. 마치 슬로 모션으로 추락하고 있는 듯했다.

그러나 롤러코스터는 아직 끝난 것이 아니었다. 5월 22일에 면회하고 간 노린은 한 통의 전화를 받았다. 며칠 후 나토 정상 회담에서 양국 대통령이 합의하기로 조정되었다는 내용이었다. 다음 날 노린은 "짐을 싸세요. 앤드류의 옷도 싸세요"라는 말을 들었다.

노린이 이 소식을 전해 줬을 때 많이 놀랐다. 나는 속은 것이 아니었다. '내 꿈이 맞았어.' 하나님 말고 누가 이렇게 하시겠는가? 누가 이렇게 정확하게 사건들을 조정해서 예언된 68일 후에 두 정부가 움직이게 하겠는가?

그러나 이틀 후 튀르키예가 합의를 깨뜨렸고, 거래는 무산되었다. 나는 평생 하나님이 전능하시며, 손가락을 들어 명령하시기만 하면 우주가 뒤집힐 것이라고 믿었다. 여전히 그렇게 믿고 있었다. 그런데 왠지 하나님의 일이 방해받는 것 같았다. 그것이 내가 생각할 수 있는 전부였다. 하나님은 석방 계획을 세우셨다. 모든 것을 지휘하여 양국 간에 합의가 이뤄지게 하시고, 내게 징조들을 주지 않으셨는가? 그러나 어떤 이유인지 마지막에 그렇게 하지 못하셨다.

당시 내가 내린 결론은 하나님이 스스로를 제한하셨고, 그 정도만 하기로 하셔서 계획이 무산되었다는 것이었다. 아니면 하나님이 생각을 바꾸셨다고 생각했다. 어떤 게 더 나쁜 것일까? 하나님이 생각을 바꾸신 것일까, 아니면 하나님이 방해를 받으셨다는 것일까? 두 가지 모두 두려웠다.

앞으로 어떻게 되는 것인지 생각하고 싶지도 않았다. 그러나 그 생각에서 벗어날 수 없었다. 하나님이 나를 여기 남겨 두겠다고 결정하셨거나 나를 구하실 수 없다면, 여기서 벗어날 희망이 있을까?

나는 일생일대의 위기와 의심에 빠졌다. 하나님께 화가 났다. 12월에 그랬던 것처럼 하나님께 소리 질렀다. 충격적이고 막막했다. 나는 완전히 무너졌다. 순간 다시 밧줄을 떠올렸다. 그것은 매우 수치스러운 패배가 될 것이고, 하나님이 원하시는 일이 아니라는 것은 알았다. 그러나 그 생각에서 벗어날 수 없었다.

어느 날은 침대에 누워 심드렁하게 하나님께 반항했다. "하나님, 저의 명예는 상관없어요. 그러나 하나님의 명예는 하나님이 챙기세요. 하나님이 여기 감옥에서 저를 지켜주셔야 하잖아요." 나는 끝도 없이 추락하고 있었다. 밧줄로 목을 매달아 천국에 갈까 생각하고 있었다.

그 즈음 면회 온 노린이 강화 유리 너머에서 나를 달랬다. "이번 주에 자신을 해치는 일을 하지 않겠다고 약속해. 앤드류, 내게 꼭 약속해 줘." 나는 머리를 유리에 기대고 유리 너머에 있는 노린과 손을 맞댔다. 여러모로 너무 지쳐 있었다.

"앤드류, 당신에게 생명을 선포해. 당신은 살 거고 죽지 않을 거야. 우리 아이들에게 아빠가 필요해! 앤드류, 수많은 사람들이, 수많은 아이들이 당신을 위해 기도하고 있어. 하나님의 역사로 그들이 당신을 마음에 품고 있어. 그 아이들이 항상 부모들에게 기도하라고 일깨워 준대. 그들은 당신을 위해 기도하기 전에는 식사도 하지 않아. 어떤 자폐증 꼬마가 당신을 절대 잊지 않겠다고 한 말을 들었어. 사탕이나 게임을 금하는 아이들도 있어. 아이들이 얼마나 신실하게 기도

하고, 그들의 믿음이 얼마나 충만한지 알아? 그런데 당신이 자해하면 모두 큰 충격을 받을 거야."

나는 노린의 말을 들었다. 그리고 그 주에 자해하지 않겠다고 약속했다. 면회가 끝나고 경비들에게 곧장 교도소장에게 데려가 달라고 했다. 경비들은 교도소장의 책상 앞에 나를 앉혔다. 나는 손으로 얼굴을 가리고 엉엉 울었다. 몸이 격렬하게 떨렸다.

"감당이 안 돼요. 늘 공포에 시달리고, 잠도 못 자요. 23킬로그램이나 줄었어요. 8개월 동안 자제하려고 애썼지만, 더는 못하겠어요. 도움이 필요해요. 약이 필요해요."

사크란에 처음 왔을 때, 소장이 나를 독방에 보냈다면 무서웠을 것이다. 그러나 불안감에 시달리자 바뀌었다. 몇 달째 스트레스로 인해 아드레날린이 과도하게 분비되었다. 그것이 너무 오랫동안 지속되다 보니, 이제 몸이 완전히 지쳐 버린 것 같았다. 알 수 없는 공포가 파도처럼 몰려왔다.

단지 생각만 통제하면 될 일이 아니었다. 아무런 자극이 없어도 그랬다. 의식적으로 노력하지 않아도 공포가 나를 덮쳤다. 공포와 절망이 겹치니 최악이었다. 더는 나 자신을 믿을 수 없게 되었다.

교도소장은 상체를 내게로 기울이며 희미하게 웃었다. "알겠소. 정신과에 데려다주겠소."

나는 할 말이 더 있었다. "감방이 너무 더워서 잠을 못 자겠고, 항상 땀에 절어 있어요. 몸이 너무 지쳐서 무너지고 있어요. 침대 옆에 선풍기를 놔주시면 안 될까요?"

전에 교도소 매점에서 선풍기를 사려고 한 적이 있었다. 목록에 있어서 살 수는 있었으나, 내 요청은 무시되었다. 부탁을 들은 교도소장이 경비에게 말했다. "창고를 찾아봐. 선풍기와 멀티탭을 찾아서 바람이 그에게 가게 해 줘."

그날 오후에 선풍기가 왔다. 확실히 한결 나았다. 나는 선풍기를 침대 위에 두고 바람을 쐬었다. 튀르키예 사람들은 대부분 닫힌 공간에서 바람을 쐬면 감기에 걸린다고 생각한다. 그래서인지 몇몇 사람들은 선풍기 때문에 다 병들 것이라며 불만을 토로했다. 나는 그 사람의 요구대로 선풍기의 방향을 조정했는데, 다행히 나와 가장 가까이 있는 사람들은 선풍기 바람을 쐬고 싶다고 했다. 너무 덥다 보니, 의심을 버린 것이다.

보통은 정신과 의사를 만나려면 두 달을 기다려야 했다. 여자 정신과 의사가 매주 교도소에 오지만, 수감자가 만 명 가까이 되다 보니 대기자가 많았다. 교도소장은 내가 상당히 걱정되었는지, 정신과 의사를 당장 만날 수 있게 해 주었다.

그러나 그 주에 정신과 의사가 오지 않았다. 나는 대신 교도소 담당 의사를 만나러 갔다. 그는 약을 달라는 호소에 관심이 없었다. 내 말을 더 듣고 싶지 않다며 모기를 쫓듯 손을 흔들었다. 경비들에게 나를 데려가라던 그는 나에게 신경안정제를 놔 주라고 했다.

이제껏 신경안정제를 맞아 본 적이 없었는데, 그 효과가 신속해서 놀랐다. 주사를 맞은 지 1분 만에 의자에 푹 쓰러져 경비들의 부축을 받으며 거의 끌려가다시피 감방으로 돌아왔다. 효과는 굉장했다.

공포심이 완전히 사라져서, 그런 건 다른 사람에게나 있는 것 같았다. 나는 마당에서 평소처럼 일과를 보냈는데, 두 시간 동안 비틀거리며 걸어 다녔다.

신경안정제는 정말 효과가 좋았다. 그런데 효과가 사라지자, 다시 공포가 몰려왔고 몸이 떨렸다. 경비들이 왔을 때, 나는 배식구 앞에 무릎을 꿇고 도와달라고 간청했다.

다음 날 오후에 다시 신경안정제를 맞았다. 그 덕에 저녁까지 몇 시간 동안 안정을 찾고 공포에서 벗어났다. 하지만, 약효가 떨어지면 또다시 공포가 나를 덮쳤다.

치열한 씨름

6월 5일에는 처음으로 노린과 장벽 없이 자유롭게 면회했다. 그날은 노린의 생일이었는데, 우리는 나란히 벤치에 앉아 주스와 쿠키로 성만찬을 할 생각이었다. 순간 나를 보는 노린의 얼굴에 걱정과 아픔이 서렸다.

이런 나를 보는 것이 얼마나 괴로운지 알면서도, 주체할 수 없이 몸이 떨렸다. 나는 팔로 내 가슴을 감싸며 말했다. 손가락에 갈비뼈가 만져졌다. "요즘 나 자신을 믿을 수 없게 됐어. 내가 자해하지 않을 거라는 보장도 없어. 나는 도움이 필요해. 그래서 약물치료를 받으려는 중이야."

일주일 내내 주사를 맞은 후 마침내 정신과 의사를 만났다. 내가 처방받은 약물들은 불안 증세를 위한 자낙스와 항우울제, 수면제였는데 곧 효과가 나타났다. 나는 더 차분해졌다. 아직도 내면 깊은 곳에 불안이 도사리고 있었지만, 자낙스의 장벽을 넘지는 못했다.

다음 면회 때 나아진 모습을 본 노린은 안도했다. 나는 미소를 지으며 노린에게 어떻게 지내냐고 물었다. 이런 변화에 노린은 놀란 것 같았다. 몇 달 동안 나를 집어삼키는 공포심과 싸우는 데 모든 에너지를 쓰다가 이제 약으로 억제되니, 시선을 나 자신이 아닌 타인에게로 돌릴 수 있었다.

나는 노린의 생일날에 찍은 사진을 며칠 동안 유심히 봤다. 노린은 나에게 이 세상의 유일한 여인, 가장 아름다운 여인이었다. 그런데 사진 속의 모습은 불같은 시련을 통과하느라 많이 지치고 고통스러운 모습이었다. 이제는 노린 때문에 마음이 아팠다.

또한 아이들 생각에 마음이 아팠다. 나는 아이들과 함께 보내지 못한 시간을 생각하며 울었다. 아이들의 목소리를 들은 지 벌써 9개월이나 되었다. 분명 아이들도 힘들 것이다. 블레이즈가 특히 힘들어한다고 했다. 나는 아들에게 가고 싶었다. 재클린이 몇 달 전 케빈과 혼인신고를 했다는 이야기를 그날 처음 들었다. 이미 허락한 일이지만, 노린은 내가 슬퍼할까 봐 알리지 않고 있었다. 결혼식은 나를 기다렸다가 할 것이다.

아내는 이제 이렇게까지 기도하게 되었다. "주님이 역사하시지 않으면 앤드류가 생명을 버릴 거예요. 저는 모든 기도를 다 했고, 다른 사람들도 기도하고 있어요. 이제 제가 어떻게 할까요? 하나님이 역사하셔야 해요."

그날 노린은 사크란에서 처음으로 울었다. 그녀는 나를 잃고 싶지 않다고 했다. 노린이 우는 모습을 보고 있자니 마음이 괴로웠다.

최악의 공포가 가라앉자 자살 충동도 가라앉았다. 여전히 기복이 심했지만, 이전보다는 안정적이었다. 나는 매일 수백 번 기도했다. "하나님, 저에게는 남은 힘이 없어요. 제가 할 수 있는 건 하나님의 자비를 바라보는 것뿐이에요. 저는 버틸 수 없어요. 저를 붙들어 주세요."

그러는 한편 나를 벼랑 끝으로 몰고 갔던 어두운 생각들과 싸웠다. 자살하고 싶은 생각이 들 때마다 노린이 주고 간, 아니 명령한 문구를 선포했다. "그리스도 안의 앤드류는 생명을 선택한다."

자낙스로도 안 되는 것이 있었다. 그것은 바로 내 안의 깊은 슬픔이었다. 나는 정말 살고 싶었다. 그러나 이렇게 사는 건 사는 게 아니었다. 나는 자살은 하지 않겠지만, 하나님께 둘 중 뭐라도 해 달라고 계속 간구했다. 나를 집으로 보내 주시든지, 천국으로 데려가 달라고 했다.

그러다가 몇 번 가슴이 떨렸다. 아드레날린이 분비되고 두려움이 밀려온 후 나는 곧 대비 태세로 전환되었다. 아마도 기도 응답인 것 같았다.

사크란 교도소에 지진이 일어났을 때, 대부분이 마당으로 뛰쳐나갔지만, 나는 침대에 누워 건물이 무너지는지 지켜보고 있었다. 어떻게 되든 상관없었다. 하나님께 자비를 베푸셔서 목숨을 거두어 달라고 기도하긴 했지만, 화가 나거나 악의로 그런 것은 아니었다. 단지 이렇게 계속 살아간다는 것을 상상할 수 없었다.

줄다리기는 더 심해졌다. 마음 한쪽에서는 이렇게 기도했다. "어차피 고통당하고 있는 중이니, 이것이 의미 없는 일이 되게 마시고, 하나님이 하고자 하시는 일을 온전히 이루어 주소서."

그러나 다른 한쪽에서는 이렇게 말했다. "이 모든 게 무슨 소용이에요? 저를 가족에게 보내 주시든지, 천국으로 보내시든지 하세요. 더 이상 감당할 수 없어요."

이렇게 매일 치열한 씨름이 벌어졌다. 한쪽에서는 하나님과 씨름했지만, 다른 한쪽에서는 하나님께 협조했다.

14
두려움의 용광로

감방에서 하나님과 씨름하고 있는 사람은 나 혼자밖에 없는 것 같았다. 다른 사람들은 왜 내가 번민하고 의심하며 하나님께 울부짖는지 이해하지 못했다. 그 이유는 내가 하나님을 아버지로 여겼기 때문이다. 하나님이 침묵하시며 멀리 계신 것 같아서 많이 혼란스러웠다.

그러나 나머지 스물한 명의 감방 동료들은 사정이 달랐다. 그들은 무슬림이라서 나처럼 하나님이 임재하셔서 위로하신다거나 감옥에서도 음성을 들려주셔서 그분의 사랑을 나타내 보여 주실 것이라 기대하지 않았다. 그들에게는 알라가 침묵하는 게 익숙했다. 또 이것이 알라가 정한 그들의 운명이라, 이런 테스트에서 알라의 통치를 따르면 심판 날에 호의를 입을 것이라 믿었다. 그래서 그들은 이슬람 의식을 더 열심히 수행했다. 독실한 무슬림인 그들은 이슬람법을 열심히 지켰다. 대부분 교도소 밖에서부터 그랬고, 밖에서 그렇지 않았던 사람들은 안에 들어와서 더 열심이었다.

내가 여덟 명 정원인 감방에 처음 왔을 때부터 이미 만원이었다. 나를 제외한 열한 명의 무슬림들은 수면 구역 2층에 매트를 깔고 같은 시간에 기도했다. 모두 출소하고 싶은 마음이 간절했기에, 알라가 개입하도록 설득하려면 기도가 최선의 방법이라 믿었다. 그런데 감방의 인원이 늘어 도저히 감당할 수 없는 지경이 되자, 공간이 좁아 돌아가며 기도하는 수밖에 없었다. 처음에는 하루에 다섯 번 30분씩 기도하다가, 돌아가며 쉬지 않고 이어지는 열렬한 기도회가 되어 버렸다.

그들은 매일 다섯 번 기도하는 것으로는 만족하지 못했다. 심지어 그 시간 외에 조금 더 기도하는 것으로도 부족하여 곧 노래도 하고, 알라의 이름을 반복해서 부르기도 하며 기도 시간을 늘렸다. 그런 식으로 한 그룹이 마치자마자, 거의 즉시 다른 그룹이 시작했다. 하루에도 대여섯 번 돌아가며 코란을 암송했다.

그들은 둥그렇게 둘러앉아 돌아가며 아랍어로 코란을 암송했다. 일반적으로 아랍어로 된 코란을 읽을 수 있는 튀르키예인은 비교적 적은 편이지만, 우리 감방에 있는 사람은 다 읽을 수 있었다. 아랍어를 못 하는 사람은 부지런히 배웠다. 그러다 누군가 일주일에 한 번씩 코란 전체를 낭독하자고 해서 서로 분담하여 낭독하기도 했다. 기도나 낭독이 없을 때는 누군가 코란을 가르치기도 했다.

그 외에도 저마다의 일과가 있었다. 어떤 사람은 코란의 특정 장을 한 달 동안 하루에 열네 번씩 낭송했다. 그리고 특정 기도문을 수만 번 낭송하면 석방될 것이라는 글을 읽고 장소를 가리지 않는 사람도 있었다. 금식하는 사람들은 낮에 금식하며 자고, 한밤중에 침대 1층에 앉아 코란을 공부했다. 그렇게 단 한 시간, 한나절, 하룻밤이라도 감방 안에서 종교 활동이 이뤄지지 않는 때가 없었다.

나는 그것을 신경 쓰지 않으려고 했다. 하지만, 감방 안이나 밖에서나 아랍어로 기도하고 읽는 소리, 또는 알라에게 호의를 받아 석방되려면 어떻게 해야 하는지 토론하는 소리를 피할 수는 없었다.

배척당하다

하루는 두 사람이 대화하다가 예수님 이야기를 시작했다. 그들은 모두 생전 처음 만난 그리스도인이 나라고 했던 사람들인데, 기독교가 어떤 면에서 실패했는지 꽤 길게 이야기했다. 한 사람이 말했다.

"성경은 내용이 바뀌었어. 예수는 십자가에서 죽지 않았어. 성경은 페이지마다 모순이 있어. 기독교인들은 인정하지 않겠지만, 성경 전체가 세월이 흐르면서 바뀌었어."

"기독교인들은 예수, 하나님, 마리아가 모두 신이라고 믿어. 그리고 아브라함, 다윗, 예수가 모두 무슬림이었다는 걸 부인해."

나는 "좋아!"라고 혼자 중얼거리며 침대에서 일어나 내려갔다.

"그리스도인이 뭘 믿는지 알고 싶어요? 내가 말해도 될까요?"

그들은 잠자코 나를 응시했다. 나는 신이 나서 그들이 이해할 수 있게 성경의 예수님을 설명했다. 그들이 생각하는 것과 사실이 뭐가 다른지 설명하며, 그들이 기분 나쁘지 않도록 무함마드에 대해서는 언급하지 않으려고 조심했다.

그들은 조용히 나의 이야기를 들었다. 정말로 관심을 보이는 사람들도 있었고, 두 명은 잠잠히 듣다가 언짢아하더니, 심지어 인상을 쓰는 것 같았다. 두 시간쯤 말하고 나니 충분한 것 같았다.

그 일은 새로운 전환점이 되었다. 이제 그들은 내 입장이 어떤지, 내 믿음이 얼마나 독실한지 알게 되었다. 이슬람을 받아들이라고 농담처럼 권하는 사람도 있었다. 누군가 와서 내게 질문하면, 다른 두세 명이 끼어들어 논쟁하며 이슬람에 대해 장황하게 늘어놓았.

나는 마침내 지쳐 버렸다. 그런데 또 누가 와서 질문하면, 튀르키예어 성경을 들고 해당 구절을 찾아 "먼저 이걸 읽어요. 그다음에 얘기합시다"라고 했다. 진지하게 관심을 보이는 사람이 있으면 기꺼이 대답해 줄 생각이었다.

그러다가 내 옆 침대에 있는 노인이 성경을 통독했다. 대부분의 튀르키예인은 성경을 건드리지도 않는다. 그러나 그들 대부분이 기도는 받아들였다. 아픈 사람이 있으면, 나는 손을 얹고 치유해 달라고 기도했다. 나에게 우호적이지 않은 사람도 다리의 고질병을 위해 여러 번 기도하도록 허락해 주었다. 한편 그들이 매일 석방을 위해 기도할 때면 내 이름도 들렸다.

매일 쉼 없이 기도 사이클이 돌아가고 아랍어로 낭송하는 소리가 응응 거리자 지쳐 버렸다. 거의 모스크 안에 사는 것 같았다. 어쩌면 그곳은 모스크보다 더 활동적이고 열정적인 곳이었다. "라 일라하 일랄라, 라 일라하 일랄라"(알라 외에 다른 신이 없다)를 암송하는 소리와 노랫소리를 너무 많이 듣다 보니, 머릿속에서 밤낮으로 무한 반복되었다. 차라리 독방에 있으면 나를 짓누르는 이 무거운 분위기에서 벗어날 수 있겠다는 생각이 들었다.

그들이 서로 돕는 모습이 보기 좋다가도, 감방에 그리스도인이 있어서 함께 기도하고 격려해 주고 의심에 빠질 때마다 진리를 말해 주었으면 하고 바라곤 했다. 노린이 내 생명줄이었지만, 일주일에 35분밖에 볼 수 없었다. 나머지 시간에는 줄곧 혼자였다.

에민도 없었다. 감방의 다른 사람들은 전부 공무원이거나 작은 가게 주인이어서 해외여행 경험이 별로 없었다. 반면에 에민은 부유한 집안 출신이라 서구에서 살아 보기도 했고, 미국에도 여러 번 갔었다. 감방에서 에민만 유일하게 나와 다른 사람들의 배경이 어떻게 다른지 이해했다. 그는 처음부터 내게 감방이 어떻게 돌아가는지 알려 주었고, 감방 사람들이 나를 이해할 수 있도록 도와주었다.

그런데 2월에 에민이 석방되었다. 그가 석방되는 것이 매우 기뻤지만, 이곳을 떠나는 것이 서운하고 슬펐다. 에민이 떠나자, 나는 더더욱 외톨이라고 느꼈다. 더 심각한 것은 그들이 보기에 이상한 내 미국식 행동과 생각을 설명해 줄 사람이 없다는 것이었다. 에민이 부유하고 사회적 지위가 있다 보니, 감방 동료들은 그의 말에 귀 기울였다. 그러나 에민이 가자, 더 이상 나를 보호해 줄 사람이 없었다.

감방 동료들은 몇 시간씩 기도하고 낭송하고 코란을 공부할 뿐 아니라 코란의 법대로 정결하기 위해 노력했다. 그들은 기도가 받아들여지려면 엄격하고 자세한 규칙을 지켜야 한다고 믿었다. 기도 전에 정해진 법대로 씻을 뿐 아니라, 영적으로 부정하게 하거나 오염시킬 만한 것을 피하려 했다. 대부분의 사람은 나를 신경 쓰지 않으면 그만이었다. 하지만, 무슬림이 아닌 나를 위협으로 여기는 사람도 있었다.

문제는 음식에서 시작되었다. 나는 아침 점호 때 침대로 돌아가기 전에 치즈와 함께 먹으려고 빵 덩어리 끝부분을 조금 떼어 두곤 했다. 다 먹지 못한 부스러기는 버리기도 했다. 어느 날 아침에 나를 유심히 지켜보던 사람이 시비를 걸었다. "당신이 그렇게 하는 건 죄요, 앤드류."

그의 말에 대꾸하지 않고 침대로 돌아갔다. 나는 그가 시비를 걸고 있다는 것을 알았다. 교도소에서는 매일 신선한 빵을 줬고, 사람들은 하루 일과가 끝날 때 남은 빵을 다 버렸다.

그는 다음 날에도 똑같이 말했다. 나는 그날도 대꾸하지 않고 침대에 올라갔다. 그는 내가 작은 빵 조각을 버리는 것을 세 번째 보고는 아침 점호를 위해 모인 사람들에게 말했다. "나라면 그 작은 빵조각을 절대로 버리지 않을 거야."

이 말에 다른 사람들이 동의하며 고개를 끄덕였다. "그건 죄요. 그러니까 그렇게 하지 마시오."

나는 선을 그을 필요가 있다고 생각했다. "당신에겐 죄인지 몰라도 나에겐 아니야. 나를 그냥 놔둬요."

그러자 그가 한발 물러섰다. 그런데 몇 주 만에 새로운 문제가 생겼다. 식사 시간에 튀르키예식으로 샐러드와 다른 음식을 공동 그릇에 담아 각자 숟가락으로 떠먹고 있는데, 내가 숟가락을 댄 쪽을 사람들이 먹지 않았다. 결국 그들은 나와 함께 먹지 않고, 내 것을 따로 주겠다고 했다. 나는 그 의견에 동의했다.

나는 혼자만의 접시에 먹을 수 있어서 좋았지만, 배척당하는 것은 싫었다. 감방 안 사람들의 태도는 다양했다. 대부분의 수감자는 나를 멀리했지만, 몇몇은 나를 도와주고 심지어 돌봐주기까지 했다.

한 전직 경찰은 저녁에 항상 내게 뜨거운 시나몬 차를 만들어 줬다. 그리고 코란에 능통한 친절한 교사는 감방에서 산 이발기로 내 머리를 손질해 주었다. 전직 경찰서장 카야는 자주 내 침대 옆에 와서 격려의 말을 해 주었다. 그러나 내게 의혹의 눈길을 보내는 사람들도 있었다. 그런 태도는 다른 사람들에게도 영향을 주었다. 그들은 나를 부정하게 여겼고, 나도 그것을 느꼈다.

많은 사람이 저녁부터 밤늦게까지 TV를 봤다. 그들이 좋아하는 프로그램 중 네 시간이나 하는 사극이 있었는데, 거기서 기독교인은 항상 고상한 튀르키예 무슬림들에게 끔찍한 짓을 저지르는 악당으로 묘사되었다. 그 이야기 속의 기독교인들은 거짓말쟁이거나 간신, 배반자였다.

튀르키예에서 지내는 동안 노린과 나는 대부분의 튀르키예인과 관계가 좋았다. 우리는 그들을 사랑했다. 그들은 개인적으로는 우리를 환대하고 따뜻하게 대했다. 그러나 그들의 깊은 곳에는 기독교인에 대한 적의가 있었다. 게다가 튀르키예에서 여러 해에 걸쳐 이뤄진 설문 조사 결과를 보면, 미국에 대한 깊은 적개심이 있다는 것을 알 수 있다.

나는 점점 더 고립된 외톨이라고 느꼈다. 누군가 나에게 안 좋은 말을 하면, 나는 보통 사과하고 잠잠히 있었다. 사람들과 접촉을 줄이고, 그들이 싫어할 만한 행동을 피했다. 마치 살얼음 위를 걷는 것 같았다. 하루는 노린에게 보내는 편지에 이렇게 썼다. "나는 하루에 열 마디 정도만 하는 거 같아. 투명 인간이 되려고 애쓰고 있어."

위태로운 고립감

5월 말에 라마단이 시작되자, 분위기는 한층 더 고조되었다. 감방 동료들은 밤늦게까지 기도에 몰두했다. 한 가지 좋은 점은 모두가 금식하느라 낮에 자서 나 혼자 마당을 자유롭게 거닐 수 있다는 것이었다.

기도와 금식의 달이 끝나감에 따라 기온이 올라가기 시작했다. 대부분 38도가 넘었고, 47도를 찍을 때는 난로를 피워 놓은 것 같았다. 안마당으로 나 있는 창문으로 보이는 것은 콘크리트 담뿐이었다. 우리는 뜨거운 햇빛이 쏟아지는 감방의 한가운데 있었다. 바람이 들지 않는 감방에 스무 명이 넘는 사람들이 땀에 젖은 몸으로 갇혀 그

열기에 짓눌렸다. 반바지만 입고 침대 커버 위에 누워 있으면 그나마 시원했다.

그런데 어떤 사람들은 그것을 좋게 보지 않았다. 라마단이 거의 끝날 즈음, 누군가 나에게 몸을 가리라고 했다.

"기도하러 지나가다가 당신을 보면 한눈팔게 되고, 의식을 하는 데 정결하지 못하게 만들고 있소."

"왜 나 때문에 한눈을 팔아요?"

"남자는 배꼽 위부터 무릎까지 몸을 가려야 해요, 앤드류. 당신은 긴 바지와 상의를 입어야 해요."

옷을 벗고 있어도 침대와 베개가 땀에 흠뻑 젖었고, 팔에 열꽃이 피었다. 나는 정중하면서도 할 말을 했다. "지나갈 때 저를 보지 마세요. 너무 더워서 긴 바지를 입고 싶지 않아요. 또 나는 무슬림이 아니라서 그런 규정을 지킬 필요가 없어요." 대화는 끝났지만, 긴장감이 돌았다.

이틀 후 대여섯 명의 판결 결과가 좋지 않아 감방 동료들은 마당에서 떠들썩하게 이야기하고 있었다. 내가 여느 때처럼 왔다 갔다 하는데, 그중 한 명이 내게 소리쳤다. "오늘은 그만해. 더 이상 걷지 마. 멈추라고!"

나는 멈추지 않았다. "나는 당신의 길을 막고 있지 않아요. 왜 그런 명령을 하는 거죠?"

그가 윽박지르며 말했다. "나는 네게 명령할 거야. 너는 하이반이야!"

순간 나는 얼어붙었다. 어떤 사람을 하이반, 즉 '짐승'이라고 부르는 것은 튀르키예에서 큰 모욕이었다. 그보다 덜한 말에도 살인 사건이 난다. 그런데 그 사람은 멈추지 않고 같은 말을 반복하며 내가 더럽고 부정하다고 했다.

그는 당장이라도 나를 공격할 기세였다. 얼핏 보니 팔을 휘두르며 소리를 지르고 눈을 부릅뜨고 있었다. 다른 사람들은 어떤지, 그를 편들어 주는지 아니면 말리는지 살펴봤는데, 모두 잠잠히 있었다.

나는 쇠약한 상태라 침대로 돌아갔다. 그곳만이 나만의 공간이었다. 고립감에 싸여 우는데, 가슴에서 무거운 흐느낌이 솟아올랐다. 눈을 감고 외로움과 절망감을 외면하려 했지만, 소용없었다. 나는 지쳐 있었고 속수무책이었다. 몸뿐만 아니라 마음도 마찬가지였다.

그날 밤, 감방에서는 나를 두고 회의가 열렸다. 그리고 나를 짐승이라고 부른 사람이 나에게 사과했다. 하지만 억지로 마지못해 하는 것에 불과했다. 그러더니 나에 대해 인격 모독을 하기 시작했다. "당신은 매우 이기적인 사람이야, 앤드류. 당신은 당신 마음대로 하려고 해. 더는 안 돼. 그런 건 끝났어. 이제 우리가 시키는 대로 해."

나는 조용히 그의 말을 들었다. 하지만 순순히 그들에게 맞춰 줄 생각은 없었고, 그럴 필요도 못 느꼈다. 다만 상황이 더 심각해지면 언어적인 차원을 넘어 더 심각한 공격을 가할 것 같았다. 누군가가 폭력을 행사한다면 당하는 수밖에 없었다.

15
마른 뼈들의 골짜기

감방 안에 긴장이 고조되자, 마음 한구석에 품고 있던 걱정이 고개를 들었다.

5월에 튀르키예 외교부 장관은 TV에 출연하여 내가 FETO(귤렌 추종 세력)와 PKK(쿠르드 노동자당)를 지지한다고 비난하여 공격 대상으로 만들었다. 나를 비난하는 자들은 내가 귤렌 추종자라고 날조했지만, 감방 동료들은 그럴 리 없다는 것을 잘 알았다. 그들 중에는 실제로 귤렌과 연계된 자들도 있었기 때문이다. 게다가 귤렌 추종자들은 이슬람주의 운동을 하는 사람들로, 나의 사역과 정반대에 있는 이들이기도 했다.

그러나 문제는 지난 몇 년 동안 노린과 내가 난민 사역을 하며 시리아의 쿠르드족을 만났다는 것이었다. 튀르키예인들은 음모론에 잘 넘어가는데, 미디어에서는 내가 PKK(쿠르드 노동자당)를 지지하는 간첩이라고 떠들어대고 있었다. 그러니 감방 안에서도 나를 의심하는 사람이 생길 수밖에 없었다.

사실 2014년에 시리아 난민 사역을 시작할 때부터 우리는 그것이 위험한 일이라는 것을 알았다. 문제가 생길 수도 있고, 우리가 더 감시당하고 오해받을 수 있다는 것을 알고 있었다. 난민 중에 쿠르드족이 많았기 때문이다. 그러나 그 사역은 놀라운 기회이기도 했다. 시리아는 폐쇄적인 무슬림 국가였다. 그래서 쉽게 그들을 만날 수 없었는데, 수백만 명의 시리아인이 전쟁을 피해 튀르키예로 물밀 듯 들어왔다. 우리는 복음을 전할 기회를 놓치고 싶지 않았다. 튀르키예 정부가 우리에게 할 수 있는 최악의 조치라고 해 봐야 추방뿐이라고 생각했다.

우리는 2014년에 시리아 국경 인근 도시인 가지안텝에서 시리아와 이라크에서 오는 약 20명의 그리스도인을 위한 컨퍼런스를 열었다. 그중에는 국경에 억류되어 구타당하다가 가까스로 배수관을 기어서 넘어온 사람들도 있었다. 심지어 지뢰밭을 통과해서 온 사람들도 있었다. 나는 그들의 그런 갈급함과 간절함에 감동했다.

그런데 더 감동적인 것은 한 주간의 컨퍼런스를 마치고 그들이 다시 국경을 넘어 그 위험하고 힘든 곳으로 돌아가 다른 사람들을 섬겼다는 것이다. 단지 훈련을 받기 위해 그런 위험을 감수하는 그들을 보며 나도 위험을 감수하더라도 그들에게 헌신하고 싶었다.

몇 달 후 난민 사태가 닥치자, 우리는 이즈미르와 시리아 국경 두

곳에서 동시에 사역했다. 그 후 2년간 국경 지역에 자주 갔고, 노린도 여러 번 갔다. 그곳에서 우리는 너무도 많은 것을 잃어버린 사람들을 만났다. 우리 팀에는 쿠르드어와 아랍어를 할 수 있는 사람들이 있어서 난민들에게 식량을 지원하고 그들을 도우면서 복음을 전했고, 관심 있는 사람들을 모아 성경 공부를 진행했다. 그리고 일부 새 신자들이 시리아로 돌아가겠다고 했을 때, 그들을 영적으로 무장시켰다.

또한 이즈미르에서 난민 교회를 시작하여 많은 사람들이 세례를 받고 그리스도인이 되었다. 우리가 체포되기 전에는 70명의 난민이 수련회에 참석하기도 했다.

나는 PKK(쿠르드 노동자당)에 동의한 적이 없다. 우리의 목표는 언제나 그렇듯 예수님을 전하는 것이었고, 그것이 전부였다. 그러나 이제 튀르키예 정부는 모든 쿠르드 난민을 PKK(쿠르드 노동자당)로 몰았는데, 나에게는 쿠르드 난민들과 찍은 사진이 있었다. 튀르키예의 정치적 분위기와 나에 대한 중상모략이 난무하는 것을 보며, 우리의 사역을 빌미로 나를 해코지할 수도 있겠다는 생각이 들었다. 감방에 있는 사람들이 다 나를 결백하게 여기지는 않을 것 같았다. 망상인지 모르지만, 더는 감방이 안전하지 않다고 느껴졌다.

인내와 훈련의 시간

책을 읽을 만한 힘이 있을 때는 나처럼 투옥되었던 사람들의 책을 통해 뭔가 배울 점이 있는지 살펴보았다. 북한에 억류된 케네스 배 목사는 옥중에서도 평화로웠던 것 같았다. 중국의 윈 형제는 매일 기쁨을 누렸다고 했다. 이란의 댄 보만은 한때 자살 시도를 했지만, 나중에 아름다운 예수님을 환상으로 보고 매료되었다고 한다. 시베리아에서 비참한 투옥 생활을 하면서도 인내하며 견딘 러시아인들도 있었다.

그러나 나는 그렇지 못했다. 나는 노린에게 여러 번 하나님이 사람을 잘못 고르셨다고 말했다. 그러나 노린은 이렇게 말하곤 했다. "아니야. 하나님이 제대로 고르신 것 같아. 이건 우연이 아니야."

나는 내가 부족하다는 것을 알았다. 그러나 내가 존경하는 위대한 그리스도인 중에도 번민에 빠진 사람들이 있었다. 아도니람 저드슨은 버마의 교도소를 전전하다가 다리에서 뛰어내릴 생각을 한 적이 있었다. 불가리아의 하랄란 포포프와 콩고의 헬렌 로즈비어도 머리에 총이 겨눠지자, 제발 방아쇠를 당겨 달라고 간청했었다.

전에는 별로 생각해 본 적도 없었지만, 이제는 엘리야와 욥, 예레미야의 절망에 공감할 수 있었다. 그들은 환난 때문에 죽기 원했던 자들이다. 나는 물론 그 정도의 수준은 아니었다. 다만 나만 번민한 것이 아니라는 사실에 안심이 되었고, 이상하게 용기가 생겼다.

그런 상황 속에서도 매일 반복하는 훈련을 빠뜨리지 않으려고 애썼다. 사크란에 온 후 노린의 권유에 따라 꾸준히 운동하고 있었다. 작은 물병 두 개를 아령처럼 사용했고, 전에 수술한 것 때문에 목 근육을 강화하는 운동을 했다. 벽에 대고 팔 굽혀 펴기를 하고, 매일 최소한 네 시간씩 걸었다. 시속 5킬로미터로 걸어서 노스캐롤라이나에서 LA까지 걸어간 셈이다. 몸매를 관리하기 위해서가 아니라, 소일거리도 되고 몸을 움직여야 잠도 잘 자고 갑작스런 공포가 덮치는 것을 막을 수 있었기 때문이다. 그와 동시에 나는 항상 하나님과 대화했다.

그러다가 지옥의 세력이 휩쓸고 지나간 것 같을 때에는, 모든 것이 엉망이 되었다. 맨손 체조도 그만두고, 성경 읽기도, 기도도 덜 했다. 노린에게 매일 쓰던 편지도 쓰지 않고, 일기도 쓰지 않았다. 그럼에도 끝까지 걷기는 하고 있었다.

더 고립되다

라마단이 끝나고 모든 감방 동료들이 대부분 낮에 자던 것을 멈추자, 관계는 더 악화되었다. 마당을 사용하는 사람은 나만이 아니었다. 감방 동료들은 마당 그늘에 앉아 몇 시간이고 끝없이 이야기를 나누었는데, 내가 거슬렸는지 나에게 왔다 갔다 하지 말라고 했다.

"앤드류, 앞으로 마당에 나가지 마."

"뭐? 너희들이 그늘에서 얘기하는 동안 나는 그냥 햇빛을 쬐며 걸으면 안 돼?"

"안 돼. 그건 끝났어. 우리는 네가 걷는 걸 보고 싶지 않아."

약을 먹고 있어서 공포가 올라오지는 않았지만, 여전히 내 안에서 일렁이는 것을 느끼고 있었다. 만일 더 이상 마당에 나가지 못하게 된다면, 결국 침대에 갇히게 될 것이다. 매트리스 크기의 감옥에 갇히는 셈이다.

나는 사람들에게 다시 생각해 달라고 설득했지만, 거절당했다. 교도소 심리상담사를 만나 하루에 두 시간씩이라도 다른 마당을 이용할 수 있게 해 달라고 호소했으나, 그녀가 할 수 있는 최선의 제안은 독방으로 옮기라는 것이었다. 그런데 독방에 가도 마당에는 하루에 한 시간만 나갈 수 있었다. 결국 그 감방에 그대로 머무는 수밖에 없었다.

내 세상은 나와 침대와 선풍기로 축소되었다. 그것마저 안전하지 않았다. 누군가 사람들 앞에서 내 선풍기를 없애겠다고 말했기 때문이다. 나는 그저 잠잠히 있었다. 티셔츠를 물에 적신 후 침대에 누워 선풍기 바람에 마르는 동안 한 시간 정도 누워 있다가 일어나서 티셔츠를 다시 물에 적시곤 했다. 그렇게 몇 시간이고 침대에 누워 책을 읽었다.

책에는 많은 사람들이 하나님께 시험받고 있는 것을 모르고 있다는 내용이 있었다. 그 테스트에 통과하지 못하고 실패한 사람들의 마른 뼈가 골짜기에 가득한 광경이 상상되었다. 내가 그렇게 되기 직전인 것 같았다. 나는 기도했다. '하나님, 제가 잘 마치게 도우소서.'

그때 누군가 나를 불렀지만 무시했다. 나는 선풍기에 집중했다. 선풍기가 돌아가는 소리가 들렸고, 선풍기 바람이 피부에 와 닿았다. 티셔츠가 거의 다 말라서 곧 다시 물에 적셔야 했다.

"앤드류! 이리 내려와."

이번에는 감방 동료가 아니라 경비가 큰 소리로 불렀다. 나는 천천히 침대에서 일어나 사다리를 내려갔다. 경비대장이 문에 서 있었다.

"이송이다."

나는 어리둥절했다. 누구와도 이송에 대해 이야기한 적이 없었다. 나는 이송되고 싶지 않았다. 이송되면 항상 결과가 나빴다.

"무슨 일인지 모르겠네요. 무슨 말이죠?"

"우리는 당신을 옮길 거요. 당신은 부카로 갈 거요."

5부

16
중경비 교도소

나는 교도소 부소장실에서 심호흡을 하며 그냥 사크란에 있게 해 달라고 빌었다. 사크란에 처음 왔을 때 감방 사람들이 부카에 대해 말해 준 것들이 기억났기 때문에 필사적으로 이송을 피하고 싶었다. 지금은 PKK(쿠르드 노동자당) 전사들로 가득한 낡은 교도소로 옮길 만한 상태가 아니었다. 그곳에서는 1년 중 반은 물이 너무 차가워서 씻을 수도 없고, 낮에도 담요를 덮고 덜덜 떨어야 한다고 들었다.

간절하게 애원했으나 부소장은 양손을 펴고 어깨를 으쓱하며 이미 결정됐다고 했다. 다시 두려움이 엄습했다.

"그러나 거기도 여기처럼 만원 감방에 침대도 없으면 어떻게 하죠? 만일 바닥에 매트리스를 깔고 자야 한다면 낮에는 매트리스를 치우라고 할 텐데, 밖에 나가서 걷지도 못하면 낮 시간은 어떻게 보내죠? 그리고 여기서 먹던 약은 어떻게 해요? 거기서 약을 안 주면요?"

불안한 마음에 말이 쏟아져 나왔다. 심신이 쇠약해진 상태라 정해진 일과에 큰 변화가 생기면 공황 상태에 빠졌다.

"조정할 수 없소, 앤드류. 당신을 옮길 거요."

나는 감방으로 돌아와 소지품을 챙겼다. 내가 이송된다는 사실을 알게 되자, 바닥에서 자던 사람들끼리 누가 내 침대에서 잘지 의논하고 있었다. 처음부터 같이 있던 감방 동료 중 두 명이 내게 잘해 줬는데, 그들은 내가 떠나서 슬프다며 쓰레기 버리는 것을 도와주었다.

경비들은 복도에서 나를 기다리고 있었다. 짐 정리를 마치고 문쪽으로 가며 스무 명의 감방 동료 모두와 짧게 포옹했다. 나를 비난하고 부정하게 여기던 사람까지 안아주었다. 나에게 호의적이던 카야는 내가 자살 징후를 보일 때, 혼자 있지 않도록 신경을 써 주었다. 그는 내 어깨에 손을 얹고 말했다. "앤드류, 만일 나를 부카로 보낸다면, 나는 당장 떠날 거야. 거긴 여기보다 훨씬 좋아."

나는 그가 나를 격려하려고 그렇게 말한다는 것을 알았고 감사하게 생각했다. 하지만 그 말을 믿지는 않았다.

다시 적응하기

사크란을 떠나 이즈미르 동쪽의 부카 교도소로 가는 차 안에서 한 가지 계시가 임했다. 그렇다고 앞으로에 대한 두려움이 사라지지는 않았지만, 내면의 무언가가 달라졌다.

차를 타고 이동하는 동안, 나를 지키는 전투 경찰의 무릎 위에 놓인 기관단총을 애써 외면했다. 대신 수감자 자리 한쪽의 금이 간 유리창 너머를 응시했다.

사크란을 떠날 때는 오후였는데, 이즈미르에 도착하자 사람들이 집으로 가는 발걸음을 재촉하고 있었다. 집. 처음에는 그 생각이 비수처럼 꽂혔다. 나는 집에서 너무 멀리 떨어져 있었고, 속수무책의 상황이었다. 아내와 아이들이 멀게만 느껴졌다. 그러나 슬픔을 뚫고 한 줄기 서광이 비쳤다.

차창 너머로 흰색 폭스바겐 골프 차를 타고 지나가는 한 남자의 모습이 보였다. 그는 나의 존재를 인식조차 못하고 있었다. 다른 사람들처럼 그도 가족이 있는 집으로 돌아가고 있었다. 그 사람의 앞날에는 자유로운 삶이 기다리고 있었다. 그러나 내 앞날은 부카였다. 과연 다시 자유를 얻어 가족과 함께 살게 될지 알 수 없었다.

그러나 그의 이야기는 모르지만, 내 이야기는 알았다. 나는 예수님을 알았다. 지금은 죄수이지만, 나에게는 영생의 약속이 있으며 궁극적 자유가 보장되어 있었다. 내 삶은 의미가 있었다. 공허하지 않았다. 내 이야기의 끝은 고난이 아니었다.

부카에 도착했는데, 그곳은 산간 지역이었다. 그곳 역시 더웠지만, 사크란만큼 덥지는 않았다. 그건 다행이었다. 그리고 감방 동료들의 말이 맞았다. 사크란은 잘 지어진 현대적 하이테크 교도소였고, 부카는 낡고 규율도 엄격했다.

입소 절차는 사크란과 비슷했다. 나를 인계받은 경비들이 옆방으로 데려가 몸 수색을 했다. 교도소 부소장은 거구의 백발 남자였는데, 사크란의 소장이나 부소장들보다 느긋해 보였다. 그는 테이블에 쌓인 내 물건들을 만졌다. 감방에서 보던 책들과 옷들, 그 외에 교도소에서 따로 보관하던 지갑과 신분증, 여권 등이었다. 나는 만질 수 없는 그 물건들을 보자 생경한 느낌이 들었다. 그가 그 물건들을 만질수록 점점 더 내 것이 아닌 것 같았다.

사크란에 있을 때, 노린은 성경을 비롯한 영어로 된 책들을 보게 하려고 애썼다. 몇 달이 걸려 마침내 누군가가 앙카라로부터 허락을 받아냈다. 이제 또 부카에서 허락을 받으려면 얼마나 오래 걸릴지 알 수 없었다. 나는 부소장에게 말했다. "제가 독방에 들어가게 된다면, 성경과 다른 책들을 가져가도 될까요? 읽을 것도 없이 혼자 있기 힘들어서요."

부소장은 테이블에서 물러나 잠시 침묵하다가 마침내 좋다고 했다. 나는 기쁘게 성경을 잡았고, 가장 두꺼운 탐 클랜시의 소설도 집어 들었다.

이윽고 소장이 가라고 해서 경비들이 뒤따라오는 가운데 말 없이 감방으로 향했다. 구조는 사크란과 비슷했고, 모든 독방에 전용 마당이 딸려 있었다. 그러나 한 가지 큰 차이가 있었다. 부카는 중경비 교도소였다.

테러나 최악의 범죄를 저지른 자들로 가득한 교도소에서 가장 위험한 것은 탈옥보다 폭력 사태나 사상 선동이었다. 수감자가 위험

인물이거나 가치가 클수록 다른 수감자와 같이 있어선 안 되었다. 이런 이유로 부카의 감방은 3인실이었고, 규정대로 3인씩 수용했다. 감방마다 20명 이상 밀어넣는 사크란과는 달랐다.

경비는 감방을 보여 주며 여기서 한참 지내게 될 것이라고 했다. 경비들도 사크란과 달랐다. 거기서는 경비들이 항상 긴장하고 딱딱했는데, 부카의 감방으로 나를 데려간 경비들은 조금 느긋해 보였다.

감방 문이 닫히자, 고요함이 무겁게 짓눌렀다. 사크란은 분주하고 시끄러웠다. 감방 안뿐만 아니라 복도에서도 경비들이 밤낮으로 왔다 갔다 했다. 그러나 부카는 달랐다. 멀리서 발전기가 돌아가는 소리 외에는 아무 소리도 들리지 않았다.

한 시간도 못 되어 문이 벌컥 열렸다. "당신을 옮기겠소." 다른 경비가 미소 짓는 것 같은 얼굴로 말했다. "사크란에 전화해서 당신 얘기를 들었소. 당신을 혼자 두지 말라는군요. 소지품을 챙겨요. 다른 사람과 함께 있게 될 거요."

나는 더 긴장했다. 독방보다 다른 사람과 함께 있는 것이 좋긴 하지만, 과연 누구와 함께 지내게 될지가 문제였다. 내 신앙을 싫어하는 강경한 무슬림일까? 내가 미국인이고, 특히 간첩 혐의를 받고 있어서 질색할 공격적인 국수주의자일까?

경비가 열어 주는 감방 안으로 들어갔다. 그곳에 있는 사람은 해로워 보이지 않았다. 손님이 오면 만사 제쳐두고 차를 대접해 줄 따뜻한 이웃 사람 같았다. 그는 반쯤 미소 짓는 얼굴로 환영을 표하며 내 얼굴을 살폈다. 경비들이 떠나자 그가 말했다. "당신을 알아요. 당신의 이야기를 TV에서 봤어요."

나는 그가 나에 대해 어떻게 생각하는지 듣기 위해 기다렸다. "환영해요! 나는 라마잔이에요. 당신을 람보 목사라고 부를까요, 아니면 그냥 앤드류라고 부를까요?"

그 후 이틀 동안 라마잔에 대해 더 많은 것을 알게 되었다. 그는 변호사였는데, 페툴라 귤렌과 연관된 방크 아시야에서 일했다고 한다. 게다가 핸드폰에 바이락 앱도 있어서 튀르키예 당국에서는 그를 중경비 교도소에 수감시키고, 재판도 없이 1년 넘게 구속할 이유가 충분하다고 여기고 있었다. 사크란의 감방 동료들은 자신들이 당한 일에 분개하며 석방되기 위해 애썼지만, 라마잔은 상황을 바꿀 힘이 없다는 사실을 받아들이고 기다리는 수밖에 없다는 것을 알았다.

나는 라마잔을 좋아했지만, 여전히 불안했다. 사크란에서 부카로 옮긴 일로 심리적 타격이 컸고, 이미 약해진 나의 영적 상태는 더 처참해져 있었다. 나는 닻도 없이 정처 없이 떠도는 배 같았다. 하나님은 모든 것이 완전히 어두운 미지의 장소에 있기를 바라시는 것 같았다.

긍정적인 변화

감방 상황은 사크란보다 나았지만, 중경비 교도소에 있다가 문제가 생길까 봐 두려웠다. 나에게 더 엄격하게 해서 가령 노린을 자주 못 보게 하거나 튀르키예 정부가 더 무거운 혐의를 내게 덧씌우려는 것은 아닌가 의심스러웠다.

입소 절차의 일환으로 교도소의 심리상담사를 만나러 갔다. 나는 아내도 모르게 이송되어 스트레스가 크다고 말했다. 상담사는 노린의 전화번호를 알려 주면, 내가 여기 있다는 것을 전해 주겠다고 했다. 그리고 두 시간 후에 나는 깜짝 놀랐다. 경비가 와서 노린과 연락이 닿았다고 말해 주었기 때문이다. 아내를 보게 되다니 마음이 놓였다. 사크란에서는 이렇게 사정을 알려 주는 사람이 없었다.

이어서 교도소의 정신과 의사에게 갔다. 그에게 사크란에서 먹던 약이 어떤 효과가 있었는지 말했다. 그런데 이야기가 잘 되다가 마지막에 문제가 생겼다. 의사는 확신에 차서 말했다. "당신은 거기서 준 약이 필요하지 않아요. 분명히 없어도 됩니다."

나는 즉시 이의를 제기했다. "아니, 안 돼요. 약을 먹기 전에는 공황 장애도 자주 오고, 자살 충동도 있었어요. 약을 먹고 나서 훨씬 좋아졌어요. 끊는다는 건 생각할 수 없어요."

그는 경비들에게 나를 데려가라고 고갯짓했다. "괜찮을 거예요. 용량을 줄이기 시작할게요."

감방으로 돌아온 후 약을 못 먹게 될지도 모른다는 두려움을 간신히 억눌렀다. 교도소에서는 아무리 절실하게 필요한 것이 있어도 누가 면회 오기 전에는 밖에 있는 사람에게 알릴 수 없다. 결국 인내하며 누군가 오기를 기다리는 수밖에 없었다.

다음 날 예상보다 빨리 감방에서 나가 변호사인 수나를 만났다.

수나는 내가 정신과 의사에 대해 말하자 걱정했고, 노린에게 이야기해서 미국 대사관에 알리겠다고 했다. 나는 걱정된다고 하며 차분한 목소리로 말하려고 애썼다. "여기는 사람을 잘 석방하지 않는 교도소 같아요. 사람을 가둬 놓고 그냥 잊어버리려고 보내는 곳이에요. 여기는 사크란보다 더 힘든 곳이에요."

수나가 고개를 저었다. "아니에요, 앤드류. 우리가 보기에는 당신에게 유리한 이동인 거 같아요. 당신이 안전하도록 옮긴 걸 수 있어요."

수나의 말은 의외였다. "어떻게 이게 제게 좋은 소식이죠?"

"당신에게 무슨 일이 생기면 심각한 결과가 따른다는 걸 그들이 아는 거예요. 이제 당신은 몸값이 더 높아졌어요. 아마 당신의 안전 문제 때문에 여기로 옮긴 거 같아요."

나는 확신할 수 없었다. 그런데 이틀 후 노린이 와서 수나와 똑같이 말했다. 면회 조건도 훨씬 더 좋아져서 사크란에서는 35분에 불과했는데, 부카에서는 한 시간이었다.

"상황이 좋아지고 있는 것 같아." 노린이 조심스럽게 말했다. 그녀가 맞는지도 몰랐다. 부카가 중경비 교도소이긴 했지만, 사크란에서 스무 명이 긴장된 분위기에서 지내던 것과 라마잔과 둘이 있는 것은 차이가 있었다. 이제는 대부분의 시간을 조용히 보낼 수 있었다. 그러면서도 한 사람이 옆에 있으니 독방에서 느끼던 두려움도 없었.

그럼에도 여전히 드는 의구심이 있었다. "왜 하나님이 나를 더 좋은 곳에 있게 하셨지? 사크란 같은 곳에서 오래 버티지 못할 걸 아시고 나를 여기로 보내신 거면 어쩌지? 여기서 장기간 지내라고 하시는 거면 어떡해?"

    나도 노린과 수나의 긍정적인 말에 용기를 얻고 싶었다. 감방 생활 자체에서 희망을 찾으려고도 해 보았지만, 그것은 별로 효과가 없었다.

17

방향 전환

나는 상심한 채 부카에 왔지만, 이내 마음을 바꾸기로 했다. 석방되기 위해 내가 할 수 있는 것은 없었다. 그러나 내 믿음을 지키기 위해 싸울 수는 있었다. 영적으로 살아남지 못한다면, 모든 것을 잃는 것이었기 때문이다.

전에는 하나님께 상처받은 마음으로 마당에서 걸을 때나 침대에 누워서나 하나님을 비난하고, 혼란에 빠져 화를 내기도 했다. 그러나 이제는 엄숙하게 결정한 후 하나님께 선언했다. '하나님이 어떻게 하시든, 당신을 따르겠습니다.'

그리고 여기에 몇 가지 더 추가했다. '하나님이 내게 말씀하지 않으시더라도, 당신을 따르겠습니다. 하나님의 임재를 느낄 수 없어도, 당신을 따르겠습니다. 하나님의 인자한 사랑을 보여 주지 않으셔도,

당신을 따르겠습니다. 하나님께 속은 것 같더라도, 당신을 따르겠습니다. 나를 계속 감옥에 두셔도, 당신을 따르겠습니다.'

하나님의 도움 없이 스스로 그렇게 할 수 있다고 착각한 것은 아니었다. 최소한 나의 마음은 그렇게 하겠다고 결단했다. 그리고 이렇게 결정했다. '나는 포기하지 않겠다! 무섭더라도, 약하더라도, 무너지더라도, 하나님을 붙들 것이다. 나는 예수님을 바라볼 것이고, 그분에게서 시선을 돌리지 않을 것이다. 나는 예수님께 달려갈 것이다. 기어서라도 예수님께 갈 것이다.'

아이들을 만나다

교도소마다 정해진 규칙이 있다. 부카 교도소와 사크란의 가장 큰 차이점은, 튀르키예어로 글을 쓰지 않아도 되는 것이었다. 여기에는 영어를 읽을 줄 아는 경비가 있어서 내가 보내거나 받는 모든 우편물을 검열했다. 그래서 이제 편지를 받을 수 있었다.

게다가 튀르키예 주재 미국 영사관에서 로버트가 면회를 올 때, 타이핑된 편지들을 내게 가져올 수 있었다. 교도소에서 편지들을 검열한 후 하루쯤 지나서 경비가 가져다주었다. 편지 하나하나가 보물과 같았다. 나는 노린이 취합해 준 것들을 쓱 훑어본 후 이삼일에 걸쳐 음미하며 천천히 읽었다.

무엇보다 가장 의미 있었던 것은 영어로 아이들에게 편지를 쓸 수 있다는 것이었다. 사크란에 있을 때는 너무 정신이 없어서 가족에게 아무것도 주지 못했다. 그러나 부카에서는 노린이 나를 일깨워 주었다. 우리 아이들은 내 소식을 들을 필요가 있었다. 그래서 편지를 쓰기 시작했다. 나는 사랑스러운 아이들에게 아버지의 역할을 해야 했다. 비록 그 아이들을 보지 못하고, 삶을 함께하지 못하더라도 말이다.

편지를 쓰면서 아이들을 언제 다시 볼 수 있을지 모르는 상황에서 어떤 유산을 남겨 줄지에 대해 생각했다. 편지를 쓰는 것은 아이들을 격려하고, 인정해 주고, 그들의 삶에 대해 조언하고, 그들을 축복하고 사랑할 기회였다. 아이들이 배웠으면 하는 교훈, 내게 일어난 일을 어떻게 해석할 것인지, 고난에 어떻게 반응해야 하는지, 아이들의 삶에 대해 소망하는 바 등을 썼다.

사크란에 있는 동안, 딸 재클린은 노린에게 내가 석방되지 않으면 여름에 면회를 오겠다고 했다. 우리는 딸의 안전이 걱정되었다. 왜냐하면 튀르키예 정부가 무고한 자녀나 노부모까지 구속하는 경우가 있었기 때문이다. 우리는 튀르키예 당국이 자녀를 그런 식으로 이용할 수 있다는 것을 알았다. 그러나 재클린은 두려워하면서도 오겠다고 했다. 나는 사위인 케빈이 미군이기 때문에 튀르키예가 재클린을 체포하지는 않으리라 생각했다.

우리는 블레이즈가 오는 것이 더 낫다고 생각했다. 이런 중대한 사건 중에 튀르키예 당국이 어린아이를 어떻게 할 것 같지는 않았기 때문이다. 그러나 조던에게는 오지 말라고 했다. 결국 재클린과 블레이즈의 비행기 표를 샀고, 다음번 자유 면회 때 아이들이 와도 된다는 허가를 받았다.

그런데 자유 면회를 두 주 앞두고 내가 사크란에서 부카로 이송된 것이다. 부카에서는 짝수 달이 아닌 홀수 달에 면회가 있어서 자유 면회 기회를 잃는 것이 아닌가 염려했다. 그런데 다행히도 교도소장이 원래대로 진행하는 것에 동의했다. 그렇게 이감된 지 두 주 만에 자유 면회하는 날이 되었다.

나는 동시에 두 가지 기분이 들었다. 아이들을 만나 포옹하고 싶은 마음이 간절하면서도, 한편으론 이렇게 초췌한 모습을 보이고 싶지 않았다.

경비들이 나를 데리러 왔는데, 면회실이 아니라 수나 변호사를 만나 회의하던 방으로 데려갔다. 그 방에는 한가운데 책상이 있어서 방이 두 구역으로 나뉘어 있었고, 벽에 스티로폼을 붙여 소리가 울리지 않아 대화를 녹음하기에 좋았다.

나는 버티며 그 방에 들어가지 않으려 했다. "소장님이 자유 면회를 할 수 있다고 했어요. 나는 이 방에 들어가지 않을 거요!"

한 경비가 서류철을 내 쪽으로 흔들며 말했다. "이 방이 당신이 사용할 방이요."

나는 다시 반발했다. "나는 가족을 안아 주고 싶어요. 교도소장님께 이야기해야겠어요."

경비는 나를 노려보며 차갑게 비웃더니 "아니, 당신은 이 방을 써야 해"라고 하며 나를 방으로 밀어넣었다. 노린도 이미 거기 있었고,

반대편에서 나와 똑같이 격렬하게 항의하고 있었다.

재클린과 블레이즈를 본 지 거의 1년이 되었다. 나는 아이들을 향해 달려가 책상 너머로 안으려 했지만 소용없었다. 결국 규칙을 어기기로 마음먹고 책상 위로 뛰어 올라가 그쪽으로 다리를 내밀고 책상 위에서 아이들을 만났다. 유리창으로 지켜보던 경비들이 화가 났을 수도 있지만, 그래도 그렇게 했다. 중요한 것은 잠시라도 두 아이 옆에 나란히 앉아 꼭 안아 주고 함께 우는 것이었다. 나는 다시 아버지가 됐다고 느꼈다.

면회 후 사흘 동안 거의 침대에서 나오지 않았다. 그날의 모든 순간을, 서로 사랑한다고 말했던 것을 떠올렸다. 블레이즈의 마지막 말, "사랑해요, 아빠. 버티세요"가 너무 생생해서 지금도 들리는 것 같았고, 그때의 감격을 지금도 느낄 수 있었다. 아이들을 만나고 나니, 너무 기쁘면서도 한편으론 무력했다. 다시 절망에 빠져들었고, 하나님에 대한 의문이 되살아났다.

'하나님의 계획이 방해를 받은 건가? 만일 그렇다면 하나님이 스스로 제한하셔서 나를 구원하지 못하시는 건가? 하나님의 계획이 방해를 받은 게 아니라면 어떻게 된 거지? 내가 속은 게 맞다면, 왜 하나님은 내가 이렇게 속게 두셨을까? 왜 하나님의 임재를 전혀 느끼지 못하게 하셨을까? 왜 이렇게 철저히 부서지게 두셨을까?'

이런 의문들로 질식할 것 같았다. 일부러 그런 생각들을 붙든 것이 아니라, 그냥 그런 생각이 뇌리에서 떠나지 않고 나를 지배해서 벗어날 도리가 없었다. 그래서 하나님이나, 성경이나, 노린이나, 그 어디에서 진리와 격려가 임하더라도 받지 못했다.

전에 댄 보만의 책을 읽은 적이 있다. 그는 하나님께 크게 실망한 후 떠오르는 모든 의문을 상상 속 상자에 넣어 버렸다고 했다. 나도 똑같이 하기로 하고, 지문 인식 장치와 손잡이가 달린 첨단 금고를 상상했다. 하나님과 나만 열 수 있는 그곳에 내 모든 의문과 의심을 넣었다. 그리고 뚜껑을 봉인하는 것을 상상하며 기도했다.

"하나님, 이 의문들을 금고 속에 넣습니다. 더는 그것들을 생각하지 않을 것이며, 하나님께 대답해 달라고 요구하지 않겠습니다. 저는 이해하지 못해서 혼란스럽고 상처받았지만, 때가 올 때까지 이 모든 의문과 의심을 이 상자에 넣고 잠가 버리겠습니다. 하나님이 원하시면 이 상자를 여실 수 있겠지만, 저는 봉인해 두겠습니다. 저는 하나님과의 관계를 유지하기 위해 해답을 알 필요가 없습니다. 해답을 알지 못하더라도 하나님과의 관계를 지속할 것입니다."

그날 이후로 그런 의문이 떠오를 때마다 그 생각을 몰아내어 그 금고 속에 넣어 버렸다.

부카는 산간 지역이라 사크란보다 시원하긴 했지만, 선풍기가 없었다. 그래서 침대 시트가 땀에 젖을 때가 많았고, 몸 곳곳에 열꽃이 생겼다. 사크란에서는 약을 먹어도 감방이 만원이라 긴장이 고조되고 불안해서 잠을 잘 수 없었다. 그러나 이제는 무력감에 굴복해 하루에 열 시간까지 선잠을 자다가 깨곤 했다. 어서 시원한 저녁이 되어 잠이라도 자서 스트레스에서 벗어나기를 바랐다. 그때가 가장 평화로웠고, 가장 굳건하게 "예, 주님을 위해 고난당하겠습니다"라고 말할 수 있었다.

그러나 밤이 지나고 아침이 되면, 두려움과 공포가 살아나 쇠창살에 갇힌 단조로운 삶이 가슴에 사무쳤다. 다시 하나님께 초점을 맞추기 위해 씨름해야 했고, 하루 종일 그것을 붙들어야 했다. 아침부터 밤까지 깨어 있는 시간 내내 최대한 하나님을 바라보려고 애썼다.

새로운 친구

어느 날 아침에 라마잔과 함께 침대에서 책을 읽는데, 감방 문의 소통 구멍이 열리며 경비가 말했다.

"소지품을 챙겨요, 앤드류. 당신을 옮기겠어요. 외국인들을 같은 감방에 두라는 지시가 내려왔어요. 당신은 독일 사람과 지내게 될 거요."

"안 돼요! 제발 안 돼요! 나는 라마잔을 좋아해요. 이제 겨우 라마잔과 친해졌어요. 모든 걸 다시 시작하고 싶지 않아요. 그리고 나는 독일어를 못해요!"

내가 이의를 제기하자, 경비들은 소장에게 물어보겠다고 했다. 소장은 타협안으로 독일 사람을 내가 있는 방으로 옮기기로 했다. 그날 네자트가 우리 방으로 왔다. 그의 키는 180센티미터가 넘었고, 곰 같은 덩치에 목소리도 우렁찼다.

튀르키예에서 태어나고 자란 네자트는 독일에서 공학을 공부했다. 사업가인 그에게는 독일 시민권이 있었고, 우리처럼 그도 페튤라 귤렌을 지지한 혐의를 받았다. 그러나 다른 사람들과 달리 네자트는 그쪽 집회에 참석한 적이 있다고 시인했다. 그러나 불법적인 활동은 한 적은 없다고 주장했다.

나는 네자트를 좋아했다. 그는 서구에 살며 그곳의 문화를 경험해 보아서 나를 구경거리로 여기지 않았다. 그러면서도 그는 이슬람에 열심이었다. 그래서 네자트가 오자마자 라마산도 달라진 것이 보였다. 더 열심을 내어 기도 매트를 깔아놓고, 네자트 옆에 무릎을 꿇고 전보다 더 크게 기도했다. 나도 친구들이 감방에 같이 있다면 얼마나 좋을까 생각했다. 그리스도인 친구들이 그리웠고, 교회가 얼마나 소중한지 느꼈다.

그런 변화가 있고 나서, 한동안 사크란에서처럼 이방인이 되는 것은 아닐까 생각했다. 라마잔이 자기가 기도하는 동안 앞으로 지나가지 말라고 했을 때 '아, 역시'라고 생각했다. 그런데 그때 네자트가 중후한 목소리로 말했다. "아니야. 기도 매트 앞이 아니라 기도 매트 위의 공간이 거룩한 거야."

네자트는 라마잔을 지도하고 격려할 뿐 아니라 나에게도 관심을 보이며 온 감방을 울리는 중저음의 목소리로 내가 처한 곤경에 대해 자신의 생각을 이야기했다.

"앤드류, 스트레스 받지 마. 뉴스도 생각하지 말고, 어떤 일들이 일어나고 있는지 알려고 하지도 마. 정치에 대해, 무슨 일이 일어나고 있는지에 대해 걱정하지 마. 트럼프가 뭐라고 하든 중요하지 않아. 에르도안이 뭐라고 하든 중요하지 않아. 하나님이 네가 나갈 거라고 하시면 너는 나갈 거야. 그날이 되기 전에는 아무 데도 가지 않을 거야. 그러니 누가 뭘 하고 있을까 생각하지도 마!"

그건 딱 내게 필요한 말이었다. 그래서 나는 여러 번 네자트에게 이렇게 말했다. "네자트, 너는 나보다 더 좋은 그리스도인이 될 수 있을 것 같아."

그는 커다란 손을 흔들며 아니라고 했다. "우리는 둘 다 테스트를 받고 있어, 앤드류. 그리고 하나님이 주관하고 계셔. 그게 내가 말할 수 있는 전부야."

네자트와 라마잔은 기도하지 않을 때는 주로 TV 앞에 있었다. 그러나 나는 스트레스와 약물 부작용으로 정신이 흐릿한 상태가 계속되어 TV 드라마에 집중할 수 없었고, 관심도 없었다. 사실 나 없이도 잘만 돌아가는 TV 속 세상을 보는 것이 고통스러웠다.

가끔 미국 노스캐롤라이나에서 집을 구하는 프로그램을 볼 때가 있는데, 그곳은 우리 집에서 가까울 뿐 아니라 노린과 내가 자주 같이 보던 류의 프로그램이었다. 옛 생각에 착잡한 마음이 들면, 남아 있는 에너지를 끌어 모아 단 한 가지에 쏟아부었다. 바로 하나님 앞으로 나아가는 것이었다.

기도하고 찬양하고 춤추다

노린과 나는 가족을 위해 기도할 때, 매일 한 사람에 집중하기로 했다. 월요일은 막내 블레이즈로 시작해서, 그다음에 재클린, 조던, 케빈, 그리고 노린이 금요일이었다. 가족이 세 나라에 흩어져 있다 보니, 튀르키예 시각으로 저녁 8시를 함께 기도하는 시간으로 정했다. 우리는 가족이 똘똘 뭉치게 하려고 노력했다.

나는 일주일에 이틀씩 금식도 했다. 하루는 아이들을 위해, 하루는 큰 짐을 지고 있는 노린을 위해 금식했다. 노린과 함께 성경 통독도 하기로 해서, 매일 저녁에 침대에 앉아 시편을 읽었다. 떨어져 있어도 같은 본문을 읽으니 더 가깝게 느꼈다.

이제 튀르키예 정부가 노린의 1년 비자를 취소해서 3개월 비자만 신청할 수 있었다. 노린이 비자 연장을 신청할 때마다 가슴이 조마조마했다. 결혼기념일이 다가오자, 아내가 얼마나 고마운지 새록새록 느껴졌다. 그 마음을 담아 노린에게 편지를 썼다.

> 오늘은 다가오는 결혼기념일을 생각했어. 내가 로또에 당첨되어 당신과 결혼한 날이지. 지난 28년이 고맙고, 특히 가장 힘들었던 지난 한 해로 인해 고마워. 당신이 격려해 주고, 진리를 일깨워 주고, 때로 지적하고, 꾸짖어 주고(난 절대로 원망하지 않아), 나를 사랑한다고 일깨워 주지 않았다면, 나는 지금 살아 있지 못할 거야. 나를 신실하게 사랑해 주고, 나를 위해 싸워 주고, 나를 기다려 주고, 나와 함께 고난당해 줘서 고마워.

기타를 치게 된 것은 부카에서 일어난 긍정적인 변화 중 하나였다. 부카 교도소에 처음 면회를 왔을 때, 노린은 허가 물품에 '클래식

기타'가 있는 것을 보고 놀랐다. 심지어 카나리아 새도 허가 물품 중 하나였다! 노린은 즉시 나에게 줄 기타를 구했다.

그다음 날 경비가 감방에 와서 기타를 건네주며 말했다. "앤드류, 당신 부인이 이걸 가져왔어요."

노린은 저녁마다 기타를 치라고 권했다. 나는 몇 년 동안 기타를 치며 찬양을 인도했었지만, 지금은 너무 먼 이야기 같았고 노래하고 싶지도 않았다. 그러나 영적 훈련의 일환으로 노래하기로 했다. 감옥에 갇히기 전 나의 일부를 되찾기 위해 깨어진 마음으로라도 예배하기로 결심했다.

가장 특별한 것은 내가 춤을 추게 된 것이다. 나는 루마니아의 리처드 범브란트 목사가 공산 정권 아래 14년 동안 갇혀 고문당한 이야기를 읽었다. 예수님께서 "기뻐하고 즐거워하라" 하신 말씀을 그대로 받아들여 그는 공포 속에서도 감방 안에서 춤추며 즐거워하기로 결단했다.

나는 그 이야기에 감명을 받아 그처럼 하기로 결단했다. 사실 나에게는 기쁨이 없었고, 몸도 허약하고, 매우 슬펐지만, 범브란트의 이야기가 나를 사로잡았다. 또 예수님은 박해당할 때 즐거워하라고 말씀하셨는데, 내가 그 말씀과 얼마나 거리가 먼 삶을 살고 있는지 깨달았기 때문이다. 그래서 나도 범브란트처럼 춤추기로 결단했다.

나는 매일 최소한 5분 동안 마당을 뛰어다녔다. 아무리 기분이 나지 않더라도, 아무리 햇볕이 뜨겁거나 빗줄기가 차갑더라도 춤을 추었다. 의지적으로 그렇게 했다.

노린은 나를 격려하며 이렇게 말했다. "당신이 일어나 춤출 때, 천사들이 마당 가득히 당신을 따라 춤출 거예요."

나는 하나님 아버지께서 기뻐하실 것을 알았다. 라마잔과 네자트는 그런 나를 흘깃 쳐다볼 뿐이었다.

새로운 혐의들

8월 24일, 부카로 옮기고 6주가 지났다. 생각지 않은 시간에 경비들이 와서 준비하라고 했다. 그날 노린이 면회를 올 예정이었지만, 그것은 최소한 한 시간 후였다. 나는 어리둥절해서 그들을 보았다.

"아내가 벌써 왔나요?"

"아니요. 10분 안에 법정에 출석해야 해요. 갑시다."

그들을 따라 작은 방으로 갔더니, 부스에 비디오카메라와 TV 스크린이 마련되어 있었다. 내가 자리에 앉자마자, 판사가 재판을 시작했다. 나는 이의를 제기했다. "재판장님, 저는 변호사 없이는 아무것도 하지 않겠습니다."

판사가 말없이 나를 응시했다. "그러면 당신에게 변호사를 배정하겠습니다."

이 사태가 시작된 초기라면, 고분고분 따랐을지도 모른다. 내가 동의해 주고 싸우지 않으면 호의를 베풀 것이라 기대했을 것이다. 그러나 지금은 달랐다. 나는 판사에게 분명하게 말했다. "아니요, 내 담당 변호사를 원합니다." 짜증이 난 듯한 판사는 나를 다시 감방으로 데려가라고 명령했다.

한 시간도 못 되어 다시 그 비디오카메라가 있는 방으로 불려갔다. 경비가 문을 닫기 전에 그에게 말했다. "아내가 오늘 면회하러 올 텐데, 아내에게 기다리라고 해 주시겠어요?"

이번에는 나의 담당 변호사 수나가 화상으로 참석했다. 그녀는 당황한 듯 보였고, 판사는 빠른 속도로 재판을 진행했다. 모든 것이 이상했고, 지나치게 빠르게 진행되었다.

"앤드류 브런슨에게 새로운 혐의가 있습니다. 정부 전복 시도, 헌법 질서 전복 시도, 의회 전복 시도, 군사 기밀 간첩 혐의도 있습니다. 기존의 테러 혐의도 여전히 있습니다. 할 말이 있습니까?"

판사의 말을 다 듣고 경악했다. 정말로 그것이 나에 대한 혐의란 말인가? 군사 기밀 간첩 혐의는 20년형, 처음 세 가지 혐의는 더 무거운 종신형에 해당했다. 그것은 평생 독방에 살면서 하루에 한 시간 운동하고, 두 주에 한 번 통화할 수 있으며, 두 달에 한 번 자유 면회가 가능하다는 뜻이었다!

나는 억울한 나머지 의분이 치솟아 마이크에 대고 쏘아붙였다. "내가 언제, 어떻게 군사 기밀 간첩 활동을 했습니까? 왜 내가 이슬람주의 운동을 지지하겠습니까? 정부가 설명해 보세요." 판사는 묵묵부답이었다.

"이건 나와 내 믿음에 대한 모욕입니다. 나는 예수 그리스도에 대해 전하고자 하는 단 한 가지 목적으로 튀르키예에 왔어요. 그리고 공개적으로 그런 활동을 했습니다."

"다른 할 말은?"

"일반적 혐의만 있고 구체적 질문은 없는데, 내가 언제, 어디서, 누구와 그런 활동을 했다는 말입니까? 구체적 질문이 없으니 대답할 도리가 없습니다."

아무리 항의해도 소용없었다. 판사는 손짓으로 나를 내보내며 말했다. "이제 당신은 그런 혐의로 체포되었습니다."

경비들은 속상하고 화가 난 나를 노린에게 데려갔다. 하나님의 은혜로 경비들이 노린을 기다리게 해 주었다. 그러나 우리는 웃지 않았다. 무슨 일이 일어났는지 말한 후 두 사람 모두 잠자코 앉아 유리벽 너머로 서로를 응시했다. 두려움이 온몸에 스며들어 내쉬는 호흡마다 두려움이 서려 있었다.

"노린, 이게 무슨 의미인지 알아? 지금까지는 10-15년형일 줄 알았는데 이제는 완전히 차원이 달라. 이 정치적 범죄 중 하나로만 유죄 판결을 받더라도 가석방 없는 종신형이야. 그들은 절대로 나를 놔주지 않을 거야."

노린은 손을 들어 유리창에 대며 ACLJ(미국 법과 정의 센터)의 씨씨가 이런 경우에 유죄 판결을 받은 후 석방되는 경우가 많다고 했다고 알려 주었다. 그러나 내게는 그 말이 너무 멀게만 느껴졌다.

"만일 미국 정부가 이런 혐의를 믿으면 어떡해? 튀르키예 법원이 완전히 정치적이라는 걸 미국 정부가 알아? 내가 이런 상황에 걸려들었다는 걸 알면 미국 정부가 나를 위해 싸우지 않을 거야."

노린은 내 손을 잡을 수 없어서 유리벽에 손을 대고 더 세게 누를 뿐이었다.

"튀르키예 정부는 나에게 수치를 주고 상처 주는 것으로 만족하지 않아. 내가 결백하다는 걸 알면서도 나를 파멸시키려고 해. 노린, 나는 어떡하면 좋지?"

18
마음의 노래

    혐의가 추가된 다음 날, 나는 성경을 읽지 않았다. 기타를 만지지도, 춤을 추지도 않았다. 그만큼 충격이 컸다. 지난 몇 주간 있는 힘을 다해 마음을 추스르다가 큰 타격을 받고 나니, 마음이 무거워서 종일 침대에 누워 있었다. 평생 감옥에 있을지도 모른다는 생각이 머리에서 떠나지 않았다.

    처음 촬영 장비가 있는 방으로 갈 때만 해도 내심 석방되는 건가 하고 기대했다. 그러다 생각지 못한 큰 충격을 받고 나니, 과연 하나님이 "그만 됐다!"고 하실 때가 있을지 의문이 들었다. 그러면서도 다시 일어서야 한다는 것을 알았다.

    법정 출두 다음 날 새로운 소식이 있었다. 오후 늦게 TV를 보는데, 다음과 같은 정부의 발표가 있었다. "대통령령 694호 74조에 따라 대통령은 국익을 위해 수감자를 교환하거나 본국에 송환할 수 있다."

나는 그것이 나와 관련된 것임을 직감했다. 그리고 판사가 왜 그렇게 서둘러 새로운 혐의들을 선고했는지 이해되었다. 형량을 기존의 15년형에서 종신형 세 개와 20년형으로 바꾸어 내 몸값을 높이려 했던 것이다. 대통령령으로 나를 석방할 수 있는 구실을 만든 것이 분명해졌다. 에르도안이 맞교환하고 싶은 상대가 있다면 맞교환에 나설 것이다. 그러나 그의 입장에서는 서두를 이유가 없었다. 재판 없이 7년간 구속할 수 있다는 대통령령도 함께 발표되었기 때문이다.

극심한 공포를 단 1분이라도 겪고 나면, 몸이 완전히 탈진된다는 말을 들은 적이 있는데, 정말 그랬다. 새로운 혐의들이 추가된 여파로 몸은 만신창이가 되었다. 마치 사형 선고를 받은 듯한 기분에 마음이 답답하고 괴로웠다.

사흘째 되는 날, 다시 억지로 춤도 추고 기타를 들고 예배했지만, 긴 오후가 지나면 다시 공포와 절망이 밀어닥칠 것 같았다. 성경을 읽고 묵상하며 기도했으나 언제 공황이 들이닥칠지 몰랐다.

나를 위해 기도하거나 우러러보는 사람들이 있다는 말을 들을 때마다 용기를 얻어 계속 전진할 힘이 났다. 한 친구는 영원을 위해 살라는 편지를 써서 나를 일깨웠다. 그는 구름같이 허다한 증인들이 나보다 앞서갔다고 말해 주었다. 그러나 마음에 더 다가온 것은 허다한 사람들이 내 뒤에 있다는 사실이었다. 나는 그들에게 모범이 되어야겠다는 생각에 다시 중심을 잡고, 혼자라고 느껴지더라도 "나는 혼자가 아니다" 선포하기로 마음먹었다.

나는 매일 롤러코스터를 탔다. 지쳐서 바닥까지 내려갈 때도 있었지만, 이전만큼 오래 머물지는 않았다. 이렇게 어두운 시절에 중요한 승리를 얻었다.

재판 후 2주가 지난 9월 초 어느 날, 마당을 돌며 형량이 늘어나 외로움 속에 삶이 시들어가고 있다는 생각에 짓눌리고 있었다. 그러나 의지적으로 입을 열어 기도하며 감정을 쏟아놓는 중 원망과 불평 대신 완전히 다른 것이 내 안에서 나왔다. "내 모든 것을 받으시기에 합당하고 존귀하신 주님."

나는 그 노래를 부르고 또 불렀다. 두통 중에도 내가 어떤 고통을 당하더라도 예수님은 그 모든 것을 받으시기에 합당하시다고 선포했다. 그러자 다음 가사가 떠올랐다. "그러나 내 마음은 약하고 슬프고 짓눌리네. 주님처럼 십자가 지고 인내하여 끝까지 신실하게 하소서."

나는 속마음을 그대로 주님께 드러냈다. 이전의 나라면 이미 포기했을 만한 상황이었다. 그러나 예수님이 나를 변화시켜 주셔서 그분처럼 경주를 잘 마칠 수 있게 해 주시기를 간절히 원했다.

찬양을 멈추자, 그것이 내 안에서 역사하며 새로운 가사를 만들어 냈다. 이틀 동안 그 찬양을 품고 다니다가 마침내 가사를 적고, 기타 코드도 붙였다. 그것은 내 마음의 찬양, 가장 깊은 곳에서 하나님께 올려 드리는 사랑의 노래였다.

사크란에서는 주로 고통의 안갯속을 헤매며 보냈지만, 부카에서는 지금까지의 여정을 뒤돌아볼 수 있었다. 많이 낙심했을 때, 하나님께 이렇게 아뢴 것이 기억났다. "저에 대한 하나님의 계획이 무엇이든, 하나님이 저를 어떻게 사용하고 싶으시든, 저는 모든 걸 포기합니다. 천국에서 상급이 없어도 괜찮습니다. 그냥 집에 돌아가게 해 주세요. 더는 버틸 수 없습니다."

그러나 지금 이 찬양은 내가 얼마나 달라졌는지 보여 주었다. "그날에 주께 합당한 자 되기 원하네. 비겁하여 후회할 일이나 이루지 못한 일 없기 바라네. 주의 음성 듣기 원하네. '잘했다, 내 신실한 친구여, 이제 네 상급을 받아라.' 주님은 내 기쁨, 내 경주의 상급."

후에 천국에 갔을 때, 이 땅에서의 선택을 후회하고 싶지 않았다. 예수님 앞에 섰을 때, 나를 통해 무슨 일을 이루셨는지 보여 주시는 것을 상상해 봤다. 그래서 감정에 휩쓸리지 않기로 마음먹었다. 하나님이 맡기신 일이 뭐든, 필요하다면 설령 감옥에 머무는 것이더라도 받아들이겠노라 의지적으로 선포했다. 그때부터 그 찬양을 매일 불렀다.

교착 상태

체포된 지 1년이 다 되어갈 무렵, 미국과 튀르키예의 외교 협상은 교착 상태에 빠진 것 같았다. 노린이 들은 바에 따르면, 트럼프 대통령이 에르도안에게 나를 석방해 달라고 요청했다고 한다. 에르도안이 나에게 테러와 간첩 혐의가 있다고 말하자, 트럼프는 강경하고 단호한 반응을 보였다. "말도 안 되는 소리 집어치워요. 우리는 그게 사실이 아니라는 걸 알아요."

나에게 새로운 혐의들이 추가되고 대통령령 694호가 발표된 지 몇 주 후에, 에르도안은 나와 페툴라 귤렌을 맞교환하겠다고 발표했다. 튀르키예 당국은 미국에 귤렌을 넘겨 달라고 요구했다. 9월 말에 에르도안은 TV 연설에서 이렇게 말했다. "귤렌을 넘겨주면, 우리도 브런슨을 재판하고 미국에 넘겨주겠다."

마침내 이미 알고 있던 사실이 표면화되었다. 튀르키예 정부는 내가 테러범이라서 정상적인 절차를 거치고 있는 것뿐이라고 주장했지만, 막후에서는 무리한 요구들을 하고 있었다. 이에 트럼프 대통령은 가능한 것을 요구하라고 답변했다. 튀르키예 쪽은 여러 차례 합의할 것처럼 하다가 마음을 바꿨다. 이제 누가 봐도 진실이 뭔지 알 수 있었다. 내 처지는 에르도안 대통령의 변덕에 달려 있었다.

에르도안이 내 사건을 그런 식으로 다루고 있다는 말을 듣자, 확신을 잃었다. 나는 정치적 볼모가 된 것이 분명했다. 라마잔이나 네자트는 수차례 나를 불러 TV에서 내 이야기를 하고 있으니 내려와서 보라고 했다. 처음에는 가서 봤지만, 나중에는 별로 신경 쓰지 않게 되었다.

그즈음 나의 담당 변호사 수나가 스트레스를 받기 시작했다. 그동안 수나는 우리를 위해 열심히 일했다. 그런데 이제 수나의 이름까지 언론에서 언급하기 시작했다. 2017년 당시 튀르키예에서는 변호사가 누군가를 변호하다가 감옥에 갈 수 있었다. 그래서 수나가 내 사건에서 손을 떼겠다고 했을 때 이해했다.

노린은 새 변호사를 찾으면서 내 문제가 얼마나 정치적으로 민감한 사안인지 알게 되었다. 몇 명의 변호사가 나를 맡겠다고 나섰으나, 천문학적인 금액을 요구했다. 그러다가 감사하게도 몇 주 후에 새 변호사를 찾았다. 누군가 이스탄불에서 일하는 아르메니아 국적의 그리스도인 셈을 우리를 위해 싸울 강하고 담대한 변호사라며 추천해 준 것이다.

새 변호사를 찾는 것도 힘들었지만, 미국 정부가 구명 활동에 지쳐 관심을 돌릴까 봐 우려되었다. 지난 7월에 씨씨는 미국 하원과 행정부에서 나의 석방을 위해 전례 없는 관심과 노력을 기울이고 있다고 전해 주었다. 또한 트럼프 대통령은 에르도안과 대화할 때마다 내 이야기를 꺼내고 있다고 했다. 나의 석방은 미국이 튀르키예와 시리아 문제 등을 논의할 때 다루는 것 중 하나였다.

그러나 몇 주가 지나도 나아질 기미가 보이지 않았다. 튀르키예 측은 요지부동이었다. 이런 상황에서 미국 정부가 언제까지 노력할까? 미국이 내 혐의를 믿고 슬쩍 발을 뺄지도 모른다는 우려가 항상 머릿속을 맴돌았다.

그러다 10월 5일에 미국 국제종교자유위원회(USCIRF)의 회원 두 명이 미국 영사와 함께 면회 왔을 때, 나는 다시 안심했다. 크리스티나 아리아가와 샌드라 졸리에게 나의 결백을 믿냐고 물었더니, 그들은 내 말에 큰 충격을 받았다. 크리스티나는 눈물에 젖은 내 얼굴을 응시하며 "물론 당신은 결백해요"라고 말했다.

어느 날 아침, 라마잔은 경비들에게 우리 사진을 찍어 달라고 했다. 우리는 경비들을 따라 마당으로 나가 셋이 나란히 서서 사진을 찍었다. 이어서 경비에게 내 독사진을 찍어 달라고 했다. 나는 마당 벽을 등지고 섰다. 경비가 나를 수상하게 쳐다보며 물었다. "들고 있는 게 뭐요?"

그것은 내가 체포되기 전에 중국인 그리스도인이 준 작은 십자가였다. 나는 가슴에 손을 얹고 손등 위에 십자가가 놓이게 했다. 경비는 단호하게 말했다. "십자가를 가지고 사진 찍을 수 없소. 종교적 상징은 허락되지 않소."

나는 간절하게 부탁했다. "제발 사진을 좀 찍어 주세요. 당신의 상관이 원치 않으면 나중에 지워도 되니, 제발 찍어 주세요."

왠지 그는 그렇게 해 줬다. 그날 그 황량한 마당에서 나는 인질로 지낸 한 해 동안 느끼지 못했던 것을 느꼈다. 그것은 행복이었다. 걱정이 없거나 막 웃음이 터지는 것은 아니었지만, 내 안 어디에선가 조용하지만 분명한 행복감을 느꼈다.

나는 그 사진을 통해 내가 누구인지 선언하고 있었다. 자랑스럽게 십자가를 든 채 신앙 때문에 박해당한 그리스도인들을 기억했다. "나는 예수 그리스도께 속한다. 나는 십자가의 앤드류다. 내 눈을 가만히 보면, 그게 보일 것이다."

나는 노린과 아이들에게 보여 줄 사진을 찍고 싶었다. 그런 나의 모습을 보여 주고 싶었다. 그리고 다음 면회 때, 경비를 통해 사진을 노린에게 주었다.

면회 시간은 내게 매우 중요했다. 거기서 한 시간 동안 격려를 받아야 다음 면회까지 167시간을 버틸 수 있었다. 면회가 끝날 때마다 나는 늘 물었다. "내가 나갈 거라고 믿어?"

그러면 노린은 이렇게 대답했다. "믿어. 다만 언제인지 모를 뿐이야."

나는 다시 물었다. "왜 내가 나갈 거라고 생각해?" 나는 노린이 뭐라고 대답할지 알았지만, 그래도 그것을 들을 필요가 있었다.

"두 가지 이유야. 앤드류, 이 일이 시작되기 전에 하나님이 우리의 미래에 대해 말씀하신 모든 걸 생각해 봐. 그게 다 틀렸을 리 없어. 나는 당신이 감옥 밖에서 보낼 미래가 있다고 믿어. 그리고 둘째로, 하나님이 큰 기도 운동을 일으키셨으니 곧 응답하실 거야. 사람들이 여전히 당신을 위해 기도하고 있어. 남태평양의 바누아투와 인도네시아, 세네갈, 볼리비아 같은 곳에서도 당신을 위해 기도하고 있어. 이건 완전 초자연적인 일이야. 하나님이 한밤중에 사람들을 깨우셔서 당신을 위해 기도하라고 하신대… 계속 견뎌 봐!"

마지막으로 나는 묻지 않을 수 없었다. "오래 걸릴까?"

감옥에 갇힌 내내 혼자라고 느꼈고 여전히 그랬지만, 전 세계에서 많은 사람들이 매일 감방에 있는 나와 함께 기도하고 있다는 사실을 점점 더 분명히 깨닫게 되었다. 브라질의 여러 교회와 소그룹, 어린이 주일 학교에서 나를 위해 기도하는 수십 장의 사진을 받기도 했다. 나는 영의 가족들로 인해 감사했다.

당시 변덕스런 정치적 상황에 좌우되지 않으려 부단히 노력했지만, 그럼에도 나의 감정은 영향을 받았다. 양국 관계가 어려워지면 내 상황이 힘들어질 것을 알았기 때문이다.

에르도안이 워싱턴에서 정상회담을 할 때, 경호팀이 워싱턴의 튀르키예 대사관 앞에서 시위하는 사람들을 공격하고 체포하여 양국 관계가 악화되었다. 또 이란의 경제 제재 위반을 도운 혐의로 튀르키예 국적의 레자 자랍과 하칸 아틸라가 곧 미국에서 재판을 받게 되어 있어 튀르키예 정부에서도 당혹스러울 것이 분명했다.

튀르키예 당국이 미국 영사관에서 일하는 튀르키예인을 두 번째로 체포하자, 미국 정부는 10월에 튀르키예 국민에게 미국 입국비자 발급을 중단하겠다고 발표했다. 비자 발급이 재개되기 전에 내 사건이 해결될 기회가 있었다. 그때 미국은 처음으로 부당한 체포에 대해 외교적 대응을 넘어서는 강경 대응을 했다. 우리는 조용히 지켜보며 기다렸다. 그러나 새해가 되기 전에 비자 발급이 재개되었고, 나에게는 아무런 변화도 없었다. 그리고 또 시간이 흘렀다.

종신형 구형

크리스마스 무렵, 노린에게 말했다. "만일 크리스마스에도 여전히 여기 있으면, 나는 예수님이 이 땅에 오신 걸 감사할 거야. 만일 새해에도 여전히 여기 있으면, 나를 1년 동안 살게 해 주신 것에 감사할 거야. 만일 내 생일에도 여전히 여기 있으면, 내게 생명을 주신 것에 감사할 거야."

우리 딸이 대학을 졸업했지만, 노린은 인터넷 라이브스트림으로 졸업식을 보며 울 수밖에 없었다. 나는 또 한 번의 크리스마스를 감옥에서 보냈다. 노린은 부드러운 목도리를 보내 주었다. 그건 겨울에 따뜻할 뿐 아니라 노린의 사랑을 시각적으로 일깨워 주었다. 노린이 말했다. "목도리를 할 때마다 내 팔이 당신의 목을 안고 있다고 생각해."

나는 1월에 50세가 되었다. 그즈음 노린의 아버지가 돌아가셨지만, 노린은 튀르키예에 다시 들어오지 못하게 될까 봐 장례식에 가지 못했다. 참으로 혹독한 시간이었다.

매일 똑같이 힘든 날들이 반복되다가 마침내 나는 하나님이 내게 주신 상황을 받아들이게 되었다.

2018년 2월 초, 노린은 앙카라에 가서 국무부 차관 웨스 미첼을 만나겠다고 했다. 당시 미국과 튀르키예의 관계는 점점 더 악화되고 있었다. 한 관리는 우리에게 이렇게 말했다. "양국 관계에 대해 영화 대본을 쓴다고 해도 이보다 더 나쁠 수는 없을 겁니다."

노린은 양국 관계를 주시했다. 그것이 우리와 직접적인 관계는 없지만, 우리의 상황에 영향을 주었기 때문이다. 틸러슨 국무장관은 다시 앙카라에 가서 에르도안을 만나 상황을 바로잡으려고 했다. 그들은 세 시간 반 동안 만났다.

그 후 노린이 면회 와서 좋은 소식을 전해 주었다. "그날 회의가 잘됐대. 양국 관계가 좋아져서 당신에게도 유리할 것 같아. 당신의 상황이 곧 해결될 거래. 회의 다음 날 1년 동안 갇혀 있던 독일 기자가 풀려났어. 그는 석방된 날에 바로 출국했어. 아마 당신도 그렇게 될 거야."

한 국무부 관리는 노린에게 하원이 발의할 튀르키예 경제 제재를 보류해 달라고 요청하라고 했다. 지금 상황이 좋아 보이는데, 튀르키예에 경제 제재를 가했다가 역풍이 불 수도 있었기 때문이다. 노린은 그렇게 했다.

우리는 조심스럽게 낙관했다. 그런데 틸러슨의 튀르키예 방문 전에 카라카야가 나를 심문하러 교도소에 왔다. 나는 그에게 고소를 취하해 달라고 부탁했다. 내가 결백하다는 것은 양측이 다 아는 사실이었기 때문이다. 그러나 그는 볼을 부풀리더니 손을 흔들며 거절했다. "그럴 수 없소. 당신에 대한 정보가 바인더로 40개나 돼요."

바인더로 40개라고? 허풍을 떠는 것이 분명했다. 그럼에도 나는 심란했다. 그리고 타이밍도 의미심장했다. 왜 카라카야가 왔을까? 틸러슨 국무장관이 오기 전에 튀르키예 정부가 정치적 술수를 쓰는 것이었다. 이래서는 상황이 좋을지, 나쁠지 알 수 없었다.

얼마 안 가서 잔뜩 품었던 희망이 무산되었다. 몇 주 후에 틸러슨이 경질되었기 때문이다. 후임자가 정해지는 데 시간이 걸릴 테고, 합의된 로드맵이 변경될 수도 있었다. 내가 처음 체포되었을 때, 트럼프 대통령의 취임을 앞두고 모든 것이 보류되었던 때로 돌아간 것 같았다.

그러나 문제는 틸러슨이 경질된 것만이 아니었다. 이 모든 것이 마침내 끝날지도 모른다는 희망을 품고 있던 노린은 생각지도 못한 소식을 들었다. 그 말을 듣고 화가 났지만, 놀랄 일은 아니었다. 튀르키예 정부와 긴밀하게 소통하는 누군가 에르도안의 입장이 어떤지 알려 주었다. 그의 입장은 미국이 이렇게 안달하는데, 나를 놔 줄 필요가 없다는 것이었다. 미국이 선의의 제스처를 취하면, 에르도안은 미국이 자신의 강경한 태도에 굴복하는 것으로 이해했다. 그래서 그것을 이용해서 더 많은 것을 요구할 뿐이었다.

얼마 지나지 않아 언론에서 내가 곧 기소될 것이라는 소식을 전하기 시작했다. 3월 13일, 저녁을 먹고 있는데, TV에서 내가 기소되었으며 종신형이 구형되었다는 뉴스가 보도되었다. 놀란 나는 TV 화면에 시선을 고정했다. 뉴스 앵커는 나의 범죄 혐의를 나열한 뒤 종신형이 구형되었다고 전했다.

나는 입맛이 싹 달아나서 마당으로 나가 경비들이 문을 닫을 때까지 있었다. 저녁에 2층 침대로 올라가 시편을 읽었다. "여호와는 내 편이시라 내가 두려워하지 아니하리니 사람이 내게 어찌할까"(시 118:6). 나는 정답을 알면서도 두려웠다. 종신형이라는 말을 들으면 누구나 그럴 것이다.

그 충격이 지나간 후 사태는 조용히 흘러갔다. 이틀 후 나의 담당 변호사인 셈이 검사를 직접 만나 내 기소장을 제출했냐고 물었다. 카라카야는 분명히 "아니요"라고 말하고는 잠시 뜸을 들이다가 말했다. "내가 뭔가 좀 보내기는 했소."

그때 주 튀르키예 미국 대사관에서 이즈미르로 대변인을 보냈다. 내가 곧 석방될지 모른다는 조짐이 있었기 때문이다. 나는 이 내용을 모르고 있었는데, 3월 19일 아침에 경비가 문에 있는 철제 구멍으로 두꺼운 서류 뭉텅이를 들이밀고 서명하라고 명령했다. "이게 당신의 기소장이요."

튀르키예 당국은 내 사건을 기각할 수도 있었고, 나를 집으로 보낼 수도 있었다. 그러나 그들은 그렇게 하지 않았다. 나는 재판을 받게 되었다.

6부

19
다시 나라으로

　마이크 폼페이오가 국무장관이 된다는 소식과 함께 정국은 급변했다. 그의 취임은 내게도 매우 의미가 컸는데, 이유는 그가 내게 보낸 메시지 때문이었다. "저는 약속을 잘 하는 편은 아니지만, 행동파입니다. 앤드류와 노린에게 제가 행동에 나설 거라고 전해 주세요."
　튀르키예의 기소 절차는 미국과 매우 달랐다. 미국에서는 대배심이 검사가 제출한 증거를 살펴보고 나서 재판을 할 만하다고 생각하면 기소한다. 그러나 튀르키예에서는 검토 없이 검사가 원하는 대로 기소할 수 있고, 그다음 법원에서 평가하여 사건을 받아들일지, 기각할지 결정한다.
　어떤 면에서 이것은 튀르키예가 체면을 살릴 기회였다. 판사가 내 혐의를 살펴보고 나서 기각하게 하거나 재판을 한 후 석방하여 여행 제한을 풀 수 있었다. 독일 기자의 경우가 그랬다. 틸러슨이 국무장관일 때, 튀르키예 관료들은 내 사건을 털어 버리려고 했다. 그런데 틸러슨이 경질되고 일주일 만에 그들은 나를 기소하기로 했고, 법원이 이를 받아들여 나를 계속 교도소에 잡아두기로 했다.

62페이지나 되는 기소장은 황당무계한 혐의로 가득했다. 주요 내용은 내가 CAMA라는 조직에 속한 요원이며, 그 조직이 CIA, NSA, FBI, 미국의 그림자 정부와 모든 교회를 지휘한다는 것이었다. 한 비밀 제보자의 암호명은 '두아'(기도)인데, 그가 제보한 내용이 기소장의 거의 절반을 차지했다. 그런데 그 내용은 주로 모르몬교에 대한 것으로, 믿을 수 없이 황당무계한 것들이었다. 내 담당 변호사 셈은 그렇게 난잡한 기소장을 본 적이 없다고 했다.

국무부 사람들도 그 기소장을 보고 놀랐다. 미국 관료 중에도 처음에는 내가 튀르키예에서 일어난 쿠데타 시도에 어느 정도 연루된 것으로 생각하는 사람들이 있었다. 그러나 시간이 흐르면서 내가 미국인이라서 협상을 위한 수단으로 붙잡혀 있다는 것을 알게 되었으나 내 신앙과 관련이 있는지에 대해서는 확신할 수 없었다. 그런데 기소장을 보니, 내 신앙 때문에 표적이 되었다는 것이 분명해졌다.

내 죄목은 튀르키예를 '기독교화' 하려 한다는 것이었다. 내가 '심리전 요원'으로서 '복음주의 교회 목사로 위장'하여 튀르키예를 분열시키려 했다는 것이다. 기소장에는 '기독교화'를 테러와 연관지었고, 기독교가 튀르키예에 위험하다고 단정했다.

카라카야가 나에 대한 자료가 바인더로 40개라고 한 말은 과장이 아니었다. 언론에서도 그 숫자를 들먹이며 증거가 많은 것처럼 보도했다. 그러나 나의 변호사 셈과 교회 친구가 살펴보니, 그중 35개는 나와 아무 상관도 없는 오직 모르몬교에 대한 정보만 가득했다. 나머지 5개의 내용도 내 사건과 관련이 없었다. 그래도 최소한 그 파일들을 확보하여 무슨 내용인지 확인한 것은 다행이었다.

내가 사크란에 8개월 동안 구류되었던 이유가 '두아'라는 비밀 증인 때문이라는 것을 그때 처음 알게 되었다. 그 사람은 전에 모르몬교도들을 고소했다가 패소한 적이 있었다. 두아가 나를 감옥으로 보낸 12월 9일에 카라카야는 그를 불러 새로운 진술을 받으려고 했다. 두아는 같은 혐의를 반복해서 말한 뒤 "앤드류가 이 모든 것에 개입했습니다"라고 덧붙였다. 카라카야가 듣고 싶은 말이 바로 이것이었고, 튀르키예 외교부 장관이 양국 정상 회담 후 TV에서 나를 테러범이라고 선언하는 데 사용한 유일한 '증거'였다.

튀르키예 당국은 나를 구류하는 이유를 계속 바꿨다. 처음에는 인신매매 담당 부서의 요구에 따라 노린과 나를 추방하려 했다가, 그다음에는 국가 안보에 위협이 된다며 추방하려고 했다. 몇 주 후 튀르키예 당국은 미 국무부에 새로운 이야기를 했다. 내가 PKK(쿠르드 노동자당)와 접촉하기 위해 시리아에 갔었다는 것이다.

두 달 후 카라카야는 내가 교회에서 귤렌을 찬양하는 발언을 했다고 주장했다. 일주일 후 튀르키예 법무부는 랭크포드 미 상원의원을 만나 내가 체포된 이유가 난민들에게 튀르키예에 대해 비방하고, 난민들이 튀르키예를 떠나게 도와주었으며, 몇 년 전에 귤렌 집회에 참석했기 때문이라고 했다. 그러나 전부 사실이 아니었다.

그들은 매번 그런 패턴이었다. 이것은 투옥 초기에 친구가 튀르키예 주지사와 대화하고 나서 말해 준 것과 일치하는 것이었다. 에르도안은 그 주지사에게 나를 절대로 놔주지 않겠다고 강경하게 말했다고 한다.

좋은 소식은 1년 전 여름에 추가된 혐의들이 없어져서 세 개의 종신형이 사라졌다는 것이다. 아마도 한 주 전의 TV 보도가 틀렸거나 검사가 기소 내용을 바꾼 것 같았다. 그러나 군사 간첩 혐의나 FETO(귈렌 추종 세력)와 PKK(쿠르드 노동자당)를 지지했다는 혐의만으로도 35년형을 받을 수 있었다. 지난 1월에 50세가 된 나에게는 종신형이나 마찬가지였다.

재판 준비

재판이 4월로 정해져서 변호를 준비할 시간이 한 달도 채 남지 않았다. 이것은 나에게 매우 불리한 상황이었다. 갇혀 있다 보니 기본적인 조사도 할 수 없었고, 담당 변호사 셈을 만날 시간도 부족했다. 노린은 파일과 전화, 이메일, 문자 기록을 살펴보며 혐의를 벗겨 줄 증거를 찾았다. 그동안 내가 한 설교들을 검토하여 내가 쿠르드 분리주의를 지지했다는 주장에 반박할 증거도 찾아야 했다.

노린은 내가 설교에서 튀르키예인들과 쿠르드인들이 화해하고

"서로 사랑해야" 한다고 말한 부분과 그리스도인들은 권위에 순복해야 한다고 가르친 부분을 찾았다.

재판을 앞두고 목적의식을 가지고 최선을 다해 변호를 준비했다. 한편으론 튀르키예 법원에 마침내 진실을 알릴 기회가 생겨 기쁘기도 했다가 이것이 다 무슨 소용인가 싶기도 했다. 내 운명은 튀르키예 판사가 나를 어떻게 보느냐에 달려 있지 않았다. 에르도안 단 한 사람의 뜻에 달려 있었다. 어느 판사도 자의로 이 사건을 판결하지 않을 것이다. 오직 에르도안이 말한 대로 움직일 것이다. 내가 아무리 훌륭하게 변론을 하더라도 소용없었다.

물론 에르도안 대통령이 튀르키예의 권력자이지만, 최종 결정은 늘 하나님이 하신다. 나는 이 사실을 기억했다. 하나님께서 내가 석방되기 원하신다면, 나는 석방될 것이다. 나는 다만 그것이 언제, 어떻게 실현될지 모를 뿐이었다.

재판 날짜가 정해지자, 교도소에서 나를 대하는 태도가 달라졌다. 노린이나 셈을 만날 때마다 두 배로 많은 경비가 붙었고, 교도소 부소장도 동행했다. 식사 배급 방법도 달라졌다. 지금까지는 다른 사람들과 똑같이 문에 난 배식구로 빈 그릇을 내밀면, 배식 당번인 재소자가 경비의 감독 아래 음식을 담아 줬다. 그러나 기소 후에는 교도소장의 감독하에 음식을 용기에 담아 뚜껑을 덮은 뒤, 경비들이 교도소장과 동행하여 감방에 직접 가져다주었다.

튀르키예 당국은 나의 보안에 만전을 기하고 있었다. 튀르키예 언론은 내가 비밀을 누설할 것을 우려하여 CIA가 나를 암살하려 한다고 보도했다. 참으로 어이없고 우스웠지만, 튀르키예에는 미국과의 관계를 갈라놓으려는 세력이 있었다. 그들은 그런 음모론을 빌미로 나를 공격했다.

어느 날 성경에서 바울이 쓴 구절을 읽었다. "그들이 다 자기 일을 구하고 그리스도 예수의 일을 구하지 아니하되"(빌 2:21). 전에도 읽은 적이 있었지만, 이번에는 이 구절이 깊이 와 닿았다. 바울이 말하는 것은 바로 나였다! 나는 자유를 얻어 가족에게 돌아가려는 일에만 내 관심을 기울이고 있었다. 그리스도 예수의 일에 대해서는 어떤가? 내가 감옥에 있어야 그리스도 예수의 일이 잘 이루어진다면 어떻게 할 것인가?

몇 년 전 하나님께서는 내게 튀르키예의 영적 추수를 준비하라는 임무를 맡기셨다. 그런데 이번 기회에 전 세계에서 수많은 사람들이 나를 위해 기도하고 있고, 그런 분위기가 점점 더 확산되고 있다고 했다. 내가 감옥에 있음으로 하나님의 일이 이루어지고 있음을 알 수 있었다. 나는 사람들의 기도를 튀르키예로 끌어모으는 자석이 되었다.

'이러니 기꺼이 감옥에서 하나님을 섬겨야 하지 않겠는가?' 그동안 내가 그런 면에서 실패했음을 깊이 자각하고, 울며 하나님께 용서를 구했다.

재판 2주 전, 고향인 노스캐롤라이나 주의 틸리스 상원의원이 면회를 왔을 때, 나는 한껏 마음이 부풀었다. 그는 노린에게 이렇게 말했다. "직접 만나서 그가 잊혀지지 않을 것을 약속하러 왔습니다."

나는 몇 달 전부터 귀가 잘 들리지 않았는데, 갈수록 더 심해졌다. 틸리스 상원의원이 오기 전에 면봉으로 귀를 닦았지만, 거의 들리지 않는 상태였다. 면회실에서 나는 귀에 손을 대고 잘 들으려 애썼다. 그는 내게 큰소리로 말했다. 희미하게 들렸지만, 그의 말은 가슴에 와 닿았다. "재판에서 무슨 일이 일어나는지 기다려 봅시다. 만일 일이 잘되지 않으면 강하게 나가겠습니다." 작별 인사를 하며 나는 "의원님, 감사합니다!"라고 외쳤다.

재판 날이 가까워지자, 셈은 어떻게 일이 진행될지 이야기해 주었다. 나는 사크란의 법정으로 출석하게 되어 있었다. 그래서 셈과 함께 차로 호송될 것으로 예상했다. 셈은 튀르키예에서는 재판 일정이 몇 달 간격으로 진행될 수 있으며 대중없다고 했다. 정치적인 사건은 5-10년 걸릴 수 있지만, 내 사건은 3년까지 가지는 않을 것으로 내다봤다. 재판이 지연되어 몇 년 동안 수감될 수 있다는 것은 생각만 해도 무서웠다.

다시 사크란으로

재판이 열리기 전날인 주일 아침, 일찍부터 누군가 아래층 문을 쾅쾅 두드리는 소리에 잠을 깼다. 라마잔은 몇 달 전에 출소했고, 감방에는 네자트와 나뿐이었다. 경비들이 들이닥치더니, 소지품을 챙겨 사크란으로 돌아갈 준비를 하라고 했다.

"잠깐만요! 재판은 내일이에요."

"그렇소. 그렇지만 우리는 당신의 안전을 위해 오늘 당신을 데려갑니다. 당신이 언제 옮겨지는지 아무도 모르게 하려는 거요."

뜻밖의 상황에 허겁지겁 공책과 옷 몇 벌을 가방에 넣었다. 당황해서 허둥거렸고 머리도 잘 돌아가지 않았다. 나는 사크란이 싫다. 그래서 하룻밤이라도 거기서 보낼 생각만 해도 가슴이 두근거리고 숨이 막혔다. 거기서 하루 이상 머물게 될까 봐 겁도 났다. 얼마나 거기에 있을지 알고 싶었으나, 아무도 말해 주지 않았다.

여러 번 이송되다 보니 절차를 다 안다고 생각했는데, 이번에는 또 달랐다. 헌병들이 수십 명 있었고, 나는 방탄조끼를 입은 후 버스에 탔다. 경호차도 함께 움직였다.

나는 부카를 떠나고 싶지 않았다. 그곳은 모든 면에서 사크란보다 좋았다. 네자트는 완벽한 감방 동료였다. 그는 때에 맞게 적절한 이야기를 해 주었고, 때로는 침묵하기도 했다. 부카는 더 조용하고 시원했으며, 더 여유롭게 운영되었다. 음식마저 더 나았다.

사크란에 도착하자마자 절차를 밟는데, 방문 절차가 아니라 영구적으로 옮기는 것이었다. 재판을 받는 내내 사크란에서 지내는 것이었다. 부카 시절은 끝났다.

나는 처음부터 독방에 수감되었다. 사크란은 여전히 시끄럽고 혼란스러웠다. 나는 간이침대에 재판 관련 서류와 성경을 늘어놓고 울었다. 나는 하이반, 즉 동물 취급을 받았던 곳, 정신 줄을 놓고 믿음마저 잃었던 곳으로 돌아와 있었다.

다음 날 재판을 위해 준비할 것이 아직 남아 있었으나, 펜을 들기조차 어려웠다. 나는 다시 한번 허를 찔려 황망했다. 순간 노린을 생각했다. 내가 사크란에 온 것을 알면 노린도 힘들어할 것이다. 면회 시간도 35분으로 줄어들고, 영어 편지도 허락되지 않을 테니 튀르키예어를 할 줄 아는 노린만 내게 편지를 쓸 수 있을 것이다. 무엇보다 나는 독방에 혼자 있게 될 것이다.

나는 부르짖었다. "오 하나님, 제가 철저히 무너졌던 곳에 다시 저를 데려오셨습니다. 이유가 무엇입니까?"

하나님은 대답하지 않으셨다. 그러나 다른 사람이 대답했다. 근처에서 누군가 튀르키예어로 말했다. "안녕하세요? 옆 감방에 새로운 사람이 왔군요. 당신은 누구십니까?"

나는 처음에는 대답하지 않았다. 그러다 세 번째 질문에야 비로소 "나는 목사입니다"라고 대답했다.

"아! 당신을 알아요. 뉴스에서 당신 이야기를 보고 있어요."

20
재판

　사크란의 법정은 원래 재판이 아니라 농구 경기장으로 만든 곳이었다. 피고인석에 앉자, 손과 다리가 떨렸다. 높은 천장을 보니, 내가 너무 작게 느껴졌다.
　나는 낮은 나무 울타리가 처진 곳에 앉아 있었다. 내 변호사인 셈은 홀 반대편에 있어서 그와 소통하려면 판사의 허락을 받아 헌병 두 명을 대동하고 이동해야 했다. 내 뒤로 500개의 빈 좌석이 펼쳐져 있었고, 그 뒤에 방청석이 있었다. 고개를 돌리면 노린을 찾을 수 있겠지만, 거리가 멀어 얼굴이 흐릿하게 보였다. 법정에 들어갔을 때, 노린이 일어나 손을 흔들어서 그녀가 어디 있는지 알 수 있었다.
　셈은 어떤 경우에도 고개를 돌리지 말고 앞만 보라고 했다. 나는 대부분 그의 조언을 따랐지만, 노린을 보기 위해 고개를 돌렸다. 노린은 나를 격려하기 위해 한 손을 가슴에 댔다. 그것은 "당신을 사랑해. 나는 당신과 함께 있어"라는 의미였다. 엄지손가락을 올리는 것은 "잘했어!"라는 뜻이었다. 한 손가락으로 하늘을 가리키면, 하나님을 바라보라는 뜻이었다.

세 명의 판사는 전면 1.5미터 높이의 단상에 있어서 그들을 보려면 고개를 뒤로 젖혀야 했다. 그들 바로 옆에 검사가 자리하고 있었고, 두 개의 대형 스크린이 있었는데 영화관에서 써도 될 정도로 컸다.

나는 이틀 동안 잠도 못 자고 먹지도 못했다. 더 심각한 문제는 그날 아침에 약을 받지 못했다는 것이었다. 잠도 못 자고 밥도 못 먹은 것만으로도 타격이 큰데, 거기에 자낙스까지 복용하지 않아 불안이 극심했다. 머릿속에는 나에게 35년형이 선고될 것이고, 이미 모든 상황이 유죄로 기획되어 있다는 생각뿐이었다.

셈이 선고에 대한 내용을 미리 알려 주었다. 판결을 받기 전까지는 무죄 추정의 원칙이긴 하지만, 나의 경우는 정치적 사건이라 스스로 결백을 입증해야 하는 상황이었다.

재판을 시작한다는 판사의 말을 듣는데, 셈의 말이 머릿속에서 맴돌았다. 판사의 말이 이어질수록 몸이 더 심하게 떨렸다. 마침내 판사가 나에게 일어서서 말하라고 했다. 마이크에 대고 말하는데, 놀랍게도 내 목소리는 확고하고 강경했다. "앤드류 크렉 브런슨입니다. 저 자신을 변호하겠습니다."

나는 직접 쓴 내용을 큰소리로 읽었다. 판사들은 아무 말도 하지 않았고, 조용히 나를 쳐다볼 뿐이었다. 나는 기소장의 모든 문단을 짚으며 검사가 한 말 중 거짓과 부정확한 부분을 모두 밝혔다. 매우 침착하게 서 있었고, 목소리는 분명했으며, 모호한 법률 용어가 즉시 이해되었고, 손과 다리가 더는 떨리지 않았다. 몇 분이 지나도록 모든 혐의에 근거가 없다는 것을 조심스러우면서도 분명하게 설명했다.

그날 오전 내내 변론하며 가끔 물을 마셨다. 판사는 나나 변호사 쪽을 거의 보지 않았다. 가끔 몸을 기울여 다른 판사와 이야기하며 나를 완전히 무시하고 있었다. 그러나 나는 계속 말했다. 공황 장애와 트라우마에도 불구하고, 잠도 못 자고 약도 못 먹고 밥도 못 먹었음에도 하나님의 은혜로 차분하게 말할 수 있었다.

변론을 시작하고 세 시간쯤 되었을 때, 판사가 내 말을 중단시키고 휴정하겠다고 했다. 순간 나에게 임했던 은혜가 떠나고, 나는 공포에 짓눌려 모든 에너지와 초점을 잃었다.

"오늘 일정을 마치면 다시 부카로 보내 주세요." 나는 조심스럽게 말했다. 교도소장이 교도소나 직원에 대해 불평하지 말라고 했기 때문이다. "교도소가 문제가 아니라 제가 문제예요. 저는 사크란에서 힘들었던 기억이 많아요."

판사는 어깨를 으쓱하며 나중에 생각해 보겠다고 하고는 헌병들에게 나를 데려가라고 손짓했다. 헌병들은 내 팔을 붙잡고 끌고 갔다. 홀은 점심 먹으러 가는 사람들로 북적거렸다. 나는 힘없이 감방으로 가며 노린을 흘끗 봤다.

거짓 증언

오후 시간은 오전보다 더 힘들었다. 나는 세 시간 동안 나 자신을 변호했고, 튀르키예에서 쿠데타가 일어난 후 친구 목사에게 보낸 문자 메시지에 대한 질문들에 대답했다.

문자는 튀르키예가 쿠데타와 그 후의 숙청 및 1인 통치 가속화로 흔들리고 있지만, 이 역경을 통해 많은 사람이 예수님께 돌아올 것이라는 내용이었다. "상황이 더 어려워지겠지만, 우리는 영광과 기적의 돌파를 볼 것입니다. 우리는 결국 이깁니다." 판사는 이것이 바로 내가 쿠데타 계획을 도왔다는 증거라고 주장했다.

나는 그것에 대한 진실을 분명히 밝히려고 애썼다. 그동안 설교를 통해 하나님이 우리가 그분 대신 신뢰하는 것들을 흔드셔서 그분을 바라보게 하신다고 말해 왔었다. 나는 판사에게 그 사실을 말했지만, 그는 별 감흥이 없는 것 같았다.

이제는 증인들의 증언을 들을 차례였다. 증언에 앞서 증인은 거드름을 피우는 법원 직원의 지시에 따라 선서를 했다. 직원은 모든 참석자에게 일어나서 자신을 따라 하라고 하며 손을 가슴에 대고 고개를 젖힌 후 멀리 허공을 응시하며 튀르키예 사법부 일원인 것이 자랑스럽다는 듯한 표정을 지었다. 거짓 증인들은 그를 따라하며 엄숙하게 선서했다.

그 광경도 우스웠지만, 비밀 증인들이 빅 브라더처럼 온라인으로 대형 스크린에 나타나 거짓 증언하는 모습은 매우 역겨웠고 분노를 일으켰다. 그들은 애초에 비밀 증인이 될 필요가 없었다. 위협받는 일이 없었기 때문이다. 사실 우리는 그들이 누구인지 알았지만, 그것을 밝히면 범죄가 되기 때문에 그들의 동기와 거짓말을 들추지 않았다. 판사는 그들이 비밀 증인이기 때문에 대답하고 싶지 않은 질문에는 대답하지 않아도 된다고 했다.

그 재판에서 모든 증인은 (신분을 감춘 사람이든, 감추지 않은 사람이든) 다 거짓말을 했다. 암호명이 두아인 사람은 긴 이야기를 지어냈다. 내가 쿠르드족에 대해 이스라엘의 잃어버린 열세 번째 지파라고 가르치는 것을 들었다는 것이다. 그리고 내가 튀르키예를 분열시켜 기독교 국가를 세우려는 목적으로 활동했다고도 했다.

나는 열세 번째 지파라는 말을 들어 본 적도 없었다. 그러니 그런 설교를 했을 리 만무했다. 그러나 두아는 모든 기독교인이 다 그렇게 가르치고, 내가 그 사상을 모르몬교에서 배웠으며, 사실은 모르몬 교회의 리더였다고 주장했다.

심지어 판사는 두아에게 기소장에 적혀 있는 음모론 중 하나인 CAMA에 대해 더 자세히 설명해 달라고 말했다. 그 말에 나는 어이가 없었다. 두아는 튀르키예에 있는 모든 목사가 미국의 그림자 정부가 튀르키예를 분열시키기 위해 보낸 요원들이라고 주장했다. 제임스 본드 영화 같은 소리에 나는 웃고 싶었다. 그러나 판사들과 검사는 웃지 않았다. 그들은 매우 진지하게 들었다.

두아의 말은 그것이 다가 아니었다. 그는 나에 대해 할 말이 훨씬 많았다. 그에 따르면, 내가 철도에서 일하는 사람들에 대한 정보를 수집해서 튀르키예 침략을 준비했으며, 그것이 내가 군사 간첩이라는 증거라고 했다. 나는 판사에게 그런 건 본 적도 없다고 하면서 그 철도 종사자들의 명단이 어떻게 입수됐냐고 물었다. 그러자 판사가 말했다. "우리는 그것이 국가 기밀인지 판단할 것입니다."

셈은 두아의 말에 대한 증거를 제출하라고 요구하며 두꺼운 프린트물을 테이블 위에 내려놓았다. 판사는 마지못해 고개를 끄덕이며 법원 직원에게 그것을 받으라고 했다. 그것은 철도 종사자 전원의 명단이었고, 심지어 두아가 준 것보다 더 길었다.

셈이 말했다. "이 명단은 인터넷에서 검색해서 내려 받았습니다. 누구나 할 수 있는 건데, 어떻게 이게 기밀이라는 겁니까?" 판사는 침묵했다. 언짢은 게 분명했다.

두아의 얼굴은 흐릿하게 처리되고 음성은 변조되었는데, 그의 낮은 음색은 마치 공포 영화에 나올 법한 목소리였다. 그는 몇 시간 동안 말했다. 나는 벌떡 일어서서 다 거짓말이라고 외치고 싶었다. 그는 교인들에게 사기 치다가 쫓겨난 사람이다.

그가 판사에게 말했다. "브런슨은 스물다섯 명에게 세례를 주었고, 그들의 돈을 착복하며 캐나다에 갈 수 있도록 도와주겠다고 했어요." 이건 지어낸 말이었다.

나는 그가 모르몬교 집회에서 통역자로 일하다가 쫓겨났다는 것을 알고 있었다. 그는 모르몬교를 고소했다가 졌는데, 그때 모르몬교에 제기했던 혐의를 내게 덮어 씌우고 있었다. 나는 속수무책이었다. 그가 누구인지 폭로하면, 검사가 나를 기소할 것이 분명했기 때문이다. 나는 잠잠히 앉아 어떻게든 진실이 드러나기를 기도했다.

그다음 비밀 증인은 우리가 아주 잘 아는 사람이었다. 그녀는 우리 교회에 잠깐 다니는 동안 온갖 문제를 일으키다가 떠나며 우리를 위협했다. "내가 어떻게 하는지 두고 봐." 후에 그녀가 주술을 하는 점쟁이었다는 말을 듣고 어이가 없었다.

판사는 내가 규칙을 따르지 않는다며 꾸짖었다. 증인의 말에 반응하지 않았다거나 판사가 내게 말할 때 그 앞으로 가까이 가지 않았다는 것이었다. 나는 매우 지쳤다. 재판은 밤 열 시가 다 되어서야 끝났다.

"다음 재판은 5월 7일이고, 당신은 계속 감옥에 있을 거요." 나는 판사에게 부카로 돌려보내 달라고 애원했다. 판사는 그렇게 요청하겠지만, 자신에게는 최종 권한이 없다고 말했다. 헌병 두 명이 내 팔을 붙잡고 재소자 출구로 이끌었다. 나는 홀 뒤편 방청객에 있는 노린을 보려고 애쓰며 소리쳤다. "노린! 나를 여기서 꺼내 줘! 미칠 것 같아!"

그날 재판에는 틸리스 상원의원과 국제종교자유위원회의 대사 샘 브라운백 그리고 교회 친구들도 와 있었다. 나를 위해 기도하려고 온 사람들도 있었는데, 그들의 지지에 참으로 감사했다. 나는 문으로 나가려다가 마지막으로 힘을 다해 외쳤다. "모두 와주셔서 감사합니다!"

몇 분 후 나는 사크란의 독방으로 돌아왔다.

틸리스 상원의원은 월요일에 재판을 방청하고 즉시 반응을 보였다. 나는 그날 재판에서 교회에 비밀 방을 만들어 사용한다는 혐의를 받았다. 거기서 비밀 모임을 가지며 어떻게 쿠르드족을 이용해서 튀르키예를 분열시킬지 모의했다는 것이었다. 여러 증인이 그 비밀 방을 봤다고 했고, 벽에 PKK(쿠르드 노동자당) 깃발들이 걸려 있으며, 교회에 다른 선동 자료들이 있었다고 증언했다.

화요일에 틸리스 상원의원은 노린에게 재판에서 언급된 교회의 비밀 방을 보여 달라고 요청했다. 사실 그 방은 다름 아닌 교회의 사무실이었다. 금요일에 틸리스 상원의원과 진 섀힌 상원의원의 주도 아래 66명의 양당 상원의원들이 에르도안에게 나의 석방을 요구하는 편지를 보냈다. 그들은 내가 기소당한 것이 "정체불명의 증인들의 황당한 주장과 엉뚱한 상상과 인신공격이었으며 … 부당하게 투옥된 개인을 모욕하는 것일 뿐 아니라 튀르키예 사법제도에 대한 모욕"이라고 했다.

부카로 돌아가다

사크란으로 돌아와서 삼일째 되는 날 밤에는 잠을 이루지 못했다. 입맛도 없고 아무것도 하지 못한 채 그저 힘 없이 침대에 누워 있었다. 몇 달 동안 부카에서 작은 승리들을 맛보았는데, 다시 기진맥진해서 포기하기 직전이었다.

경비들까지도 나를 염려하는 것 같았다. 재판 다음 날 경비대장이 나에게 나오라고 말했다. 그는 사크란에 있을 때 내게 가혹하게 대하던 사람이었다. 그런데 이제는 "밖에 나가게 해 주겠소. 공기를 좀 쐬면 좋을 거요. 나와요"라고 말했다.

결국 그의 말대로 마당으로 나갔지만, 10분 만에 다시 안으로 들어가겠다고 했다. 재판뿐만 아니라 사크란에서 지내는 것만으로도 너무 힘들었다. 경비대장이 다시 나를 감방으로 데려갔고, 다시 혼자 남았다.

나는 너무나도 두려웠고, 끔찍한 슬픔에 눈물을 흘렸다. 속으로 계속 이렇게 생각했다. '하나님, 어디 계세요? 왜 그들이 저를 이 끔찍한 곳에 다시 데려오게 놔두셨어요? 왜 이 상황에 개입하지 않으시죠? 왜 그렇게 멀리서 침묵하세요?'

나는 엉엉 울며 입을 열었는데, 정작 내 입에서 나온 말은 매우 놀라웠다. "예수님, 사랑해요!" 그리고 다시 이렇게 고백했다. "예수님, 사랑해요! 예수님, 사랑해요!"

나는 즉시 승리했음을 깨달았다. 가장 낮아진 이 순간, 내 마음은 예수님을 사랑한다고 부르짖고 있었다. 내 마음의 승리였다. 내가 하나님께 이렇게 반응한 것을 보니, 스스로 얼마나 달라졌는지 알 수 있었다. 전에 사크란에 있을 때는 두려움과 고통이 너무 컸다. 지금도 두렵고 고통스러웠지만, 나의 헌신이 깊다는 것도 알게 되었다. 시련을 통해 그것이 입증되었다.

나는 독방에 있는 동안 다른 수감자들과 접촉했다. 보이지는 않지만, 소리를 크게 지르면 창문을 통해 옆 방 사람들과 대화할 수 있었고, 마당에 나온 사람이 있으면 같이 이야기할 수 있었다. 내 주변 감방에 있는 사람들은 쿠데타 가담 혐의를 받는 군인들이었다. 내가 잠깐 만난 사람들 중 둘은 장군이었고, 나머지는 엘리트 군인들이었다. 내가 어떤 누명을 쓰고 모함을 당하든, 그들의 미래는 나보다 훨씬 더 암울했다.

재판 전날 밤에 도착했을 때, 두 명의 장군 중 한 명이 내게 말을 걸었다. 그리고 또 다른 장군은 나를 격려해 주었다. "힘내요. 나도 여기 처음 왔을 때, 죽고 싶었어요. 포기하고 싶었죠. 그러나 나는 힘을 냈고, 당신도 그렇게 될 거예요. 당신 소식을 뉴스에서 계속 듣고 있었는데, 다음 재판에서는 석방될 거예요."

그의 말대로 될지는 모르겠지만, 나를 그렇게 생각해 주니 위로가 되었다. 다른 수감자도 내게 친절했다. 그는 창문으로 차가운 콜라 하나와 그릇을 마당에 있는 죄수에게 떨어뜨렸고, 그 죄수는 그것을 내 창문으로 던졌다. 그는 TV에서 본 희망적인 소식도 전해 주었다. 재판 다음 날 트럼프 대통령이 내가 아무 이유 없이 튀르키예에서 박해당하고 있다고 트위터에 썼다는 것이다. "그들은 그를 간첩이라고 하지만, 내가 그보다 더 간첩이다."

마당에 서 있는 사람이 말했다. "괜찮아질 거예요. 걱정하지 말아요. 해결될 거예요."

그러자 장군이 말했다. "당신이 왜 들어왔는지 목사님에게 말해 줘요."

그러자 그 사람이 웃었다. "우리 부대가 대통령을 암살하려 했다는 혐의를 받았어요. 그러나 우리는 어느 호텔로 가라는 지시를 받았을 뿐이에요. 주소도 몰라서 동네 가게에 가서 물어봤지요. 정예 부대가 대통령 암살을 그렇게 하겠어요?"

뭐라고 할 말이 없었고, 그가 난관에 봉착했다는 것을 알 수 있었다. 나는 그들의 격려와 따뜻한 말에 감동을 받았다. 종신형을 받아 독방에 갇힌 사람이 나를 위로하고 격려하고 있다는 사실이 놀라웠다.

얼마 후 교도소 상담사를 만나러 갔다. 상담은 모든 수감자의 의무사항이었다. "앤드류, 우리는 당신을 잘 돌볼 거예요. 당신이 여기서 몇 달, 아니 몇 년 머물더라도 괜찮을 거예요."

나는 무너졌다. "저를 부카로 돌려보내라고 해 주세요!"

그녀는 잠시 멈췄다가 "예, 요청할게요"라고 말했다. 그러나 별로 애쓸 것 같지는 않았다.

나는 감방으로 돌아가 털썩 쓰러졌다. 어서 노린과 주 튀르키예 미국 대사관, 미국 정부에 있는 친구들을 통해 이곳에서 옮겨지길 바랐다. 그러나 얼마나 오래 걸릴까? 보장이 없었다. 튀르키예 당국이 나를 여기 더 가둬 두고 미국을 압박하려고 하지 않을까? 나는 기다려 보기로 했다.

그러나 생각보다 오래 걸리지 않았다. 다섯째 날, 경비 두 명이 감방 문을 열고 나를 다시 부카로 보낸다고 했다.

"정말요? 언제요?"

"지금."

나는 옷과 노트, 성경을 챙겨서 몇 분 만에 떠날 준비를 했다. 그리고 경비들에게 웃는 얼굴로 고맙다고 했다.

그는 괜찮다고 손사래치며 말했다. "사실 우리도 당신을 보내게 되어 안도했어요."

교도소로 가는 것이 이렇게 행복할 줄 몰랐다. 나는 부카에 있는 내 감방으로 돌아가게 되어 안도했다. 네자트는 나를 보고 반가워하며 인사했다.

21

거짓 증인들

사크란에서 첫 재판을 받고 3주 후, 나는 부카 교도소 입구에서 뛸 준비를 하고 있었다. 두 번째 재판을 받으러 사크란으로 가야 하는 상황에서 경비는 전보다 삼엄했다. 이미 전신 수색을 받은 후 수갑을 차고 방탄조끼까지 입었지만, 그게 다가 아니었다.

몇 명의 무장 헌병이 나를 둘러쌌다. 그들은 무전기로 출발 지시를 받자마자 나를 데리고 주차장을 지나 호송 버스까지 달렸다. 버스 유리창은 검게 코팅되어 아무것도 보이지 않았다. 나는 버스 안의 보호 좌석에 조용히 앉아 있었다. 엔진에 시동이 걸렸지만, 거의 1분 동안 기관총을 든 무표정한 군사들과 대기하고 있었다.

그때 무전기로 다른 메시지가 왔다. 한 사람이 버스로 뛰어 올라오더니, 나를 버스에서 데리고 나가 방금 마당에 도착한 다른 버스에 태웠다. 우리는 처음에 탔던 버스가 출발하고 나서 잠시 기다렸다가 몇 대의 경찰차의 호위를 받으며 떠났다.

사크란에 도착하여 호송 버스에서 내려 법정의 죄수 전용 입구로 들어가는 짧은 거리에 20-30명의 무장한 민간인들이 양쪽으로 늘어서 있었다. 군인들은 나를 꼭 붙들고 에워싼 채 그 사이를 지나갔다. 그것은 쇼가 아니었다. 재판 때문에 나는 미움의 대상이 되어 있었다. 미군 헬리콥터가 와서 구출 작전을 펼칠까 봐 그런 것이 아니라 튀르키예 사람들이 공격할까 봐 그런 것이었다.

힘든 하루가 될 것 같았다. 첫 재판 때는 세 명의 증인이 나를 공격하는 증언을 했는데, 두 번째 재판에는 무려 일곱 명이 대기하고 있었다. 그중 두 명은 비밀 증인이었다. 판사들이 입장해서 착석한 후, 또 거짓 증언이 난무하는 재판이 되겠구나 생각했다.

잠깐 뒤를 돌아보니, 노스캐롤라이나의 모교회 목사님이 노린 옆에 서 있었다. 그 모습에 나는 매우 감격했다. 여러 곳에서 나를 위해 금식하고 철야하며 기도하고 있다는 사실이 다시 떠올랐다.

증언이 증거

첫 번째 증인은 비밀 증인이었지만, 그가 누군지 알 수 있었다. 그러나 그를 만난 적은 없었다. 그는 우리가 다른 도시에 개척한 교회에 몇 달 다니다가 심각한 문제를 일으켜 교회 측에서 떠나 달라고 요청한 자였다. 그는 내가 미군에 좌표를 알려 줘서 PKK(쿠르드 노동자당)를 지원하는 무기를 제공받았고, PKK 군인들을 이즈미르에 데려와 치료해 주었으며, FETO(귈렌 추종 세력)의 리더라고도 했다.

그다음 비밀 증인은 누군가의 핸드폰에서 지진에 대비하라는 문자를 봤다고 했다. 검사는 그것이 내가 쿠데타에 가담했다는 증거라고 했다. 그러나 그녀는 나를 모른다고 했고, 그 메시지를 내가 보낸 것이 아니라고 했다. 그것이 나와 무슨 상관이 있는지 알 수 없었다. 그 뒤로 비밀 증인은 없었지만, 다른 증인들의 증언도 다 황당무계했다.

증인 중 한 사람은 죄수였는데, 정신적으로 문제가 있어 보였다. 그는 내가 여호와의 증인의 리더이고, 우리가 2013년에 튀르키예 전국을 휩쓸었던 게지 공원 시위 계획을 도왔다고 했다. 에르도안은 그 시위를 정부 전복 시도로 여겼다.

그다음 죄수는 나에 대해 거짓 증언을 많이 해서 자신의 형기가 줄어들기를 바라는 것 같았다. "앤드류 브런슨은 페툴라 귈렌 조직을 위해 일했고, 거기서 자금을 지원받았으며, 그 조직의 리더들을 많이 압니다. 그가 가지안텝의 힐튼 호텔에서 PKK 테러 분자들을 만나는 걸 봤습니다."

판사가 흥미로운 듯 몸을 앞으로 기울이며 물었다. "정말로요? 앤드류 브런슨이 무라트 사파와 함께 있는 것도 봤습니까?"

"예, 봤습니다."

그러자 판사는 손뼉을 치며 말했다. "봤군요! 그가 베키르 바즈와 함께 있는 것도 봤습니까?"

"예."

판사가 또 미소 지으며 손뼉을 쳤다. "엔베르 무슬림이 앤드류 브런슨과 함께 있는 것을 봤습니까?"

"아 예. 그가 그 사람들과 있는 걸 분명히 봤습니다."

셈이 그 증인에게 질문하기 전에 내가 먼저 일어서서 진술했다. "존경하는 재판장님, 저는 그가 말한 사람들을 아무도 만난 적이 없습니다. 그 호텔에 간 적도 없습니다. 제 전화 기록을 가지고 계신데, 그것을 보면 제가 그해에 가지안텝에 가지 않았다는 것을 알 수 있습니다." 그리고 나는 분개하며 덧붙였다. "그리고 당신이 그 이름들을 댈 때마다 저 사람은 다 봤다고 답하고 있습니다. 만일 당신이 열 명의 이름을 더 대더라도 마찬가지일 겁니다."

판사는 조용히 나를 응시했다. 이어서 셈이 자리에서 일어나 증인을 똑바로 봤다. "전에 수감됐던 적이 있습니까?"

그 사람은 순간 얼어붙었다가 얼굴을 긁적거리며 천장을 쳐다봤다. "아 네, 전에 한 번 수감된 적이 있습니다. 아니 두 번이요. 아니… 생각해 볼게요… 아마 세 번?"

셈이 판사를 보고 말했다. "이 남자는 열네 번이나 사기로 기소되었고, 스물네 번 체포 영장이 발부된 바 있다는 법원의 증빙 서류를 제출합니다." 나는 기뻐서 벌떡 일어나 외치고 싶었지만, 판사는 셈이 제출한 문서를 응시하며 "이게 무슨 상관입니까?"라고 말했다.

나는 어안이 벙벙했고, 셈도 그랬다. "그는 사기꾼입니다, 재판장님. 어떻게 상관이 없습니까?" 판사는 귀를 기울이지 않았다. 모든 사람이 앙카라에서 내려보낸 지시를 따르고 있었고, 게다가 성질이 고약한 사람마저 있었다. 그 판사가 그랬다.

그다음 증인은 자신이 오랜 세월 내 친구였다고 말했는데, 나는 그를 만나 본 적도 없었다. 그는 우리가 콘서트를 열어 PKK(쿠르드 노동자당)에 관한 노래를 불렀고, 테러 집단의 깃발을 흔들었으며, PKK에 대해 연설했다고 주장했다.

몇 년 전 거리에서 총을 든 사람에게 공격당했을 때, 대테러 경찰이 나에게 경호원 두 명을 배정해 준 일이 있었다. 나는 2주 후에 경호를 사양했는데, 당시 그들은 내게 놀라운 이야기를 해 주었다(사실 나는 별로 놀라지 않았다). "우리는 당신에 관한 두꺼운 정보 파일을 가지고 있어요. 정부에서 당신을 여러 해에 걸쳐 모니터링하고 있어요." 셈도 MIT(튀르키예 국가 정보원)에서 모든 외국인 선교사를 감시하고 있다는 보고를 들었다고 했다. 나는 그것을 근거로 이렇게 진술했다.

"저는 PKK 집회와 콘서트를 열고, 군사 첩보 활동을 하고, 무기 공급을 지원했다는 등 많은 혐의를 받고 있습니다. 하지만, 분명한 건 당시 MIT와 대테러 경찰이 저를 감시하고 있었다는 겁니다. 터기 정부 기관들이 저를 이렇게 밀착 감시하고 있는데, 어떻게 제가 이 모든 범죄를 저지를 수 있겠습니까? 만일 제가 정말 그중 하나라도 했다면, 구체적·물리적 증거가 있지 않겠습니까? 그러나 당국에서는 아무 증거 문자나 이메일도 발견하지 못했습니다. 제가 누구와 연결되었다는 전화 기록도 없습니다. 제가 그런 메시지를 설교했다는 음성 녹음도 없고, 우리 교회가 선전물과 PKK 깃발로 가득했다는 동영상이

나 사진도 없습니다. 우리 교회는 통행량이 많은 거리에 있고, 창문과 문은 항상 열려 있습니다. 어떻게 그런 공개된 공간에서 몇 년 동안 테러 활동이 벌어지는데 아무도 신고하지 않았겠습니까? 왜냐하면 그런 일은 전혀 일어나지 않았기 때문입니다. 어째서 증인들은 아무 증거도 제시하지 않습니까? 어떻게 아무 증거도 없이 그들의 말을 믿으세요?"

판사는 의자에 등을 기대며 말했다. "그들이 하는 말은 증거가 필요 없습니다. 증언이 증거입니다."

나는 어이가 없어서 말문이 막혔다. "어떻게 이럴 수 있습니까? 그들의 주장은 말뿐인데, 제가 어떻게 변호해야 합니까? 어떻게 그걸 받아들입니까? 이건 말도 안 됩니다."

판사는 날카롭게 말했다. "나는 당신과 논쟁하지 않겠습니다."

긴 하루가 끝날 무렵, 나는 매우 지쳤다. 판사가 나를 내려다보며 이제 어떻게 되길 바라느냐고 묻자, 여전히 희미하게나마 희망을 품고 말했다. 재판이 끝날 때마다 형식적으로 묻는 알맹이 없는 질문임을 알면서도 말이다. "판사님, 저는 그냥 집에 가고 싶어요."

그는 내 말에 전혀 귀 기울이지 않았다. 내 말은 아무 소용이 없었다. 그는 마지막으로 내가 계속 구속되어 있을 것이고, 7월 18일에 다시 내 말을 듣겠다고 했다.

부카로 돌아가는 길에 화가 나고 속상해서 울었다.

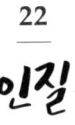

인질

나는 화가 났다. 두 번째 재판이 말도 안 되게 엉터리로 진행되는 것을 보니, 다음 재판을 준비하고 싶은 마음이 싹 사라졌다. 나를 변호한들 무슨 소용인가? 의로운 척하는 튀르키예 정부가 뒤에서 나를 두고 흥정하는 데 지쳐 버렸다.

다음 재판 일정도 정치적으로 정해졌다. 에르도안의 지시로 튀르키예에서 선거가 열리는데, 내 재판을 그 선거 뒤로 미뤄서 튀르키예가 미국에 강하게 맞서는 모습을 국민들에게 보여 주려고 했다. 재판을 라이브로 방송하고 미국의 대표도 참석하게 해서 나를 유죄로 몰아갈 기회로 삼으려는 것 같았다. 잠깐 재판 출석을 거부할까 했다. 그러면 그런 가식을 보지 않아도 될 것이다. 그러나 그러면 어떻게 진실을 기록에 남기겠는가?

재판 후 기분이 안 좋다가 특별한 두 번의 면회로 기분이 한결 나아졌다. 먼저 아들 블레이즈의 감동적인 깜짝 방문이 있었다. 면회 온 노린을 만나러 갔는데, 놀랍게도 블레이즈가 옆에 서 있었다. 블레이즈를 품에 안고 몇 분이 지나서야 블레이즈가 앞에 있다는 사실이 실감 났다. 마침 그날은 (미국의) 아버지날이기도 했다.

두 번째도 완전히 뜻밖의 면회였다. 보통 주말에는 면회가 없는데, 어느 토요일에 1년 전 블레이즈와 재클린을 만난 적이 있는 방음이 잘 되고 촬영되는 방에 들어갔더니, 미 상원의원 섀힌과 린지 그레이엄이 있었다.

그들은 그 전날 에르도안을 만났다고 했다. 섀힌이 에르도안에게 내 재판의 증인들이 거짓말을 한다는 것을 미국이 알고 있다고 말했더니, 에르도안이 실제로 증인들이 문제가 있다고 인정하며, 중요한 비밀 증인이 귤렌 지지자라서 관료들을 속였을 수도 있다고 말했다고 한다. 에르도안은 한 걸음 물러서서 스스로 자초한 궁지에서 벗어나려는 듯 보였다. 그는 의외로 부드럽고 느긋해서 의원들이 나를 면회하겠다고 하자 허락하기까지 했다.

그레이엄은 "이 사건에 대한 방침을 바꿀 생각이 없었다면, 에르도안이 우리를 만나거나 이 면회를 허락하지 않았을 겁니다"라고 말했다. 그날 면회 후 노린은 양국 대통령이 대화하는 중 에르도안이 증인들의 신뢰성에 문제가 있다고 인정했다는 말을 들었다.

그들이 면회 온 이유는 또 있었다. 나에게 전할 메시지가 있었던 것이다. 그레이엄이 말했다. "당신은 인질입니다. 미국은 인질을 두고 거래하지 않을 겁니다. 우리는 당신을 여기서 꺼내겠지만, 올바른 방법으로 할 겁니다. 인내하셔야 합니다. 그러니 버텨요, 앤드류."

나는 알겠다고 말했다. 대부분의 선교 단체는 인질범에게 몸값을 지불하지 않는다는 원칙이 있다. 왜냐하면 한 번 몸값을 지불하고 나면, 모든 사역자가 납치 대상이 될 수 있기 때문이다. 나는 그 방침에 동의했고, 내가 석방되기 위해 누구도 위험하게 만들고 싶지 않았다. 그래도 그 말을 듣고 나니, 마음이 힘들었다.

그것은 에르도안에게 주는 메시지이기도 했다. 우리의 대화는 분명 녹음될 것이다. 나도 그 사실을 알고, 의원들도 알았다. 미국이 나를 두고 거래하지 않는다는 메시지가 에르도안에게 보고될 것이다.

면회 시간이 끝날 무렵, 그레이엄의 절친인 존 맥케인 의원이 암 투병 중이라는 것이 생각났다. 나는 그레이엄에게 말했다. "저의 삼촌이 베트남전에서 전쟁 포로가 되셨던 적이 있어요. 맥케인 의원과 같은 교도소에 있었죠. 맥케인이 선전에 이용되지 않으려고 계속 포로로 남아 있었던 건 정말 존경스러운 일이에요. 용기가 남다른 분이셨어요."

세 번째 재판을 앞두고 미국과 튀르키예의 관계가 개선되는 것 같았다. 미국이 시리아에서 작전 수위를 낮춤에 따라 시리아 만비즈 마을의 경비를 튀르키예군에 넘기겠다고 제안했다는 뉴스가 대서특필되었다. 석 달 동안 공동 경비를 하다가 완전히 넘겨준다는 것이었는데, 나는 이 합의에 내 사건도 관련되어 있다는 것을 알았다. 이양 문제는 튀르키예에 큰 당근이라고 할 수 있었다. 튀르키예는 만비즈를 접수하여 거기 주둔해 있는 쿠르드족 군대를 몰아내고 싶어 했기 때문이다.

튀르키예 매체에 이미 공동 경비가 시작되었다는 보도가 가끔 나오는 것을 보며 나는 낙심했다. 그러나 그럴 때마다 노린은 튀르키예 방송에서 하는 말을 다 믿지 말라고 조언해 주었다.

낙관적일 이유는 또 있었다. 씨씨는 국무부에서 내 사건을 잘 알고 있다고 알려 주었다. 폼페이오 국무장관이 두 번째 재판 출석 후 튀르키예 외교부 장관에게서 "우리가 할 수 있는 게 없소"라는 말을 듣고 이렇게 대답했다고 한다. "그러나 당신은 개입할 권한이 있습니다."

이어서 폼페이오 국무장관은 전년 여름에 체결된 시행령 694호 74조를 거론했다. 그 조항은 "대통령은 죄수들을 본국으로 송환할 권한이 있다"는 것이었다. 그러자 튀르키예 외교부 장관은 할 말이 없었다. 그 후로 그는 다시는 그런 변명을 하지 않았지만, 수하에 있는 사람들은 계속 같은 변명을 했다.

거룩한 저항

세 번째 재판 날, 피고인석에 앉아 전면의 높은 단과 초대형 화면에 주눅 든 채 첫 번째 증인인 레벤트가 나에 대해 거짓으로 증언하는 것을 들었다. 그는 우리 교회에서 리더 자리를 얻지 못하자 관계가 멀어진 사람이었다. 나는 판사들 앞에 서서 무슨 말을 해야 할지 잘 알았다.

재판을 앞두고 몇 주 동안, 이번 법정 출석을 사람들에게 복음을 전할 기회로 삼기로 마음먹었다. 다른 사람들이 하는 말은 내가 어찌할 수 없고, 내가 아무리 논리를 펼쳐도 통하지 않는 법정이지만, 최소한 나 자신이 어떻게 말할지는 선택할 수 있었다. 나는 담대하고 당당하게 예수 그리스도를 대신하여 서기로 했다.

마이크 앞에 서자 내 목소리가 홀에 울렸다. "내 삶에서 가장 중요한 건 내 믿음입니다." 나는 법정에서 설교하기로 작정했다.

예수님은 제자들에게 온 세상에 가서 구원의 복음을 모든 사람에게 선포하고 제자 삼으라고 하셨습니다. 그래서 제가 튀르키예에 왔습니다. 이렇게 선포하려는 거죠.
하나님께로 가는 유일한 길은 예수님이십니다.
우리 죄를 용서받는 유일한 길은 예수님이십니다.
영생을 얻는 유일한 길은 예수님이십니다.
유일한 구원자는 예수님이십니다.
저는 이 메시지가 온 튀르키예에 메아리치기를 원합니다.
언론에 저에 대한 수많은 거짓이 난무했습니다. 제가 PKK(쿠르드 노동자당) 테러 분자라거나 FETO(귈렌 추종 세력) 테러 집단 소속이라거나 CIA 요원이라는 거였습니다. 그러나 저는 사람들이 이걸 알았으면 좋겠습니다. 저는 지난 25년 동안 예수님이 구원자라고 선포했습니다! 23년 동안은 저의 선택으로 그렇게 했고, 지난 2년은 교도소에서 그렇게 해야 했지만, 제 메시지는 똑같습니다.

성경은 "하나님이 그리스도 안에서 너희를 용서하셨듯이" 서로 용서하라고 말씀합니다. 또 "너희를 박해하는 자를 축복하라 축복하고 저주하지 말라" 말씀합니다. 그래서 저에게 잘못한 사람들, 저를 힘들게 한 사람들, 저에 대해 거짓말한 사람들, 저를 모함한 사람들을 다 용서합니다. 저는 모든 증인 한 사람, 한 사람을 다 용서합니다. 저는 레벤트를 용서합니다.

나는 증인들의 이름을 일일이 다 열거했다. 심지어 에르도안과 차부쉬오울루(튀르키예 외교부 장관) 등 나를 거기 붙잡아 두고 있는 모든 사람을 용서한다고 말하고 싶었다. 그건 진심이었다. 그러나 법정에서 그들을 거명할 수 없었다. 그래서 이렇게 말을 맺었다. "제 마음속에서 그들을 미워하지 않을 것이고 하나님께 맡길 것입니다. 하나님의 자비를 베푸소서."

나의 발언이 끝나자마자 판사가 바로 두 명의 증인을 불렀다. 그들 역시 나에 대해 거짓 증언을 했지만, 나는 매우 침착했고, 차분하게 진술할 수 있어서 기뻤다. 그리고 우리의 첫 증인이 나오기를 고대했다.

그날 나에 대한 거짓 증언들을 완벽하게 반박할 증인들이 대기하고 있었지만, 판사는 한 명만 허락했다. 그중 데니즈라는 중요한 증인이 있었다. 그는 우리 교회의 당회장으로, 교회에서 일어나는 모든 일을 법적으로 책임지는 사람이었다.

데니즈는 단상 옆 좌석에 앉아 여러 증인이 나를 어떻게 고발했는지 셈이 요약·정리해 주는 내용을 들었다. 주로 PKK(쿠르드 노동자당) 깃발들, 귈렌 지지 설교, 비밀회의, 튀르키예 분열 음모 등에 관한 것이었다. 그는 침착하고도 단호하게 말했다. "그런 일은 전혀 일어나지 않았습니다. 지금 말씀하신 걸 본 적이 없습니다."

판사가 데니즈를 심문할 차례가 되자, 그는 손을 흔들며 질문이 없다고 했다. 검사도 물을 것이 없어서 다시 판사의 차례가 되었다.

판사는 셈을 응시했다. "당신의 증인들이 다 이런 식으로 증언할 거라면, 증언을 들을 필요가 없습니다. 가령 살인 사건이 일어났을 때, 누가 그것을 보고 증언한다면 그 증언을 듣고 싶소. 보지 않은 사람들의 이야기는 다 들을 필요가 없어요. 당신의 증인들은 다른 증인들이 본 것을 전혀 보지 못했다고 하니, 무슨 소용이오? 왜 우리가 그의 말을 들어야 하죠?"

나는 어이가 없었다. 그건 전혀 논리적이지 못했다. 나는 일어나 소리치고 싶었지만, 셈이 가만히 있으라고 몸짓을 했다.

데니즈의 차례가 끝나자마자 배석판사 한 명이 부장판사에게로 몸을 기울여 뭔가 말했다. 바짝 긴장하며 듣던 부장판사는 갑자기 재판을 끝내는 절차로 돌입했다. 나는 왜 그런지 몰랐고, 셈도 어리둥절했다. 실내는 웅성이기 시작했다.

판사는 수감 생활이 계속될 텐데 요청 사항이 있냐고 물었다. 그것은 재판을 끝낼 때 형식적으로 묻는 것이었다. 나는 일어나서 호소했다. "존경하는 재판장님, 저는 이번 재판을 위해 두 달 반을 기다렸습니다. 그래서 저를 변호하고 증인들의 말에 대답하고 싶습니다."

그는 고개를 저었다. "그건 서면으로 제출하거나 변호사에게 주시오. 당신의 요청이 뭔지 알아야겠습니다. 오늘은 마치겠습니다." 판사는 재판을 마치려 했지만, 나는 한 가지 더 말할 것이 있었다. 나는 그가 화낼 것을 각오하고 서둘러 말을 시작했다.

제가 체포된 후 어머니를 만났을 때, 어머니가 말씀하셨습니다. "예수님 때부터 지금까지 예수님의 제자들은 예수님을 위해 고난을 받았단다. 그런 사람들이 2천 년 동안 계속 있었어. 아들아, 이제는 네 차례야."
저는 모든 혐의에 대해 결백합니다. 그러나 제가 왜 여기 있는지 압니다. 예수 그리스도를 믿을 뿐 아니라 또한 그를 위하여 고난받는 특권 때문입니다. 저는 예수님의 죽음과 부활을 선포하라고 임명되었습니다. 그것이 제가 고난받는 이유입니다. 그래서 저는 부끄럽지 않습니다.
예수님이 말씀하셨습니다. "나로 말미암아 너희를 욕하고 박해하고 거짓으로 너희를 거슬러 모든 악한 말을 할 때에는 너희에게 복이 있나니 기뻐하고 즐거워하라 하늘에서 너희의 상이 큼이라 너희 전에 있던 선지자들도 이같이 박해하였느니라"(마 5:11-12).

판사가 조급해 하며 말을 끊었다. "할 말이 끝났습니까?"
"1분만요!" 나는 말을 이었다.

저는 임무를 받았습니다. 그건 예수님을 위해 수감되는 것입니다. 물론 아이들과 아내와 떨어져 있는 게 매우 힘듭니다. 벌써 22개월이 되었습니다. 그러나 저는 예수님을 위해 이 임무를 감당합니다. 그리고 저는 선포합니다.

저는 축복 받았습니다. 예수님을 위해 많은 사람에게 오해와 박해와 고난을 받았기 때문입니다.

저는 축복 받았습니다. 아내와 자녀로부터 강제로 떨어졌기 때문입니다.

저는 축복 받았습니다. 온갖 거짓말과 중상모략을 당했기 때문입니다.

저는 축복 받았습니다. 제가 갇혀 있기 때문입니다.

저는 강제로 수감되어 있고 거기 있고 싶지 않지만, 예수님을 위해 기꺼이 고난받기로 선택합니다. 그럼으로 비교할 수 없는 예수님의 가치를 모든 사람에게 보여 주기 원합니다.

그리고 예수님을 위해 제가 여기 있다는 것을 튀르키예가 알기 바랍니다.

말을 마치고 자리에 앉는 순간, 제대로 저항했다는 느낌이 들었다. 튀르키예 정부가 나를 짓밟으려 했고, 내 사역을 혹평했으며, 내 믿음을 흔들려 했고, 다른 그리스도인들이 진리를 말하지 못하도록 입을 막으려고 위협했다. 그들은 여전히 여러 방법으로 나를 해칠 수 있었다. 그러나 나는 그 순간만큼은 고개를 높이 들었다. 그것은 거룩한 저항이었다. 나는 생각했다. '다윗이 골리앗에 대항할 때, 이런 기분이었을까?'

판사가 얼굴을 찌푸렸다. "당신은 교도소로 돌아갈 거요. 다음 재판 출석은 석 달 후요." 갑자기 홀이 떠들썩해지더니, 군인들이 양쪽에서 나를 붙잡고 밖으로 데려갔다.

세 번째 재판 전날 밤, 주 튀르키예 미국 대사관의 임시 대리대사는 노린에게 이런 말을 했다. "이번에 이게 소용없으면, 무슨 수를 써야 할지 모르겠어요." 그가 기대를 걸었던 것이 뭐였는지 몰라도, 그것은 소용이 없었다. 재판이 끝나자, 그는 충격을 받은 표정으로 어디론가 전화를 걸었다.

믿음의 고백

하나님의 은혜로 그다음 날은 목요일이라 면회가 있었다. 다음 재판까지 한참 기다려야 해서 노린과 나 모두 낙심했다. 특히 노린이 그것 때문에 풀이 죽은 것 같았지만, 좋은 소식을 전해 주었다. "트럼프 대통령이 당신 얘기를 트위터에 올렸어. 당신이 너무 오랫동안 인질로 붙잡혀 있고, 아무 잘못도 저지르지 않았다고 말이야."

나는 이렇게 대답했다. "잘됐다. 나를 공개적으로 인질이라고 부르는 건 정부가 내 결백을 믿는다는 뜻이야." 또 미국이 튀르키예의 사법 절차를 적법하게 보지 않는다는 뜻이기도 했다.

다음 날은 우리가 격주로 전화 통화를 하는 날이었는데, 노린이 또 새로운 뉴스를 전해 주었다. "그날 양국 간에 협상이 이뤄져서 당신을 데려갈 비행기도 대기시켜 놓았는데, 튀르키예 쪽에서 철회했대. 그리고 그레이엄 상원의원이 전화했었어. 이틀 전에는 상황이 좋

앉는데 어제 나빠졌대. 한 일주일 정도 사태를 관망해 보자고 했어." 매우 고무적인 뉴스였지만, 전에도 해결될 듯 하다가 무산된 적이 있었다.

최근에 읽은 성경 구절이 며칠 동안 뇌리에 맴돌았다. 그것은 예수님이 체포되시던 밤에 대한 구절이었다. 베드로가 예수님을 구하려고 칼을 뺐지만, 주님은 칼을 거두라고 하셨다. "아버지께서 주신 잔을 내가 마시지 아니하겠느냐"(요 18:11).

화요일 밤 늦게, 그러니까 세 번째 재판 출석 엿새 후에 나는 침대에 앉아 노린에게 편지를 썼다.

> 매일, 아니 매시간 순복하려고 애쓸 때마다 이 구절이 뇌리에 맴돌아. 더 나아가, 나는 하나님의 계획이 무엇이든 받아들이려 애쓰고 있어. 나를 계속 갇혀 있게 하시려는 계획이라도 말이야. 그럴 때 "잔을 내가 마시지 아니하겠느냐"라는 구절이 계속 맴돌아. 나는 신실하게 그 잔을 마지막 한 방울까지 다 마시고 싶어. 그러다가도 또 이렇게 기도해. "주님, 저는 벌써 2년 가까이 이 잔을 마시고 있습니다. 얼마나 더 오래 마셔야 하죠?" 나는 끝까지 신실하고 싶어. 그 잔을 마시고 계속 마시길 원해 … 어떻게 그러지 않을 수 있겠어? 상태가 좋을 때는 그런 생각을 해. 그러다가 또 풀이 죽어서 두려워하고 이렇게 매일을 이어가고 싶지 않아지기도 해. 그러면서도 또 한편 나는 순종하는 아들이 되기 원해.

다음 날 아침에 편지를 다시 한번 쭉 읽어 보고 봉한 후 점호하러 온 경비에게 건넸다. 1여 년 전, 나는 완전히 무너진 상태로 부카에 왔다. 그러나 하나님이 나를 다시 세우셨다.

그날 오후 마당에 있을 때, 누군가 감방 문 배식구로 나를 부르는 소리가 들렸다. 감방 문 앞에 무릎을 꿇고 고개를 밖으로 내밀어 올려다보니 교도소장이었다. 뜻밖의 일이었다.

"앤드류, 이즈미르에 있는 집 주소가 뭐요?"

"왜요?"

"두고 보면 알아요."

나는 주소를 말했다.

몇 분 후에 이번에는 네자트가 나를 불렀다.

"앤드류! 어서 와서 TV를 좀 봐!"

"왜?"

"일단 와 봐, 앤드류. 빨리!"

7부

23

협상 결렬

네자트가 TV를 보라고 해서 화면의 자막을 보니, "브런슨 목사가 건강상의 이유로 석방되어 가택연금 될 것이다"라고 쓰여 있었다. 전혀 예상하지 못한 일이었다.

22개월 넘게 수감되어 있는 동안, 튀르키예 당국이 나를 어떻게 석방할지 상상했었다. 아마도 교도소에서 공항으로 바로 데려가거나 하르만달리 같은 추방 센터에 먼저 보내리라 예상했다. 그런데 가택연금이라니, 전혀 생각해 본 적 없는 일이다. 내게 무슨 건강상의 이유가 있단 말인가? 나는 어리둥절했다.

잠시 후 교도소장이 몇 명의 경비와 함께 감방에 왔다. "앤드류, 당신은 석방되어 가택연금 될 거요. 소지품을 챙기시오."

나는 아무 말도 하지 않았다. 질문도 없었다. 가져가고 싶은 모든 것을 쓰레기 봉투에 담기 바빴다. 남기고 가는 물건이 많았다. 마지막으로 기타를 들고는, 네자트에게 참치 캔과 치약, 안 쓴 공책과 펜들을 가리키며 "두고 가는 거 다 가져요"라고 말하고 문 앞에서 포옹했다.

네자트는 "그동안 내가 기분 나쁘게 했던 거 있으면 다 용서해 줄래요?"라고 말했다. 그는 우리가 다시 못 만날 가능성이 크다는 것을 알았다. 성격 좋은 무슬림이 그렇듯 네자트도 좋게 헤어지고 싶어 했다. 그렇지 않으면 심판 날에 그 값을 치를 거라 생각하기 때문이다.

나는 그에게 미소 지으며 말했다. "그래 물론이야, 친구." 용서할 것도 없었다. 우리 사이에 빚이라면 그가 나를 격려하고 친절하게 대해준 것에 대한 감사의 빚뿐이었다. 우리는 다시 포옹했다. 나는 세 아이의 아버지인 이 호인이 부당하게 수감되어 있는 것이 안타까웠다.

교도소장을 따라 계단을 내려가는데, 사방이 시끌벅적했다. 여기저기서 전화벨이 울리고 사람들은 분주했다. 교도소장이 내게 물었다. "당신 부인은 어디에 있는 거죠? 전화를 받지 않아요."

나는 노린이 어디 있는지 몰랐다. 아무것도 몰랐다. 모든 것이 현실 같지 않았다. 30분 전만 해도 나는 감방 마당을 걸으며 기도하고 있었다. 여느 때처럼 은근한 두려움 속에 일어나 매일의 전투에서 하나님께 순복하는 훈련을 하던 중이었다.

출소 절차를 밟고 여권과 신분증, 돈을 돌려받은 후 곧 떠밀려 밖으로 나갔다. 이송 중 그날 처음으로 손에 수갑이 채워지지 않았다. 방탄조끼도 입지 않았고, 나를 태운 것처럼 위장하던 버스가 기다리고 있지도 않았다. 다만 내 옷 무더기와 책과 가장 소중한 편지들이 쓰레기 봉투들에 담겨 있었고, 경찰관들이 나를 둘러싼 채 다음 지시를 기다리고 있었다.

"잠깐만요!" 나는 노린에게 쓴 편지가 기억났다. 그 편지의 의미가 매우 깊어서 가져가고 싶었다. 이제 나는 수감 번호가 없기 때문에 교도소에서 우편 발송을 하지 않을 것이다. 고맙게도 교도소장은 경비에게 우편물실에 가서 그 편지를 찾아보라고 했다.

차분하게 기다리는 동안 사람들이 오갔다. 경찰차 여러 대가 줄지어 섰고, 그중 한 차에 내 물건이 실렸다. 정문이 열리자, 취재진이 모여 있는 것이 보였다.

한 경비가 달려와 노린에게 쓴 편지를 주었다. 나는 고맙다고 인사하며 편지를 꼭 쥐었다. 앞으로 어떤 일이 벌어지든, 내가 부카에서 하나님께 순복했던 것을 기억하고 싶었다.

주요 방송국들이 모두 내 석방 소식을 듣고 호송 팀을 따라오고 있었다. 그 복잡한 중에 누군가 노린이 뒤에서 따라오고 있다고 알려 주었다. 나는 조용히 눈을 감았다. 곧 집에 가서 아내와 함께 있게 될 것이다. 정말로 중요한 것은 그것이었다.

가택 연금

마침내 이즈미르에 있는 우리 아파트 앞에 차가 섰다. 경찰이 골

목을 통제하고 있었지만, 통제선 밖은 사람들로 붐볐다. 노린이 아파트에 들어갔다는 확인 전화를 받을 때까지 우리는 차 안에서 기다렸다. 나에게 집 열쇠가 없다 보니, 노린이 올 때까지 기다려야 했다.

노린이 도착한 것을 확인한 뒤 차 밖으로 나가자마자, 인파가 몰려들었다. 소음과 카메라, 그리고 나를 둘러싼 경비들을 뚫고 다가오려 하는 사람들로 혼잡했다. 오랜 기간 교도소에서 매일 같은 얼굴들만 보다가 갑자기 많은 인파에 둘러싸이니 정신이 없었다. 군중 속에 교회 친구들도 보였는데, 찬양하며 즐거워하고 있었다. 순간 감정이 복받쳤다.

이곳을 떠나던 날, 나는 아침에 일어나 잠깐 들른다는 생각으로 경찰서에 갔다가 22개월 넘게 수감되었다. 다시는 이 아파트에 오지 못할 줄 알았다. 경찰의 보호 속에 계단을 올라가다가 노린을 봤다. 그녀는 층계참에서 기다리다가 나를 보고 계단을 달려 내려와 얼싸안았다. 불가능한 꿈이 실현되었다.

경찰들은 서둘러 우리를 안으로 데려갔다. 노린과 나는 집에 들어서자마자 거실에 무릎 꿇고 서로 포옹한 채 기도했다. "하나님, 감사합니다. 감사합니다. 감사합니다."

여섯 명의 경찰이 두 시간 동안 우리와 함께 있었다. 그들은 모니터를 설치하고 전자 발찌를 채운 후 그것을 풀거나 아파트에서 나가지 말라고 했다. 바깥의 거리는 계속 웅성거렸다. 많은 사람이 우리를 보고 싶어 했으나, 경찰은 오늘 밤에는 손님 방문을 허용하지 않겠다고 했다. "오늘 밤은 조용히 있어요. 알겠죠?"

나는 그래도 괜찮았다. 체포된 후 첫째 아들 조던과 이야기한 적이 없어서 어서 전화하고 싶은 마음이 굴뚝같았다. 핸드폰 화면으로 조던의 얼굴을 보자마자 우느라 5분 동안 한마디도 못 했다. 그리고 몇 시간 동안 재클린과 블레이즈, 부모님과 통화했다.

노린이 찬양을 틀었다. 지난 22개월 동안 이런 음악이 없는 세상에서 살았다. 감옥에서 튀르키예 음악을 많이 들었지만, 하나님의 사랑과 돌보심에 대한 내용은 전혀 없었다. 찬양이 내 안에 스며들었고, 나는 침대에 누워 감격했다.

갑자기 어제 썼던 편지가 생각났다. 호주머니 속에 구겨져 있던 편지를 꺼내 노린에게 주며 그 편지가 왜 중요한지 설명했다.

"내가 얼마나 고민했고, 얼마나 힘들었고, 얼마나 무너졌는지 알지? 그런데 오늘 석방되는지 모르고 어제 이 편지를 썼어. '그 잔을 마지막 한 방울까지 다 마시고 싶다'고 말이야. 내가 부카에서 교도소 생활을 어떻게 마쳤는지 알려 주고 싶어. 나는 마지막에 승리했어. 노린, 하나님의 은혜로 유종의 미를 거두었어."

다음 날도 역시 뭔가 낯설었다. 나는 침대에서 잠을 깼고, 옆에 아내가 누워 있었다. 나를 깨운 소리는 경비들의 점호가 아니라 바깥 거리에서 경찰들이 이야기하는 소리였다. 나는 이제 교도소에 있지 않았지만, 자유를 누리는 것은 아니었다. 가택연금으로는 아직 충분하지 않아 완전히 기뻐할 수는 없었다. 완전히 석방되어야 했지만, 아직 그것은 보장되지 않았다. 우리는 기쁘면서도 내심 불안했다.

내가 석방되어 가택연금 중이라는 소식이 튀르키예 언론에 대서특필되었다. 모든 뉴스 사이트와 TV 채널이 그 소식을 전하고 있었다. 시간이 지나면서 내가 왜 석방되었는지 더 분명히 알게 되었다.

에르도안은 트럼프 대통령에게 한 중동 국가에 억류된 튀르키예 국민을 석방시켜 달라고 요구했다. 트럼프의 도움으로 그 사람은 내가 세 번째 재판에 출석하기 사흘 전인 7월 15일에 튀르키예로 돌아왔다. 미국에서 대이란 제재를 어겨 유죄 판결을 받은 튀르키예 은행가를 두고도 논의가 있었다. 결국 내가 석방되면, 그 사람이 본국인 튀르키예에서 나머지 형기를 살도록 하는 것으로 합의가 이루어졌다.

그런데 갑자기 튀르키예 측이 협상을 깨고 요구 조건을 과도하게 늘렸다. 당시 미국이 튀르키예의 국립은행 할크뱅크를 조사할 예정이었고, 그 결과 수십억 불의 과징금이 부과될 수도 있는 상황이었는데, 그 조사를 하지 말라고 요구한 것이다. 트럼프는 에르도안에게 화가 나서 전화 통화 중 책상을 내리치며 "우리는 합의했잖소!"라고 외쳤다고 한다.

이런 이유로 판사가 돌연 태도를 바꾸어 세 번째 재판을 서둘러 마쳤던 것이다. 협상이 결렬되어 내가 부카로 돌아가게 된 것이었다.

내가 가택연금이 된 것은 에르도안이 어깃장을 놓은 것이었지만, 튀르키예 언론은 그것이 단지 오해에 기인했다고 보도했다. 트럼프 대통령이 말한 집은 미국이었는데, 에르도안은 이즈미르의 집을 의미했다는 것이다. 이것은 마지막 지푸라기였다.

하루를 온전히 집에서 보낸 첫날, 트럼프 대통령은 트위터에 미국의 입장을 분명히 밝혔다. "미국은 앤드류 브런슨 목사를 장기 억류한 튀르키예를 크게 제재할 것이다. 그는 훌륭한 그리스도인이자 가족을 사랑하는 인격자이다. 그런 그가 큰 고통을 받고 있다. 이 무고한 믿음의 사람은 당장 석방되어야 한다!"

그날 튀르키예 뉴스에 보도된 미국 정치인은 트럼프 대통령만이 아니었다. 펜스 부통령도 직접 에르도안을 대상으로 연설했다. "미국 대통령을 대신하여 에르도안 대통령과 튀르키예 정부에 메시지를 전합니다. 지금 앤드류 브런슨 목사를 석방하십시오. 그렇지 않으면 그에 따른 대가가 있을 것입니다. 만일 튀르키예가 즉각 조치해서 이 무고한 믿음의 사람을 석방하여 본국으로 보내지 않으면, 미국은 그가 석방될 때까지 튀르키예를 강력히 제재할 것입니다."

더 이상 분명할 수 없는 메시지였다. 튀르키예가 나를 석방하지 않으면, 경제 제재를 당할 상황이었다. 한편 튀르키예 언론의 반응도 분명했다. 나를 당장 감옥으로 돌려보내라는 것이었다. 정말 무서웠다. 매우 혼란스러웠지만, 곧 뭔가 일어날 것 같다는 느낌이 들었다. 당장 주말에라도 말이다.

다음 날 밤늦게 전 대사가 방문했다. 그는 친구들을 통해 연락했는데, 양국 사이를 중개하는 데 관여하고 있는 것 같았다. 검색해 보니 그는 미국인이 맞았고, 몇 년 전에 대사를 역임했다. 그가 내 상황을 해결하고 싶어 하는 것은 사실이었다. 그러나 나중에 알고 보니 그는 미국보다는 튀르키예 정부 쪽 사람이었다.

그는 경제 제재에 대해 말하고 싶어 했다. "이렇게 하면 안 돼요.

이건 잘못이니까 트럼프에게 물러서라고 하세요."

노린과 나는 서로 쳐다봤다. 나는 일어서서 그를 문밖으로 안내하며 말했다. "글쎄요. 나는 그렇게 하지 않을 거예요. 내가 대통령에게 어떻게 하라고 지시할 수는 없어요. 물론 나는 튀르키예 국민이 피해 보는 걸 원하지 않지만, 미국이 행동에 나서지 않으면 이 문제가 해결될 수 없어요. 에르도안은 이미 해결할 기회가 많았지만, 올바른 선택을 하지 않았어요."

상황이 악화되다

다음 날이 되었지만, 아무 일 없이 지나갔다. 그렇게 한 주가 훌쩍 지나갔다. "갈 준비를 하세요. 한 주나 열흘 후가 될 겁니다"라는 말을 들었다. 우리는 그 조언을 따라 짐을 쌌고, 곧 튀르키예를 떠나길 조심스럽게 희망했다.

그렇게 벌써 열흘이 거의 다 되어 가는데도, 여전히 아파트에 갇혀 있고, 전자 발찌를 차고 있으며, 바깥에는 경찰관들이 지키고 있었다. 튀르키예가 협조하고 있다는 징후는 보이지 않았다.

미국 측 인사들이 노력하지 않아서가 아니었다. 상원의원 랭크포드, 섀힌, 틸리스가 F-35 폭격기를 튀르키예에 팔지 못하게 하는 법안을 제출했고, 유럽 연합 의회의 21개국 98명 의원이 내 석방을 요구하는 서한에 서명했다. 트럼프 대통령도 경고한 대로 행동에 나섰다.

미국 재무부는 마그니츠키법(외국인 인권 가해자의 자산 동결법)으로 튀르키예 법무부 장관과 내무부 장관의 자산을 동결했다. 두 사람은 내가 체포되고 억류되는 데 책임이 있다는 혐의를 받았다. 그것은 미국이 행동에 나선다는 의지를 보여 주는 일이었다. 그러자 금융 시장이 반응을 보여 튀르키예 리라화가 폭락했다.

전직 미국 관료는 〈뉴욕 타임스〉에서 이렇게 말했다. "이제 양국 관계는 공식적으로 위기 상황이다. 에르도안이 여기서 벗어나는 유일한 방법은 그가 가장 싫어하는 일을 하는 것이다. 즉 물러서는 것이다."

내가 반쪽짜리 자유라도 누리는 시간이 길어질수록, 교도소로 돌아간다는 것은 상상도 할 수 없는 일이 되었다. 부카에서 나는 마라톤 선수처럼 지친 중에도 달리기에 집중했고, 다시 시작하지 못할까 봐 염려되어 경주를 멈추지 않으려 애썼다. 그러나 지금은 노린과 함께 있고, 아이들과 통화도 하고, 친구들을 볼 수 있고, 뉴스를 볼 수 있는 등 좋은 점이 너무 많았다.

나는 아파트로 돌아온 날 노린에게 이렇게 말했다. "하나님의 계획을 이루기 위해 필요하다면, 교도소로 돌아가도 괜찮아. 그저 오늘 당신과 함께 있었던 것으로 감사할 거야."

그러나 갈수록 그렇게 생각하기가 어려워졌다. 그럼에도 다시 교도소로 돌아갈지도 모른다는 가능성을 배제할 수 없었다. 열흘이 지나도 아무 일도 일어나지 않았기 때문이다. 양국 관계는 상당히 좋지 않았고, 점점 더 악화되었다.

어느 날 아침, 나는 이렇게 말했다. "노린, 만일 우리를 보내지 않으면 어떻게 하지?"

24
브런슨 위기

나는 집에 갇혀 있었다. 경찰이 경비를 삼엄하게 해서 "허락 없이는 새도 날지 못할 정도"라고 신문에서 보도했다. 노린이 가게에 다녀올 때마다 경찰은 노린의 가방과 장을 본 비닐봉지까지 조사했다. 친구들도 일단 몸수색을 받고 신분증과 사진을 검찰로 보내 허락을 받고서야 들어올 수 있었다.

나는 손님 수를 줄이고 조용히 기다리라는 조언을 들었다. 노린이 교회에 갈 때마다 기자들이 접근했고, 비교적 안전하게 봉쇄된 골목에서 나갈 때마다 사진기자들이 기다리고 있는 경우가 많았다. 우리는 최대한 눈에 띄지 않게 행동하느라 튀르키예든 미국이든 어떤 언론과도 접촉하지 않았다. 페이스북도 멀리했고, 우리 사건에 대해 아무에게도 편지를 쓰지도 않았다.

튀르키예 언론은 내 이야기에 집착했고, 희화화된 내 모습이 신문에 등장했다. 나를 조커 카드나 달러 지폐와 합성하기도 하고, 람보의 몸에 내 머리를 합성하기도 했다. 나를 모함하는 기사가 사실처럼 반복해서 보도되기도 했다. 법정에서 아무리 변론하고 거짓 증인들에게 반박해도 언론에 하나도 보도되지 않아 속상했다.

게다가 언론 보도는 날이 갈수록 가관이었다. 여기에는 이유가 있었다. 에르도안 대통령의 측근이라 할 수 있는 두 명의 주요 장관을 마그니츠키법(외국인 인권 가해자의 자산 동결법)으로 제재해도 에르도안 대통령이 꼼짝도 하지 않자, 트럼프 대통령이 튀르키예산 수입 철강과 알루미늄의 관세를 두 배로 올렸기 때문이다.

그러자 또다시 튀르키예 리라화가 폭락했다. 보도에 따르면 튀르키예 주식 시장에서 400억 달러가 증발했다고 한다. 그것은 튀르키예 국민 전체에 큰 영향을 끼쳤다. 이런 가운데 〈이코노미스트〉지는 내가 "세상에서 가장 비싼 죄수"라고 했고, 튀르키예 언론은 이 상황을 "브런슨 위기"라고 불렀다.

양보 없는 싸움

나는 여전히 아파트에 갇혀 있었다. 교도소에서 나온 것은 좋았지만, 여느 튀르키예 집처럼 창살이 있다 보니 새장에 갇힌 새가 된 기분이었다. 날이 갈수록 튀르키예 국민들은 나를 더 미워했다. 처음에는 에르도안 지지자들만 내가 페툴라 귤렌을 지지했다고 여겨 미워했는데, 언론에서 PKK(쿠르드 노동자당) 의혹을 보도하자 PKK를 싫어하는 사람들까지 나를 공격했다. 그런데 이제 물가가 급등하고 시장경제가 힘들어지자, 모든 튀르키예 국민이 나를 미워하게 되었다.

상황이 이렇다 보니, 20-30명의 경찰과 군인이 우리 아파트를 둘러싸고 경비를 섰으며 무장한 경찰차나 군용차가 밖에 주차되어 있었다. 내가 건물에서 못 나가게 하려는 것이 아니라 아무도 들어오지 못하게 막으려는 것이었다. 저격당하지 않도록 발코니나 창문에 서지 말라고도 했다. 이렇게 나는 공격의 표적이 되었다.

혼란의 소용돌이 속에서 모든 것은 내 탓이 되었다. 이런 현상이 다른 신흥시장들에 영향을 끼쳐 투자자들이 튀르키예에서 철수하는 바람에 아르헨티나가 채무 불이행을 선언할 것이라는 기사도 있었다. 그러나 사실 튀르키예 경제에는 고질적인 구조적 문제가 있었다. 여기에 트럼프 대통령의 경제 제재로 임계점에 도달하자, 투자자들이 놀라 튀르키예에서 철수했던 것이다. 그러나 에르도안은 튀르키예의 모든 금융 문제를 미국과 내 탓으로 돌렸다.

튀르키예 경제가 죽어 가는 듯한 상황에도 트럼프 대통령은 관세 인상 이상의 제재를 가하겠다고 선언했다. 백악관과 긴밀하게 일하는 친구에게 전화했더니, 트럼프의 계획을 이렇게 요약해 주었다. "트럼프 대통령은 튀르키예가 지불하려고 하는 값과 지불하지 않을 값이 있다는 걸 알아. 그래서 끝까지 밀고 나갈 거야."

그 당시 나는 애굽의 바로에 대한 생각을 많이 했다. 에르도안이 바로와 비슷하게 여겨졌다. 모세가 바로에게 이스라엘 백성을 보내라고 해도, 바로는 계속 마음을 완악하게 했다. 에르도안의 마음도 완악해지고 있는 걸까? 그렇지 않다면 왜 튀르키예가 그런 불이익을 당하게 놔두겠는가?

지난 2년 동안 튀르키예 정부는 내 문제를 해결하려 하다가도 다시 뒤로 물러났다. 이번에도 또 그럴까? 에르도안은 미국과 관계 개선을 하기보다는 판돈을 더 키우고 있는 것 같았다.

트럼프 대통령도 물러서지 않았다. 그는 8월 17일에 트위터에 이렇게 썼다. "튀르키예는 오랜 세월 미국으로부터 혜택을 보았다. 그런데 지금 미국의 훌륭한 목사를 억류하고 있다. 그는 위대한 애국자 인질로서 미국을 대표하고 있다. 우리는 무고한 사람을 석방하라고 돈을 지불하지 않을 것이다. 그 대신 튀르키예에 주던 혜택을 삭감할 것이다!"

우리는 "애국자 인질"이 된다는 것이 뭔지 잘 몰랐다. 트럼프의 변호인단에 속한 제이 시컬로는 우리에게 전화해서 그 의미를 설명해 주었다. 문제가 올바르게 해결될 때까지 기다리고 인내하라는 뜻이었다.

튀르키예 언론의 보도는 갈수록 암울해졌다. 나를 다시 교도소로 보내는 문제로 설문 조사를 벌이는 것뿐만 아니라, 내가 어떻게 암살당할지 공개적으로 추론하고 있었다. CIA가 나를 타깃으로 삼았다는 기사도 있었다. 이스라엘의 모사드가 나를 암살할 가능성이 더 크다는 주장도 있었다. 그러면 미국과 튀르키예의 관계가 악화되어 이스라엘에 이득이 된다는 것이었다.

또 어떤 사람들은 CIA와 모사드 팀이 우리 집 근처의 아파트에 잠복해 있는데, 목표는 나를 죽이는 것이 아니라 구조하는 것이라고도 했다. 어떤 사람들은 그런 기사들이 단지 해롭지 않은 음모론에 불과할 뿐이라고 했지만, 언론도 사법부만큼 튀르키예 정부에 종속되어 있었다. 즉 그런 일이 실제로 일어났을 때 근거로 대려고 미리 시나리오를 쓰는 것일 수도 있었다.

어쩌면 불만을 품은 튀르키예 정부 내의 분파나 큰 사업가가 문제를 해결하고 위기를 타개하기 위해 행동에 나설 수도 있었다. 그러면 나는 암살당하거나 사라지거나 납치될 수 있었다. 그 일은 에르도안과 상관없이 일어날 수도 있고, 에르도안이 비밀리에 승인하여 일어날 수도 있었다. 앉아서 그런 걱정만 하고 있었던 것은 아니지만, 가능성을 생각해 보았다. 호기심과 음모가 난무하는 튀르키예에서는 무슨 일이든 일어날 수 있었다.

끝까지 신실하게

나는 일주일에 한두 번씩 한밤중에 자다가 침대에서 벌떡 일어났다. 경찰이 문을 두드리며 벨을 눌렀기 때문이다. 내가 안에 있는지 이따금 확인하기 위해서였다. 나는 밤낮 무슨 일이 일어날지, 언제 교도소로 끌려갈지 몰랐다. 그래서 아파트 문을 열 때면, 핸드폰을 들고 유사시에 문자를 보낼 준비를 했다.

가택연금으로 바뀐 후 바로 수면제와 항우울제, 자낙스를 끊으려고 했다. 그러나 긴장이 커지고 교도소로 돌아갈 가능성이 높아지자 다시 불안해졌다. 약을 먹고 싶지 않지만, 계속 자낙스를 먹어야 했다.

아내가 해 주는 말을 들을 필요도 있었다. 노린은 외출했다가 오후에 집에 왔을 때, 내가 왔다 갔다 하며 불안해하는 것을 여러 번 봤다. 그녀는 나에게 뭘 보고 있었느냐고 물었다. 나는 시위대가 거리에서 애플의 전자제품을 태우거나 "알라후 아크바르"라고 외치며 달러를 태우는 동영상을 보여 줬다. 또는 에르도안이 경제 전쟁에 관해 말하며 "테러 집단과 연결된 목사를 위해 팔천백만 튀르키예인을 감히 희생시켜?"라고 했다는 기사를 보여 줬다.

에르도안은 나를 계속 감옥에 가둬두려고 미국과의 관계를 무리하게 몰고 가는 것 같았다. 그러다가 어느 날 트럼프 대통령이 내가 비록 결백하지만, 나를 구조하기 위해 치러야 하는 값이 너무 크다고 생각할까 봐 두려웠다. 트럼프가 물러서지 않은 것은 기적이었다.

노린은 나에게 그런 기사나 동영상을 보지 말라고 했다. 그녀의 말이 맞다는 걸 알고 있었다.

언론만 나를 불안하게 만든 것은 아니었다. 9월의 어느 날 오후, 노린이 교회에 간 사이 러닝머신을 달리며 땀에 젖어 헐떡이고 있는데 경찰이 전화했다. "당신을 보고 싶어 하는 성직자가 있어요. 제임스 신부라고 하는데요."

내가 아는 이즈미르에 있는 성공회 교회 신부라고 생각해서 올려 보내라고 했다. 그런데 문을 열고 보니 아니었다. 제임스 신부는 내가 생각한 그 사람이 아니었고, 혼자도 아니었다. 그는 동행한 미국인 사업가와 튀르키예인 변호사를 소개했다. 나는 그들의 말을 들어보기로 했다.

사업가가 말했다. "많은 튀르키예 회사들이 외채가 있어요. 지금 상황이 어려워서 곧 문을 닫을 회사들이 많아요. 그래서 튀르키예와 미국의 많은 사업가가 이 사태가 조속히 해결되기를 바라고 있어요."

나는 우려되었다. 염려하던 대로 어떤 그룹이 에르도안도 모르게 나를 빼내어 상황이 더 힘들어지는 것은 아닐까? 나는 그들이 하는 말을 노린도 들어 봤으면 좋겠다고 말하고 그녀에게 전화했다. "지금 당장 집에 와야겠어. 문제가 생긴 건 아니고, 손님들이 오셨어."

노린은 몇 분 후에 돌아와 그 사업가의 이야기를 들었다.

"우리는 방금 미국에서 개인 비행기를 타고 왔고, 내일 에르도안 대통령을 만날 것입니다. 우리는 개인 자격으로 미국과 튀르키예 사업가들의 관계를 대표하는 차원에서 일하고 있습니다. 우리 모두 이 문제가 해결되기를, 내일 그렇게 되길 기대합니다. 만일 내일 해결되면, 우리가 당신을 미국으로 모시고 싶습니다. 그러니 준비하세요. 가방 한두 개만 가져갈 수 있습니다."

노린과 나는 무슨 말을 할지 몰랐다. 그는 미국 정부의 고위급 인사들과 함께 찍은 다양한 사진을 핸드폰으로 보여 주었다. 그리고 몇 마디 더 하고 떠났다.

그들이 떠나는 모습을 창밖으로 내다보는 노린에게 물었다. "어떻게 생각해? 그들이 이걸 비밀로 하려고 했는지 모르겠지만, 비밀로 하기 어렵겠어. 봐."

그 세 명은 경찰 봉쇄 구역을 지나 취재진 속으로 들어갔다. 긴 수도사복을 입은 제임스 신부가 가장 주목받았지만, 그는 호감이 가는 아름다운 미소를 띤 채 기자들 사이를 지나며 입도 뻥긋하지 않았다. 마침내 그들이 군중을 뚫고 정부 표식이 붙은 SUV에 탔을 때, 속으로 생각하고 있던 말을 노린이 먼저 했다.

"그럼 우리 짐을 쌀까?"

"그래야 할 것 같아."

그러나 네 번째 공판 며칠 전까지 아무 일도 일어나지 않았다. 그 사업가는 에르도안을 설득하지 못했고, 우리는 그의 비행기에 타지 못했다. 노린에게 인터넷 뉴스를 보지 않겠다고 약속했지만, 공판일이 가까워지자 유혹을 뿌리치기 어려웠다.

튀르키예 경제가 아무리 타격을 받아도 에르도안은 물러서지 않으려 했다. 그는 국회 연설에서 내가 테러 집단과 흑막이 있다며 비난했고, 관료들도 나를 다시 교도소에 가둬야 한다고 옹호했다. 언론의 추측은 둘로 나뉘었다. 내가 곧 석방될 것으로 확신하는 사람들이 있었고, 내가 다시 철창에 갇혀 35년을 복역할 것이라고 강경하게 말하는 사람들도 있었다.

나는 수많은 밤을 잠 못 들며 기도했다. "저는 아이들에게 꼭 돌아가고 싶어요. 그러나 제가 다시 감옥으로 돌아가서 당신이 이루실 것이 있다면, 제가 끝까지 신실하도록 힘과 용기와 인내를 주세요. 저는 두려워요. 오 하나님, 저를 보내 주세요. 그러나 그게 아니라면, 제가 끝까지 신실하게 해 주세요."

나는 무슨 일이 일어날지 몰랐다. 그것을 아는 사람은 아무도 없었다. 어쩌면 에르도안도 자신이 앞으로 어떻게 될지 몰랐을 것이다. 그러나 그들이 다시 나를 감옥으로 보낸다면, 뭐라고 말할지 생각해 두었다. "당신들은 나를 이길 수 있습니다. 그건 그렇게 어렵지 않아요. 그러나 내 안에 사시는 예수님은 이길 수 없습니다."

공판 전날, 튀르키예 주재 임시 대리대사가 가족연구위원회 회장이자 미국의 국제종교자유위원회(USCIRF) 위원인 토니 퍼킨스와 함께 왔다. 토니는 전날 트럼프 대통령을 만났다고 하면서 편지를 건넸다.

앤드류 목사님께.
우리는 당신을 위해 기도하고 있고, 당신을 집으로 데려오기 위해 일하고 있습니다.
믿음을 지키세요. 우리는 이길 겁니다!
하나님이 당신을 축복하시기 바랍니다.

충심으로 **도널드 트럼프**

가슴 뭉클한 편지를 받고 우리는 매우 감사했다.

그날 밤, 나는 짐을 두 개 쌌다. 하나는 미국으로 돌아가는 짐, 하나는 교도소로 돌아가는 짐이었다.

25

39시간

재판 날, 알람이 새벽 4시 반에 울렸지만, 나는 이미 깨어 있었다. 낮에 무슨 일이 벌어질지 밤새 생각하고 기도하고 상상했다. 결국 교도소행일까? 이 밤이 자유를 누리는 마지막 밤이 될까? 아니면 튀르키예에서 보내는 마지막 밤이 될까? 여러 가지 가능성이 머릿속에 오갔고, 어떻게 될지 알 수 없었다.

사람들마다 의견이 달랐다. 나를 어떻게 출국시키는 것이 가장 좋은지에 대해 의견이 분분했다. 경찰서에 억류되어 있다가 이스탄불에서 나갈 수도 있고, 심지어 튀르키예 경찰이 미국까지 호송할 수도 있었다. 아니면 나를 석방시켜 미국 대사관으로 가게 할 수도 있지만, 그렇게 되면 절차가 신속하지 않을 것이다. 왜냐하면 다음 날까지 미국행 비행기 편이 없었기 때문이다.

셈의 의견은 또 달랐다. 그는 하루 만에 모든 절차를 다 마칠 수는 없을 것이라고 했다. "튀르키예 당국은 당장 당신에게 유죄 선언을 하거나 수감시키지 않을 거예요. 절차가 그렇지 않아요. 검사 측이 증거를 제시할 거고, 우리도 증거를 제시해야 해서 아직 갈 길이 멀어요."

이런 상황에서 새벽 5시 15분에 경찰이 왔을 때, 내가 선택한 깃은 교도소 수감용으로 싸놓은 가방이었다.

한 경찰이 나를 물끄러미 보며 물었다. "뭐가 들었죠?"

"성경책과 옷가지들입니다. 다시 수감되면 필요한 것들이에요."

그가 고개를 저었다. "그건 못 가져가요. 법원에서 필요한 서류들만 가져가세요."

나는 싫었지만, 노린이 나를 안심시키며 말했다. "괜찮아, 앤드류. 필요하면 내가 가져갈게."

마지막 재판

오전 재판에는 제일 먼저 검사 측의 주요 증인이었던 사람의 이야기가 다시 거론되었다. 레벤트는 전에 우리 교회의 교인이었다. 그는 세 번째 재판에서 내가 쿠데타 후에 FETO(귤렌 추종 세력) 추종자를 기도의 집에 숨겨 주었고, 쿠르드족 폭탄 제조업자와 함께 일했다면서 두 사람에게 그 말을 들었다고 주장했다. 당시 셈이 이의를 제기했는데, 검사는 이번에 레벤트의 주장을 뒷받침하는 증인이 있다고 하며 두 사람을 세웠다.

그들은 다 내가 아는 사람이었다. 첫 번째 증인은 기도의 집 옆집에 살던 사람인데, 내가 FETO(귤렌 추종 세력)를 지지한다고 레벤트에게 말했냐고 검사가 물어보자 고개를 저으며 말했다. "아니요, 나는 절대로 그렇게 말하지 않았어요. 오히려 그가 내게 그렇게 말했죠."

놀라운 일이었다. 그것만이 아니었다. 내가 쿠르드족 폭탄 제조업자와 친구라고 말했느냐고 검사가 물어보자, 그는 강하게 부인했다. "레벤트가 내게 그렇다고 말했어요. 나는 그것에 대해 아무것도 몰라요. 나는 그냥 내 일을 하는 요리사일 뿐이에요."

나는 그것만으로도 레벤트의 거짓말이 입증되어 기뻤다. 그러나 그것이 전부가 아니었다. 대형 화면이 깜박거리더니, 다른 증인이 등장했다. 그는 증인 선서를 하고 나서 질문을 받자 진실을 털어놓았다. "아니요, 당신은 잘못 알았어요. 사실 어떤 일이 일어났냐면…" 이어서 그는 중요한 비밀 증인 한 명의 말을 완전히 뒤엎었다.

나는 판사들의 심중이 어떤지 파악하려고 애써 보았지만, 한결같이 무표정이라 도무지 알 수 없었다. 반면에 검사는 적잖이 당황한 것 같았다. 그는 마지막에 증언한 두 증인의 증언을 취소하겠다고 판사에게 말했다. 그중 한 사람은 내가 배에 현금을 잔뜩 실어 이스라엘로 보내 PKK(쿠르드 노동자당)에게 전달하려 했다고 주장했다. 판사는 점심시간을 일찍 갖겠다고 공지했다.

나는 혼자 앉아 있었다. 너무 긴장해서 음식을 먹을 상태가 아니었다. 재판을 재개한 후 상황은 나에게 매우 불리해졌다. 검사는 발언권을 얻은 후 마이크에 입을 아주 가까이 대고 말했다. "재판이 완전히 끝날 때까지 앤드류 브런슨을 당장 재수감할 것을 요구합니다."

셈을 보니 그도 나처럼 놀란 것 같았다. 재수감 가능성이 있음을 알았지만, 너무 갑작스러웠다. 나는 튀르키예 당국이 체면을 차리며 나를 놔줄 길을 찾기를 바랐다. 그런데 오히려 좋지 않은 방향으로 흘러가고 있었다. 이 사건 때문에 이렇게 튀르키예가 온갖 위협을 받으며, 경제적 타격도 크고, 혼란이 난무하는데도 나를 붙잡아 두려 할까?

부장판사는 다른 두 판사와 의논하고 나서 검사의 요구를 거절했다. 그러자 검사가 말했다. "아, 그렇다면, 먼저 제가 제안한 후 판결을 내려 주시기 바랍니다."

나는 셈을 봤다. 그는 더는 놀라지 않았고, 결국 법원이 마음먹은 대로 할 것이라는 사실을 받아들인 듯했다. 반면 나에게는 아찔한 두려움이 몰려왔다. 숨이 턱 막혔다. 검사는 마지막으로 할 말을 하겠다면서 판사를 압박하고 있었다. 지옥의 문이 다시 활짝 열리는 것 같았다.

검사는 두꺼운 서류 뭉치를 꺼내어 읽었다. 재판 전에 미리 준비한 문서였다. 너무 빠르게 읽어서 알아듣기 어려울 정도였다. 법원 직원이 나와 셈에게도 그것을 한 부씩 주었다. 우리도 그 서류를 보며 검사가 하려는 말이 뭔지 파악하려고 했다. 그러다 검사가 읽는 소리를 무시하고 마지막 페이지를 봤다.

그는 왜 나를 유죄로 보는지 온갖 이유를 나열했다. 전에 증언했던 모든 증인의 말이 요약되어 있었고, 그중에는 셈이 반박한 사람들, 심지어 바로 그날 아침에 반박했던 사람들도 있었다. 검사는 우리의 모든 반론과 답변, 설명을 전혀 듣지 않은 것 같았다. 게다가 나에게 유죄 판결을 내리라고 판사에게 요구했다. 순간 그전까지 품었던 모든 희망이 사라졌다. 바로가 다시 마음을 완악하게 먹은 것이다.

셈을 흘깃 보니, 그도 검사의 말을 듣지 않고 있었다. 그는 관련 서적을 뒤적이다 마지막 페이지에 있는 양형 기준을 찾아 총 몇 년이 선고될지 계산하고 있었다.

검사가 거의 30분 동안 자신의 진술문을 다 읽고 나자, 법정은 조용했다. 나는 속으로 이런 식으로 해선 안 된다고 외치고 싶었지만, 그냥 어안이 벙벙한 채 앉아 있었다.

이어서 판사가 의견을 요약하며 우리 측 증인들의 말을 듣거나 우리가 제출하는 증거를 받지 않겠다고 선언했다. 나는 간담이 서늘했다. 그때 한 가지 생각이 뇌리에 맴돌았다. '유죄를 선고하려고 하는구나.' 나는 다시 교도소로 가게 되리라 확신했다. 문제는 형을 얼마나 받느냐였다.

"최후 변론을 하겠습니까?"

나는 판사를 보았다. 변론을 하라고? 이런 상황에서 내가 어떻게 변론하겠는가? 증언하고 싶어 하는 우리 측 증인들도 있었지만, 판사는 기회를 주지 않았다. 음성 및 동영상 자료 외에도 진술서와 문자 메시지, 이메일 등 검사가 나에 대해 거짓말한 것을 뒤집을 자료들은 많았다. 그러나 판사는 그중 하나도 허락하지 않았다.

나는 가택연금 중 변론을 효과적으로 준비해서 이전 재판에서 나온 모든 거짓 증인들의 주장을 반박하려고 했다. 그러나 그래 봤자 무슨 소용인가? (이제 그런 것은) 다 소용이 없었다. 판사는 그런 것들에 전혀 관심이 없었다. 다 끝난 것이나 마찬가지였다.

판사가 다그쳤다. "최후 변론을 하겠느냐고 했습니다."

나는 샘을 본 후, 뒤에 앉아 있는 노린을 봤다. "존경하는 재판장님, 변호사 그리고 제 아내와 얘기하고 싶습니다."

판사가 말했다. "좋아요. 10분 드리겠습니다."

나는 목이 메어 말했다. "노린, 이 사람들은 나를 다시 교도소로 보내려 해. 내게 유죄 판결을 내릴 거야. 난 알아."

샘은 여전히 법원 안내서를 뒤적이며 말했다. "보세요. 혐의가 가벼워졌어요. 최대 형량이 15년이에요."

"15년? 그러면 65세가 될 거예요. 나는 그렇게 못 해요! 샘, 내 말 알겠어요?"

"알아요. 하지만 여기서 변호할 수 없어요. 재판부도 우리가 변호하기를 바라지 않는 것 같아요. 무슨 일이 일어나고 있는 것 같아요. 뭔가 이미 결정됐어요. 판사와 얘기해 볼게요."

샘은 자리를 떴고, 노린과 나는 낮은 울타리 장벽을 사이에 두고 서 있었다. 샘 브라운백이 노린에게 한 말이 기억났다. 미국에서라면 내 사건은 5분 만에 판결 날 것이다.

샘이 돌아왔을 때 무슨 표정인지 읽을 수 없었지만, 그의 목소리는 차분했다. "판사가 말하길, 검사가 낮은 형량을 주문했대요. 그리고 당신의 선행과 법정에서 보여 준 바른 태도 때문에 판사가 형량을 더 낮추려고 한대요. 그들이 형량을 어떻게 하려고 하는지 모르겠지만, 이미 결정한 건 분명해요. 우리가 더 길게 끌어봐야 소용없어요. 어차피 그들은 우리가 하는 말을 듣지 않을 거예요. 당신이 변론하기를 바라지 않으니, 하지 맙시다. 몇 문장만 말하세요. 나도 몇 가지 요점만 말할게요. 그리고 그들이 어떻게 하는지 봅시다."

나는 대답하려고 입을 열었지만, 아무 말도 나오지 않았다. 그저 고개만 끄덕였다. 노린이 나를 포옹했다. 나는 자리로 돌아가서 판사들이 서류를 정리하는 동안 할 말을 쓰기 시작했다. 시간이 너무 없었지만, 판결 전에 뭔가 말하고 싶었다. 뭐라고 말할까?

그런데 판사가 너무 빨리 시작했다. "진행하겠습니다. 무슨 변론이 있습니까?"

단상 앞의 마이크로 걸어가는데, 다리에 힘이 없었다. 판사들이 앉은 자리가 평소보다 더 높아 보였다. 나는 입이 바짝 타들어 갔다. 방청석에 앉은 수십 명의 사람들은 쥐죽은 듯 조용했다.

"나는 결백한 사람입니다"라고 말하는데, 목소리가 걱정했던 것보다 차분해서 기뻤다. "나는 예수님을 사랑합니다. 나는 튀르키예를 사랑합니다."

판사들은 아무 반응 없이 셈을 보았다. 그들은 셈의 말을 몇 마디 들은 후 일어서서 단상을 떠나 내 운명을 결정하러 갔다.

뜻밖의 판결

나는 자리에 앉아서 다시 펜을 들었다. 내 생각을 적고 싶었다. 이 순간을 정리하며, 최종 판결이 났을 때 할 말을 준비했다. 나는 너무 절박했고, 혼자였으며, 기진맥진했다. 석방되는가 했는데, 미국 정부가 이렇게 전례 없이 애썼는데, 유죄 판결을 받고 다시 교도소로 갈 판이었다.

종신형일까? 어쩌면 그럴 것이다. 15년이면 우리 아이들이 다 자랄 것이고, 손주들도 안아보지 못할 것이다. 그리고 아내는 이런 상황 속에서 얼마나 힘들어질까? 이렇게 끔찍하게 고립되어 어떻게 살아남을까?

나는 이렇게 썼다. "나는 결백합니다. 나는 선교사입니다. 나는 예수님을 위한 죄수입니다. 부디 나와 아내와 자녀들을 잊지 말아 주세요. 그리스도인들은 나를 위해 기도해 주세요. 이건 나 혼자 질 수 없는 짐입니다. 내가 끝까지 견딜 수 있도록 예수님이 용기를 주시기 바랍니다. 나는 튀르키예를 사랑합니다. 나는 예수님을 사랑합니다."

나는 펜을 내려놓았다. 더 쓸 말이 없었다. 나는 고개를 돌려 노린을 찾았다. 노린과 이야기하는 것이 허락됐기 때문에 손짓으로 그녀를 불렀다. 우리는 울타리를 사이에 두고 이마를 맞댔다. 노린이 기도했다. "지금 이 자리에 주님이 필요합니다. 여기 있는 저희에게 주님이 필요합니다. 저희가 주님의 이름을 부릅니다."

노린이 기도를 마치자, 나는 걱정하는 바를 말했다. "노린, 이 사람들이 나를 교도소에… 교도소로 보내려고 해."

"기다려, 앤드류. 좀 기다려. 셈이 무슨 일이 일어나고 있다고 했잖아."

"아니야. 이 사람들은 나를 교도소로 보낼 거야, 노린. 그런 일이 일어날 거야."

법정 안쪽에서 움직이는 소리가 들려 판사들이 돌아온 것을 알 수 있었다. 아내를 보내고 싶지 않았다. 언제 다시 이렇게 아내를 포옹할 수 있을지 몰랐기 때문이다.

판사가 일어나서 판결을 들으라고 하여 자리에서 일어섰다. "당신은 유죄입니다. 당신은 테러 집단 소속은 아니지만, 일부러 알면서 테러 집단을 지원했습니다. 그래서 당신에게 5년형을 선고합니다…"

그는 말끝을 흐렸다. 순간 머리가 빙빙 돌았다. 판사는 이 범죄의 정치성이 어떻게 판결에 영향을 끼쳤느냐에 대해 계속 말했는데, 내 귀에 들어온 것은 "유죄"와 "5년"뿐이었다. 나는 내가 쓴 것을 봤다. 그것은 여전히 진실이었다. 유죄 판결을 받았지만, 나는 결백했다. 그리고 나는 여전히 예수님을 사랑했다. 판사는 아직도 말하고 있었다.

나는 이제 무슨 일이 일어날지 생각했다. '나를 다시 부카로 보낼까? 네자트와 함께 지내던 감방으로 돌아가게 될까?'

법정에는 침묵이 감돌았다. 고개를 들어 나를 응시하는 판사를 봤다. 그가 말했다. "이상입니다."

무슨 말인지 잘 이해가 되지 않았다. 나를 교도소로 데려갈 헌병을 만나야 하는 건가? 나는 셈 쪽을 봤다. 그는 나를 향해 다가오며 미소 짓고 있었다.

"당신은 자유예요."

"뭐라고요?"

"판사가 판결을 3년 1개월 15일로 줄인 다음 이미 복역한 기간을 뺐어요. 검사가 당신을 다시 수감하라는 요구를 철회했어요. 그래서 검사가 항소하지 않는 한 당신은 석방이에요."

"그래서 뭐죠? 가택연금인가요?"

"아닙니다. 여행금지도 해제되었어요. 당신은 자유예요. 집에 가도 돼요. 미국에 가도 돼요."

셈이 노린에게 말하러 간 사이 나는 판사들에게 감사하다고 했다. 심지어 검사에게도 감사하다고 했다. 그때 노린이 달려왔고 우리는 함께 무릎 꿇고 기도했다. "하나님, 감사합니다. 감사합니다. 감사합니다. 하나님, 감사합니다."

무장 군용차가 앞서는 가운데, 나는 경찰차를 타고 이즈미르로 돌아갔다. 마치 홍해가 갈라지는 것 같았다. 바로가 이스라엘 백성을 풀어준 다음 다시 쫓아갔던 일은 생각하지 않으려고 했다.

노린과 다른 사람들은 아직 금요일 러시아워 속에서 힘들게 돌아오는 중이라 아파트에 먼저 들어가서 같이 온 경찰들과 함께 기다렸다. 그들은 내 발찌와 송수신 장치를 떼어 줬고, 서류에 서명하라고 했다.

그때 미국 영사에게서 전화가 왔다. 독일에서 비행기가 오고 있다고 했다. 그 말을 들으니 안심이 되었고, 트럼프 대통령에게 감사했다. 토니 퍼킨스가 어제 백악관에 전화해서 만일 내가 석방된다면 신속히 출국하는 것이 중요하다고 한 것 같았다.

한 경찰관이 말했다. "전화가 또 왔습니다. 이즈미르의 검사장입니다."

나는 고개를 돌렸다. 그 늑대가 기억났다. 이즈미르에 있는 카라카야의 사무실에서 적의에 가득 찬 눈으로 나를 노려보았던 그 사람 말이다. "오칸 바투 말이에요?"

경찰관이 고개를 저었다. 오칸 바투는 이제 검사장이 아니었고, 앙카라에서 그의 후임자를 임명했다. 경찰관이 핸드폰을 건넸다. 나는 어떤 검사든 법원의 결정에 이의를 제기할 수 있다는 것을 알았다. 검사가 나를 다시 교도소로 보내기 원하면, 즉시 보낼 수 있었다.

미국 대사관이 지금 해야 하는 최우선순위는 무슨 일이 생기기 전에 나를 즉시 출국시키는 것이었다. 트위터 메시지나 정부 관료의 발언이나 내가 하는 한 마디 어리석은 말이 튀르키예 정부가 나를 다시 교도소로 보낼 빌미가 될 수 있었다. 튀르키예의 영공을 떠나기 전까지는 아직 안전하지 않았다. 검사는 직설적으로 물었다.

"출국할 방법이 있습니까?"

"예. 지금 미국 대사관에서 계획하고 있습니다. 독일에서 우리를 데려갈 비행기가 오고 있어요."

"얼마나 걸리겠습니까?"

"잘 모르겠어요. 오는 중이라고 하니 금방 오겠죠. 오늘 떠날 계획이라고 합니다."

대사관 직원이 와서 핸드폰을 그 직원에게 건넸다. 검사하고는 단 1초라도 더 이야기하고 싶지 않았다.

작별 인사를 하러 온 친구들과 두 시간 정도 이야기하는 사이 노린은 짐을 쌌다. 느낌이 이상했다. 2년을 기다리다가 이렇게 급히 떠나게 되다니 믿기지 않았다. 사실 어서 떠나고 싶었다. 이 아파트, 군중, 언론, 그리고 뭔가 또 잘못될 수도 있는 위험에서 빨리 벗어나야 했다.

미국 대사관 임시 대리대사가 와서 무장 SUV에 우리를 태워 공항으로 갔다. 지금 일어나고 있는 혼란스러운 상황이 마치 다른 사람에게 일어나고 있는 일인 것만 같았다. 밀어닥치는 취재진을 뚫고 공항 개인 터미널로 들어가서 조용히 출국 수속을 밟고, 미군 공군기 탑승 계단을 올라 비행기 유리창의 블라인드를 내리는 순간까지 모든 것이 내가 아닌 다른 사람에게 일어나고 있는 일 같았다.

비행기가 이륙할 때, 지도를 보며 조종사가 곧장 서쪽 바다로 비행해 그리스 영공에 들어가길 기대했다. 그러나 비행기는 튀르키예 해안을 따라 북서쪽으로 갔다. 기장이 우리가 튀르키예 영공을 벗어났다고 방송하는 순간, 마침내 악몽이 끝났다는 생각이 들었다.

드디어 집으로

우리는 새벽 1시 반에 독일의 람슈타인 미군 기지에 도착했다. 놀랍게도 주 독일 미국 대사가 추운 날씨에 밖에서 기다리고 있다가 우리를 환영해 주었다. 그는 성조기를 들고 있다가 "집에 오신 걸 환영합니다"라고 하며 내게 건넸다. 나는 성조기에 얼굴을 묻고 진심으로 말했다. "나는 미국을 사랑합니다."

그날 바로 미국으로 향하여 워싱턴의 앤드류스 공군 기지에 착륙하자, 아이들이 활주로에서 기다리고 있는 모습이 보였다. 취재진이 없었으면 좋겠다고 미리 부탁해 두었기에 자유롭게 아이들을 포옹하고 울 수 있었다.

바로 다음 날, 우리는 법원에서 나온 후 백악관에 갔다. 아이들이 다른 곳에서 기다리는 동안 노린과 나는 백악관의 맵 룸으로 갔다.

몇 분 후 트럼프 대통령이 들어왔다. 그는 상상한 것보다 키가 더 크고 듬직한 체구였는데, 환하고 진실한 미소로 맞으며 나에게 악수를 청했다. "여기서 보게 되어 반가워요. 틱택 사탕 드실래요?"

나는 어리둥절해서 거절하려다가 대통령이 틱택 사탕을 주는 경우가 얼마나 있겠는가 싶어서 "예!"라고 말하며 손을 내밀었다. 틱택 사탕 세 개를 받아 두 개는 입에 넣고, 한 개는 주머니에 넣었다. 우리는 감사 인사를 한 후 몇 분간 이야기를 나누다 밖으로 나가 대통령 집무실로 향했다.

집무실에 있는 의자가 내 눈에 들어왔다. 그곳에 들어서자마자 나는 그것을 알아봤다. 그 의자는 에르도안 대통령이 미국에 정상 회담을 하러 왔을 때 앉았던 의자였다. 나는 그가 그 의자에 앉는 것을 교도소 감방에서 TV로 봤었다. 트럼프 대통령이 나를 석방해 달라고 했을 때, 그는 그 의자에 앉아 마음을 완악하게 했었다. 에르도안은 그 의자에 앉아 나를 17개월 더 구금했다. 그런데 트럼프 대통령이 나에게 바로 그 의자에 앉으라고 했다.

불과 하루 전까지만 해도 튀르키예의 판사가 나에게 테러 혐의로 유죄 판결을 내렸었다. 그런데 지금은 백악관에서 미국 대통령과 나란히 앉아 있었다. 한쪽에는 다시 만난 내 가족이 앉아 있었고, 다른 한쪽에는 폼페이오 국무장관과 딜리스 싱원의원, 랭크포드 상원의원을 비롯해 나의 석방을 위해 불철주야 애쓴 사람들이 있었다. 그리고 그들의 배후에서 보이지 않는 전 세계의 수십만 명이 거대한 기도의 파도에 나를 실어 여기로 이끌어 냈다.

몇 분 후 내가 말했다. 노린과 내가 하고 싶은 것이 있었고, 우리는 그것을 할 준비가 되어 있었다.

"대통령님, 저희가 당신을 위해 기도하고 싶습니다. 저희 가족은 당신을 위해 자주 기도합니다. 저희 부부는 당신을 위해 기도합니다."

"아 예, 저는 누구보다 기도가 필요한 사람일 거예요. 그러니 아주 좋습니다. 감사합니다."

"지금 기도해도 될까요?"

"예. 정말 감사합니다."

내가 대통령 옆에 무릎 꿇자, 그는 고개를 숙였다. 실내는 조용했다.

"주 하나님, 트럼프 대통령께 성령을 부어 주시고, 이 나라를 위한 하나님의 모든 계획을 이루도록 초자연적인 지혜를 주소서…"

후기

　내가 석방되고 두 달도 못 되어 '유엔 자의적 구금에 관한 실무그룹'은 튀르키예 당국이 나를 체포한 것은 나의 국적과 신앙 때문에 표적 수사를 한 것이라고 결론을 내렸다. 또 내가 종교적 박해를 당한 것이므로 전과 기록을 말소해 주고, 보상과 배상을 청구할 권리를 주는 등 적절한 변상을 해야 한다고 했다. 그리고 내 권리를 침해한 자들을 조사해서 적절히 조치하고 "이 사실을 가능한 모든 수단을 통해 공표하라"고 튀르키예 정부에 촉구했다.
　그러나 지금까지 튀르키예 정부는 아무것도 하지 않고 있다. 지금도 튀르키예 외교부 장관은 나를 간첩이라고 하며 브런슨 요원이라고 부른다. 2019년 3월에 뉴질랜드의 한 모스크에서 괴한의 총기 난사로 50명이 목숨을 잃었을 때, 튀르키예 언론은 내가 그런 지시를 내렸다고 주장했다.

이제 이런 일은 튀르키예에서 자연스러운 것이 되었다. 튀르키예 언론의 배후에는 튀르키예 정부가 있고, 튀르키예 언론은 내 사건을 이용해 기독교인을 반역자와 테러범, 공공의 적으로 몰고 있다. 참으로 말도 안 되는 일이다. 그런 주도면밀한 선전·선동 아래 기독교인에 대한 혐오 발언이 증가하고 있다. 그렇게 대놓고 적대적인 환경 속에서 작지만 용감한 튀르키예 교회가 계속 예수님을 대변하고 있다는 사실이 매우 자랑스럽다.

교도소에 있을 때, 번민 속에서 이런 질문을 자주 했었다. "다른 영적인 거장들의 전기를 보면 그렇지 않은데, 나는 왜 이렇게 이 상황을 힘들어할까?" 그래서 기회가 된다면 나의 고군분투를 솔직하게 나누어 내 연약함이 간증이 되게 하고 싶었다. 나는 연약하지만, 하나님은 강하심을 간증하려고 했다. 아마도 하나님이 약한 나를 택하신 것은 자신이 약하다고 느끼는 사람들에게 용기를 주시려는 것이리라.

물론 나도 박해의 의미를 이해하지만, 이런 일이 일어날 줄 몰랐고 준비되어 있지 않았다. 어떤 일들에 대해서는 어떤 비용을 감수해야 하는지 미리 계산하고 있었지만, 교도소에 간다면 어떤 값을 치러야 하는지에 대해서는 생각해 본 적이 없었기 때문이다. 내가 아는 선교사 중 튀르키예에서 수감된 사람은 없었다. 내가 무너진 것은 상황이 내가 예상한 대로 되지 않았기 때문이다.

나는 하나님이 어떤 상황 중에도 개입하셔서 상황을 뛰어넘는 기쁨을 주시고, 슬픔 속에서도 힘과 은혜를 불어넣어 주시며, 무엇보다 내가 하나님의 임재를 느끼게 해 주시리라 생각했다. 그러나 그게 아니라 하나님께 버림받은 기분이 들었다. 사실 우리가 힘들 때 테스트받는 것은 하나님의 신실하심이나 사랑이 아니라 내가 하나님께 얼마나 신실하고 충성하고 사랑하느냐이다. 내 경우에는 하나님의 임재를 느끼지 못한 것도 하나의 테스트였다.

"너희 중에 여호와를 경외하며 그의 종의 목소리를 청종하는 자가 누구냐 흑암 중에 행하여 빛이 없는 자라도 여호와의 이름을 의뢰하며 자기 하나님께 의지할지어다." 나는 이사야 50장 10절의 그 교훈을 배울 필요가 있었다. 하나님은 어둠 속에서도 굳게 서서 느낌이나 생각이나 상황과 상관없이 인내하라고 가르치셨다.

내가 연약하고 무너졌을 때, 분명히 나를 붙들어 준 것은 하나님의 은혜였다. 대부분의 시간에 내가 느낄 수는 없었지만, 분명 은혜가 있었다. 물론 그런 와중에 내가 감당해야 할 몫도 있었다. 그것은 바로 하나님과 협력하는 것이었다.

무너져 내릴 때마다 나는 선택해야 했다. 그리고 하나님을 향해 고개를 들기로 선택했다. 나는 의심하고 의문을 갖고 불평하고 하나님과 싸웠지만, 결국 다시 한번 하나님을 끌어안고는 했다. 그리고 하나님과 대화하길 결코 멈추지 않았다. '하나님이 뭘 하시든, 하지 않으시든 하나님을 따를 것입니다. 해바라기가 항상 해를 향하듯 언제

나 예수님을 바라보기 원합니다. 내 의문에 답이 있든 없든 하나님과의 관계를 지킬 것입니다.'

나는 아직도 지난 수감 생활을 계속 돌이켜 보고 있다. 그 생활에는 한 가지 패턴이 있었다. 나는 시험이 닥치면 쓰러졌다가 다시 천천히 나아가 하나님께 순복하는 지점에 이르렀고, 다시 더 큰 타격을 받고 더 심하게 쓰러지곤 했다. 그러나 매번 결국 다시 하나님께 순복했다. 그것은 이전보다 더 깊은 순복이었다. 왜냐하면 어떤 값을 치러야 하는지 더 잘 알게 되었기 때문이다. 올라갔다 내려갔다 반복하면서도 전체적으로 상향 곡선을 그렸다. 그것이 내가 선택해야 하는 것이었다.

사나운 이리들이 창궐하던 골짜기를 벗어나 기쁘면서도, 그 끔찍한 시련 속에서 경험했던 것들이 그립다. 나의 친구가 리처드 범브란트에게 이런 말을 들었다고 한다. 범브란트는 열악한 상황 속에서 끔찍한 고문을 당했지만, 그 시절로 돌아가고 싶을 때가 있다고 했다는 것이다. 거기서 하나님을 아주 친밀하게 느꼈기 때문이다.

나도 조금이나마 그 말을 이해한다. 수감되어 고립되고 위협당하며 두려움에 허덕일 때, 그 어느 때보다 더 하나님께 매달렸기 때문이다. 또 정말 중요한 것이 뭔지 깨닫는 시간이기도 했다. 교도소에서 나는 매일 하나님을 찾고 그분께 가까이 나아가는 데 전념했다. 이제는 자유로워서 너무 감사하지만, 그때처럼 하나님만 온전히 의지하고 그분을 간절히 찾던 때가 그립기도 하다.

이 책의 내용은 대부분 한 사람이 감방에서 보낸 이야기이지만,

사실은 그보다 훨씬 더 큰 것이 있다. 이것은 하나님의 이야기이다.

시작부터, 아니 그 전부터 하나님이 모든 것을 기획하셨다. 나의 투옥 기간 대부분에 주 튀르키예 미국 대사관의 임시 대리대사였던 필립 코스넷이 나의 본교회가 있는 노스캐롤라이나 주 작은 마을의 교인이었던 것이 우연일까? 또 국무장관 마이크 폼페이오가 나와 같은 교단의 교인이었던 것과 마이크 펜스 부통령이 주일마다 나의 석방을 위해 기도하는 교회에 다녔던 것은 어떤가?

그리고 내 사건을 담당한 ACLJ(미국 법과 정의 센터) 대표 제이 시컬로가 트럼프 대통령의 변호인단에 속하게 되었던 것도 우연일까? 나는 볼모가 되었지만, 이 모든 것의 주관자이신 하나님이 내 편이셨다.

내가 석방된 것도 기적이지만, 나를 석방시키기 위해 그렇게 많은 사람들이 노력을 아끼지 않은 것은 더 큰 기적이었다. 미국 정부가 전례 없이 적극적으로 조치한 것이 여전히 놀랍기 그지없다. 이런 종류의 사건 중 역사상 최초로 미국이 경제 제재를 가했고, 나토 동맹국인 튀르키예에 마그니츠키법을 적용했다. 이 사건은 시리아에 대한 미국의 정책에도 영향을 주었다.

하원의원들과 상원의 3분의 2와 유럽 의회 의원들이 나를 변호해 주었고, 여러 나라가 내 문제에 관여했다. 모리타니아, 수단, 헝가리, 이스라엘, 모나코, 캐나다, 영국 등이 들어 본 적도 없는 기독교 목사를 석방해 달라고 요청했다.

수많은 사람들이 나를 위해 이 일에 영적으로 개입했고, 내가 인질로 억류되어 있는 동안 전 세계의 수많은 그리스도인들이 나를 위해 기도했다. 그래서 누군가는 내가 이 세상에서 가장 많은 기도를 받은 사람이라고 말하기도 했다.

감옥에 있는 동안, 나는 바깥에서 무슨 일이 일어나고 있는지 잘 몰랐다. 노린이 말해 주긴 했지만, 환경에 짓눌려 그런 말이 귀에 잘 들어오지 않았다. 그러나 사크란의 감방에서 무슬림 재소자들이 소리 높여 기도할 때, 예수 그리스도의 교회도 하늘을 향해 목소리를 높였다. 그러자 모든 것이 바뀌었다. 우선 내 마음부터 바뀌었다. 내가 아무것도 할 수 없을 때도 하나님의 백성이 밤낮 기도했다.

그렇게 많은 사람이 그렇게 오랫동안 그렇게 뜨겁게 기도했다는 사실은 언제나 놀라움으로 다가온다. 왜냐하면 재소자는 보통 이렇게 주목받지 못하기 때문이다. 많은 사람의 사정을 오직 하늘에 계신 하나님만 알아주신다.

이제 수백만의 사람들이 튀르키예를 위해 기도하고, 이 나라에 관심을 가지고 지켜보고 있다. 그것이 하나님의 계획이었다. 내가 하나님께 받은 임무는 튀르키예에 영적 추수가 일이니도록 돕고 준비하는 것이었다. 그 임무는 내 수감 생활로 방해받은 것이 아니라 오히려 가장 효과적으로 이루어졌다.

하나님은 이 일을 통해 전례 없는 전 세계적 기도 운동을 일으키셨다. 나는 기도의 파도를 타고 튀르키예에서 나왔다. 그리고 하나님 백성의 기도의 쓰나미가 튀르키예를 강타했으니, 튀르키예는 큰 복을 받은 것이다.

한 튀르키예 신자는 이렇게 말했다. "온 세계가 한목소리로 우리를 위해 기도하고 있으니, 우리가 그 모든 기도로 뭘 할 수 있을지 상상해 보세요."

이것은 하나님의 큰 그림이었다. 그래서 이런 일이 일어났다고 설명할 수 있다. 가령 하나님이 나를 구체적으로 특정한 날에 석방해 주실 것으로 생각했던 경우가 두 번 있었는데, 결국 완전히 틀렸다. 그러나 이제야 당시 쓴 일기와 노린의 메모와 비교해 보니, 무슨 일이 일어났던 것인지 이해되었다.

나는 미국으로 돌아온 후 하르만달리에서 쓴 일기를 보며 깜짝 놀랐다. 사크란 교도소로 이감되기 며칠 전, 나는 계속 이런 생각이 들었다. '계속 교도소에 머무는 것이 더 큰 영광이 된다면 머물겠느냐?' 나는 '예'라고 답했다. 그래서 2016년 12월 12일에 나는 석방된 것이 아니라 교도소에 더 있어야 한다는 판결을 받았다.

또 2017년 5월 22일에 미국과 튀르키예 양국이 합의에 이르렀는데, 그날은 68일 전 내가 꿈에서 받은 날짜였다. 그러나 그다음 날이 원래는 노린이 떠날 준비를 해야 하는 날인데, 아침에 일어났을 때 "모든 것을 주께 순복하네"라는 찬양이 생각났다. 노린은 그 찬양대로 주께 다 순복했다. 그랬더니 그다음 날 튀르키예가 합의를 전격 취소했다.

이런 일이 몇 번이나 일어났다. 하나님은 나의 투옥 기간을 더 줄이실 수도 있었지만, 노린과 내가 순복하겠다고 했기 때문에 투옥 기간을 늘리셔서 튀르키예를 위한 기도 운동을 전 세계적으로 일으키셨다고 생각한다. 그 당시에는 구체적으로 무엇에 순복해야 하는지 잘 몰랐다. 그때 하나님이 이렇게 말씀하셨던 것 같다. "내가 너를 지금 데려갈 수 있지만, 네가 더 머물면 내가 더 큰 일을 이룰 것이다." 나는 이제야 비로소 하나님이 내게 얼마나 큰 특권을 주셨던 것인지 깨닫는다.

노린은 여러 번 이렇게 말했었다. "우리가 이 일에 신실하고 올바른 방향으로 가면, 이것으로 인해 이뤄진 일 때문에 후회할 게 없다고 말하게 될 거야." 우리는 정말 후회가 없다.

나는 에르도안의 인질이 되었었지만, 그것은 오직 나의 수감 생활을 통해 하나님이 이루고자 하시는 바를 이루실 때까지였다. 그리고 때가 되자, 하나님이 하신 말씀을 지키셨다. 이 모든 시련이 시작되기 직전 내게 하셨던 말씀, 내가 투옥 기간 내내 붙잡았던 말씀이 있다. "집에 갈 때다." 그 말씀을 이루셨다. 하나님이 나를 집에 데려오셨다.

내 모든 것 받기에 합당하시네

당신은 내 모든 것 받기에 합당하시고 합당하시네
내 눈물과 고통을 제물로 드리네
고난의 교제로 당신의 일에 참여하도록 나를 가르치소서
하나님의 어린양은 내 모든 것 받기에 합당하시네

당신은 내 모든 것 받기에 합당하시고 합당하시네
나는 아들로 입양되었고 내 왕의 형제라네

내가 당신의 고난에 참여하면 당신의 영광에도 참여하리

예수님, 당신은 내 모든 것 받기에 합당하시네

당신은 내 모든 것 받기에 합당하시고 합당하시네

그러나 내 마음은 연약하여 슬픔에 잠기고 짓눌리네

나도 당신처럼 십자가를 지고 인내하며 끝까지 신실하게 하소서

시련을 견디고 생명의 면류관 받게 하소서

당신은 내 모든 것 받기에 합당하시고 합당하시네

가장 어두운 시간에 나는 이렇게 선포하네

예수님은 신실하시며 나를 사랑하시고 항상 선하시고 진실하시네

당신이 나를 당신의 것으로 만드셨고 내 모든 것 받기에 합당하시네

그날 당신 앞에 합당하게 서기 원하네

비겁했다는 후회 없길, 못 이룬 일 없길 바라네

당신께 "잘했다, 신실한 친구여, 이제 네 상급에 들어가라" 듣기 원하네

예수님은 내 기쁨이며 내가 달려가서 받는 상급이시네

당신은 내 모든 것 받기에 합당하시고 합당하시네

당신은 내 모든 것 받기에 합당하시고 합당하시네

나를 위해 자신을 주신 하나님의 아들께 무엇을 드릴까?

내가 여기 있사오니, 당신은 내 모든 것 받기에 합당하시네

_2017년 9월 10일 부카 교도소에서

God's Hostage
by Andrew Brunson

Copyright ⓒ 2019 by Andrew Brunson

Originally published in English under the title of
God's Hostage by Authentic Media

Authentic Media
PO Box 6326, Bletchley, Milton Keynes, MK1 9GG.
www.authenticmedia.com

Korean Translation Copyright ⓒ 2024 Pure Nard
2F 16, Eonju-ro 69-gil Gangnam-gu, Seoul, Korea

The Korean edition is published by arrangement with Andrew Brunson.
All rights reserved.

본 저작물의 한국어판 저작권은 저자와의 독점 계약으로 '순전한 나드'가 소유합니다.
저작권자의 허락 없이 이 책의 일부 또는 전체를 무단 복제, 전재, 발췌하면 저작권법에 의해 처벌을 받습니다.

하나님의 인질

초판 발행 | 2024년 3월 25일

지 은 이 | 앤드류 브런슨
옮 긴 이 | 김주성

펴 낸 이 | 허철
책임편집 | 김혜진, 김선경
디 자 인 | 이보다나
제   작 | 김도훈
총   괄 | 허현숙
인 쇄 소 | 예원프린팅

펴 낸 곳 | 도서출판 순전한 나드
등록번호 | 제2010-000128
주   소 | 서울특별시 강남구 언주로69길 16, (역삼동) 2층
도서문의 | 02) 574-6702
팩   스 | 02) 574-9704
홈페이지 | www.purenard.co.kr

ISBN 978-89-6237-391-2 03230